글로벌 FTA 비즈니스 쟁점과 활용

— 한·중·미 FTA 중심으로

글로벌 FTA 비즈니스 쟁점과 활용

—한·중·미 FTA 중심으로

예동근 책임저자
이춘수 대표저자
이근희 감수

한국학술정보

이 저서는 2017년 정부(교육부)의 재원으로 한국연구재단 대학인문역량강화사업(CORE)의 지원을 받아 수행된 저서임.

머리말

　국제정세와 경제는 한치 앞을 내다보기 힘들 정도로 복잡다단한 상황이 전개되고 있는 실정이다. 미국의 트럼프 행정부 당선 뒤 미국 우선주의를 내세워 다방면에서 세계 무역질서의 재편을 예고하고 있다. 특히 한국은 그 중심에서 다양한 영향을 받고 있으며, 앞으로 다양한 통상환경 및 정책에 기민하게 대응 하여만 할 상황에 처해 있다. 이는 최근 한미 FTA 협정에 대한 폐기부터 재협상, 개정, 수정 등 다양한 요청이 있을 것으로 미루어 짐작 할 수 있다. 또한 중국도 미국과의 첨예한 대립으로 인하여 복잡하게 얽힌 통상 문제를 정치문제와 연결시키려는 의도도 보이고 있어서 그 어느 때보다도 해당 국가들이 합리적으로 WIN-WIN할 수 있는 대처 방안이 필요할 때이다.

　그러므로 현시점에서 현재 FTA협정을 통해 상호간에 긍정적인 경제효과를 거두고 있다는 의견이 다수인 상황에서 급격한 FTA의 변화에 대처하기 위해서는 기존의 FTA협정의 이슈와 대응 방안 등을 합리적인 변화에 맞추어서 다시 한 번 정리할 필요가 있다. 특히 한미FTA와 한중FTA는 한국, 미국, 중국이 서로 복잡하게 얽혀 있음으로 당사국들 간의 상호 이익이 증대될 수 있는 수준에서 현황을 파악하고 대응방안들을 정리해 볼 필요가 있다.

따라서 이 책에서는 현재 FTA의 현황과 한미FTA와 한중FTA에 대한 이슈와 대응 방안 그리고 관련 협정들을 중요 산업을 통하여 전반적으로 살펴보고 실무적 이론적 시사점을 제공하는데 의미가 있다. 이를 위하여 기존 발간된 2차 자료와 각종 논문들을 활용하여 실무적으로, 정책적으로 FTA 체결 국가들이 서로 WIN-WIN할 수 있는 방법을 제시하고자한다. 이 책은 사례접근 방식의 판례와 기사 사례 그리고 이론적 접근방식의 통계 및 네트워크 중심성 분석 자료 등을 통하여 미력하나마 FTA에 대한 한층 더 폭넓은 이해의 장을 마련할 것으로 기대한다.

이 책을 만들기 까지 많은 수고와 도움을 주신 분들에게 고마움을 표한다. 특히 초기 편집을 도와준 부경대학교 박사과정 이근희 선생, 자료의 검토와 보완을 도와준 컨설팅협동박사과정 이석동선생, 조성장선생, 고성주선생, 배정민님, 관세사 강상호선생, 조홍석, 이상우, 김관우님에게 감사를 표한다. 또한 자료 정리에 힘쓴 학부생 황성민 군에게도 고마움을 표한다. 그리고 출판관계자분들께 고마움을 표한다. 또한 바쁜 가장을 위해 묵묵히 도와주고 참아준 사랑하는 가족들에게도 고마움을 표한다. 마지막으로 이 책을 읽는 독자들에게도 지식의 축적과 행운이 같이 하길 바란다.

2018년 7월
저자 일동

목 차

제7장 Textile exports and trade performance according to the Korea—US FTA agreement _ 243

제8장 Analysis of origin rules and FTA preferential tariffs on exported second hand goods _ 291

제 1 장
FTA 개요

본 장에서는 FTA 전반에 대한 개요를 살펴본다. 첫째, FTA의 개념과 확산배경, 그리고 특징에 대하여 간략히 살펴본다. 또한 FTA와 관련된 무역효과에 대하여 2차 자료를 통하여 정태적 효과, 무역굴절효과, 동태적효과 그리고 마지막으로 부정적 효과에 대하여 살펴본다. 또한 FTA협정문의 주요내용에 대하여 살펴본다. 둘째, FTA 활용에 대하여 한미 FTA 활용률과 한중 FTA 활용률을 중심으로 알아본다. 셋째, 기업의 FTA 활용에 영향을 미치는 협정 요소에 대하여 원산지결 정기준, 원산지 증명 절차, 원산지 검증 절차를 중심으로 살펴본다.

제1절 개 요

1) FTA의 개념

1990년대 이후 글로벌 무역질서의 현저한 특징은 지역무역협정(Regional Trade Agreement: RTA)의 확산이다. 자유무역협정(Free Trade Agreement: FTA), 관세동맹(Custom Union) 등을 포함하는 지역무역협정은 1995년 출범한 WTO 체제에서 급속도로 확산되었다.

자유무역협정(FTA)이란 해당국 간 교역을 저해하는 모든 무역장벽을 제거하기 위하여 국가(들) 간에 체결한 협정을 의미한다. 즉, 둘 이상의 나라가 관세 및 비관세 장벽과 같은 각종 무역장벽을 완화하고 철폐함으로써 체결국가간에 상품과 서비스 등의 자유로운 무역을 보장하는 특혜무역협정을 뜻한다.[1]

따라서 자유무역협정은 회원국 간 상품 및 서비스, 투자, 지식재산권과 정부조달 등에 대한 관세와 비관세 장벽을 완화함으로써 상

---

1) 산업통상자원부, KOTRA, 대학 FTA강좌 참고교재, 2016, p.3.

호간 교역 증진을 도모하는 특혜무역협정을 뜻한다. 특히 관세철폐에 주요 초점이 맞춰져 있다. 또한 지역무역협정(Regional Trade Agreement: RTA)의 주류를 이루고 있으며, 자유무역협정에서 관세동맹을 시작으로 공동시장, 단일시장 등의 단계를 통해 경제통합으로 진행된다.

일반적으로 FTA라고 하면, 상품무역 등을 생각하기 쉬우나, 실제로는 상품무역뿐 아니라 광범위하게 서비스와 투자, 지식재산권, 정부조달, 노동, 환경 등이 포함된다. 구체적인 FTA의 주요 내용은 다음과 같다. 상품무역부분에서는 협정 당사국간 상품에 대해 내국민과 같은 대우와 시장 접근 원칙을 규정한다. 관세철폐조항 및 관세양허표 외에도 제도 규정과 통상 비관세조치 등이 포함한다. 또한 서비스 부분에서는 서비스 자유화 관련 원칙과 의무를 규정한 협정문을 비롯하여 자유화 방식에 따라 양허나 유보 리스트를 나열한 부속서로 구성된다. 그리고 협정 당사국은 서비스 분야의 자유화 규모와 폭을 결정해 이에 대한 약속을 반영하게 된다.

이외에도 통신과 금융, 자연인 이동 분야의 경우 특수성과 전문성을 고려해 별도 챕터 혹은 부속서로 구성된다. 투자분야는 투자 자유화와 투자 보호를 목적으로 한다. 협정문에는 투자와 관련된 원칙을 규정하는 하고 부속서는 외국인 투자 허용 분야를 나열한 유보 또는 양허 리스트로 구성된다. 이와 함께 무역규제는 협정 당사국간 교역으로 인하여 국내 산업이 피해를 입은 경우, 관세 인상 등의 조치를 통해 구제하는 제도 마련을 위한 것이다. 일반적으로 반덤핑과 상계관세, 세이프가드 제도 등으로 구성된다. 원산지 규정은 특혜관세 적용을 받기 위해 당사국이 자국의 원산지임을 인정받을 수 있도록 충족해야 하는 기준을 정한 것이다. 원산지 규정은 협정문 및 HS

코드에 따라 품목별 원산지기준을 규정한 부속서로 이루어진다(송은화, 2015).

2) FTA의 확산 배경

1989년 미국과 캐나다를 시작으로 1994년 북미자유무역협정(North American Free Trade Agreement: NAFTA)이 체결되며 FTA의 확대 및 활성화가 본격적으로 시작되었다. 남미에서는 1995년 남미공동시장(MERCOSUR), 안데스공동체(Andean Pact), 카리브공동시장(CARICOM) 등이 1990년대에 형성되면서 FTA의 첫 번째 확산 원인은 다자간 무역규범의 주체인 세계무역기구(WTO)의 교섭력이 하락했기 때문이라고 할 수 있다. 이는 1999년 시애틀에서 개최되었던 제3차 각료회의와 2003년 멕시코 칸쿤에서 개최된 제5차 각료회의 등 세계무역기구 협상의 결과가 만족스럽지 못했기 때문이다. 다자간의 협상인 만큼 협상체결에 많은 시간이 소요되고 합의 도출이 쉽지 않아 눈에 띌만한 성과를 이루지 못하였다. 결국, 세계무역기구(WTO)가 제 역할을 하지 못하는 데에 따른 비판이 일기 시작하였다. 이를 극복하기 위한 대응책으로써 지역에 인접한 국가들끼리 통상협상을 전개하는 지역무역주의가 선호 및 확산되었다.

둘째, 기업들의 경제통합에 대한 수요가 나날이 증가한다는 점이 지역무역주의 확대에 대한 원인이다. 이들은 세계무역기구가 추구하고 있는 세계적인 다자주의 무역자유화보다는 자신들의 거래 대상인 주요 교역 국가들의 관세 변동이나 무역장벽의 철폐에 관심을 가진다. 그 이유는 FTA를 통한 개방화의 폭과 정도가 크고 기업들의 이익을 반영하는데 효과적이기 때문이다. 이는 국제무역 또는 외국인 직접투자를 통한 자본의 유입이 국내의 경제성장의 원동력이 된다는 점을 가정하고 있다. 실제로 FTA 체결이 외국인 직접투자를 유치하는데 큰 역할을 하였던 사례 역시 지역무역주의 확대에 긍정적으로 작용했다.

셋째, FTA에 따른 시장개방으로 인하여 경쟁의 심화 및 무역·직접투자의 유입이 경제성장의 원동력으로 작용하여 전체적인 생산성이 향상되기 때문이다. 지역주의의 확산과 경기침체는 깊은 연관성을 가지고 있다. 1990년대 지역주의의 확산은 1970년대와 80년대의 세계적 경기침체가 그 원인이라고 할 수 있다. 경기침체와 스태그플레이션,[2] 오일쇼크 등의 발생으로 불황시기이던 당시, FTA는 다자간 자유무역에 대한 합의에 위배되지 않으면서도 역내 국가들 간의 관세인하 혜택과 상대적인 보호무역의 이익을 얻을 수 있는 좋은 수단으로 인식되었다. 이렇듯 FTA가 경제성장을 이끌어 내고 자국 내 경기침체를 극복하려는 노력라고 안식된 것이 EU 및 미국 등의 국가들이 본격적인 지역주의를 추구한 원인이라고 평가된다.

마지막 원인으로는 주변 국가들의 지역무역협정 체결이 경쟁적으로 확대되면서 여기에 참여하지 않을 경우 역외 국가로서 피해를 당할 수 있다는 우려 때문에 추진한다는 점을 생각할 수 있다. 예를 들면, FTA를 체결한 국가들끼리 특혜관세를 통한 차별적인 혜택을 적용했을 때 선점효과가 발생하게 된다. 기존에 관세 등이 균형을 이루고 있던 국제무역 관계에 가격우위를 통한 차별적인 무역 혜택을 불러오기 때문이다. 따라서, 미체결국가들 입장에서는 반사적 피해를 방지하기 위해서 지역무역협정에 그 수준의 고하를 막론하고 참

---

2) 침체를 의미하는 '스태그네이션(stagnation)'과 물가상승을 의미하는 '인플레이션(inflation)'을 합성한 용어로, 경제활동이 침체되고 있음에도 불구하고 지속적으로 물가가 상승되는 상태가 유지되는 저성장·고물가 상태를 의미한다.

여한다는 것이다. 이러한 FTA의 선점효과는 역외 국가들이 모두 FTA를 체결하게 되면 자연스럽게 상쇄되어 사라지게 된다. 이처럼 경쟁적인 지역무역협정 체결과 이에 따른 미체결 국가로서의 피해를 방지하고자 하는 측면이 FTA와 같은 지역주의가 확산되게 된 배경 중의 하나이다.

이렇게 FTA를 포함한 지역무역협정의 이익은 가시적이고 직접적인 반면, WTO의 다자적인 협상은 제 기능을 수행하기 어려운 상황이므로 지역주의는 앞으로도 확산될 것으로 전망되고 있다. 그러나 지역주의를 보는 시각에는 다양한 관점이 존재한다. 다자주의와 지역주의의 관계가 서로 대립되는 개념이라는 견해가 있는 한편, 지역주의는 다자주의가 이행되기 위한 중간 단계라는 시각이 있다. 혹은 양자가 동일한 시기에 병렬적으로 발생하는 별개의 현상이라는 의견도 존재한다.[3]

3) FTA 특징

FTA의 특징으로는 다음의 주요한 특징을 제시할 수 있다. 첫째, FTA의 다양성, 둘째, FTA의 경제통합성, 셋째, 정치외교성, 넷째, 국제화 혁신성을 언급할 수 있다.

첫째, FTA의 다양성은 FTA가 다양한 내용을 포함하고 있다는 것을 의미한다. 과거 체결되었던 무역협정은 회원국 간의 무역자유화와 원산지 규정 및 통관절차 등 관련 규범들이 주를 이루고 있었다. 그러나 1990년대 이후 그 범위가 점차 확대되면서 대부분의 FTA는 무역장벽의 철폐 외에도 서비스, 투자 및 무역규범 등을 포괄적으로

---

3) 산업통상자원부, KOTRA, 대학 FTA강좌 참고교재, 2016, pp.7-9.

포함하고 있다. 즉, FTA의 다양성은 FTA의 구체적 대상범위와 정도가 체결국가들 간의 경제 및 산업 상황 등에 따라 다양하게 결정된다는 것을 뜻한다. FTA 협정의 범위와 깊이에 따라 국가 간 통상협상의 다양성을 보장할 수 있다는 것이다.

둘째, FTA의 경제통합성이란 FTA가 국가 간 무역장벽을 없애고 자유무역을 실현하기 위한 경제통합의 행위적 특성을 내포하고 있다는 것을 의미한다. 즉, FTA를 단순한 무역협정을 넘어 대부분의 경제 분야를 포함하는 포괄적인 경제협력 및 통합행위로 간주할 수 있다는 것이다. 따라서 FTA는 경제 통합의 초기 단계의 형태라는 의미를 가지고 있다고 볼 수 있다. 관세동맹이나 공동시장의 출현에 앞서, 양쪽국가 간에 자유무역협정을 체결함으로써 체결 국가들끼리 미래의 경제협력을 강화하거나 경제통합을 고려하는 활동이라는 것이다. 만일, 한 국가 내에서 자유무역지역이 그 형식을 갖추었다고 하더라도 실질적인 무역자유화가 이루어지기 위해서는 비관세장벽의 철폐와 함께 대외무역정책 등을 포함한 경제정책의 조정이 필요하다. 더 나아가 관세동맹이나 공동시장에서는 공동관세 부과 및 생산요소의 자유로운 이동이 일어난다. 따라서 FTA는 국가 간에 경제통합 및 협력을 공고하게 구축하기 위한 정책수단으로 활용할 수 있는데, 이를 FTA가 갖고 있는 경제통합성이라고 한다.

셋째, FTA의 정치외교성은 FTA가 경제적 특성 외에도 정치외교적 특성을 포함하고 있다는 점이다. FTA는 공동의 이익을 실현하기 위해 체결국과의 협력이나 공동의 노력을 필요로 한다. 따라서 FTA는 경제적 이익 이외에도 정치적 협력과 우호를 증진하는 효과를 불러오며 이에 따라 정치적인 긴장완화 및 민주주의의 발전에도 기여하는 고도의 정치외교적 행위라고 할 수 있다. FTA는 협상준비, 개시, 체결, 비준, 시행 등의 과정에서 국내외 정치외교적인 측면을 포함하고 있으며, 이를 FTA의 정치외교성이라고 한다.

마지막으로 FTA의 국제화혁신성은 FTA를 활용하는 과정에서 기업들의 해외진출을 위한 혁신성이 높아진다는 것을 의미한다. FTA가 체결되면 소비자들의 후생 및 각 국가들의 대외개방성 및 국제화 수준은 상승한다. 이에 따라 경쟁이 심화되면 체결국가 내 기업들은 이에 대처하기 위하여 과거의 방식이 아닌 새로운 방식으로 비즈니스를 추진하게 되는데, 이러한 특징을 FTA의 국제화혁신성이라고 한다.[4]

4) FTA와 무역효과

(1) 정태적 효과

FTA는 체결 전후의 무역흐름에 변화를 가져오는데 그 효과에 관한 이론은 바이너(jacob Viner, 1950)에 의해 처음으로 제시되었다. 그는 관세동맹이론에서 무역창출효과와 무역전환 효과를 제시하였다. 이 두 효과는 시장 통합 과정에서 역내국 간 관세철폐로 인해 발생하며 시간의 흐름을 고려하지 않았을 때의 정태적 효과를 나타낸다. 즉, 단기 정태 효과는 무역 장벽이 철폐됨과 동시에 그 효과가 바로 발생하는 것으로, 무역 자유화로 인해 발생하는 최초의 국민소득 증가에 중점을 두고 있기 때문에 증가된 소득이 투자 등 장기적인 효과로 이어지는 것은 고려하지 않는다. 이는 무역창출 역내국 간의 관세 특혜에 의한 배타적·차별적 자유무역이 가져오는 효과라는 점에서 경제통합의 효과 분석에 적절한 도구라고 할 수 있다.

---

4) 산업통상자원부, KOTRA, 대학 FTA강좌 참고교재, 2016, pp.14-15.

주로 국내 자원의 효율적인 사용과 교역 상대국 시장에 대한 시장접근이 개선되어 나타나는 효과이다. Viner(1950)에 의하면 FTA와 같은 지역경제 통합은 이들 무역창출효과와 무역전환효과를 동시에 가져오며, 무역창출효과의 경우 공동체 전체의 경제적 후생이 증대하나 무역전환효과 측면에서는 비효율성이 나타나고 이로 인하여 경제적 후생이 감소한다고 주장하였다.

가. 무역창출효과

무역창출효과는 지금까지 높은 수입관세로 인해 수입이 되지 않고 국내에서 자급자족하던 재화가 경제통합 결성으로 역내관세가 제거되면서 역내 다른 회원국에서 수입되는 현상을 말한다.

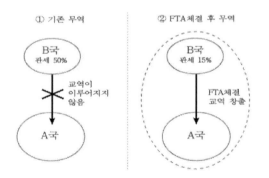

(출처: 산업통상자원부·KOTRA(2016), 대학 FTA강좌 참고교재)

<그림 1-1> FTA로 인한 무역창출효과

무역창출효과에 대한 사례로 <그림 1-1>처럼 한국(A국)과 칠레(B국)의 와인에 대한 예를 들 수 있다. FTA를 체결하기 이전에는 칠레산 와인에 50%의 관세가 부과되어 한국의 와인보다 가격이 비싸 한

국으로 수입되지 않았다면, FTA가 체결되어 관세가 15%로 낮아진 후에는 한국와인과 비교할 때 칠레의 와인이 가격경쟁력을 가지게 되어 한국으로 와인 수출이 이루어지게 된다. 무역창출 현상은 이와 같이 지역무역협정의 가장 직접적이고 근본적인 효과로, FTA체결로 인해서 기존에 교역이 없던 상품의 무역이 창출되어 체결국간의 교역이 증가하는 것을 나타낸다.

나. 무역전환효과

무역전환효과는 종전 역외에서 수입하던 상품을 FTA체결 후에는 역내·외 관세 차이 때문에 역내 가맹국에서 수입하는 현상을 의미하며 전체적으로 볼 때 이러한 무역전환 효과는 후생의 이익을 저해한다고 인식되고 있다.

예를 들어 아래 <그림1-2>에서와 같이 한국을 A국, EU를 B국, 일본을 C국이라고 할 때, 기존에는 한국이 일본으로부터 유럽에 비해서 저렴한 비용의 자동차를 수입해 왔는데 한국과 EU가 FTA를 체결하면서 일본의 자동차보다 더 비싸던 유럽의 자동차가 오히려 가격에서 우위를 가지게 되어 수입선이 일본에서 유럽으로 전환되게 된다. 이 경우 실제로 A, B, C국 전체적인 자원의 효율적 분배가 일어난 것이 아니라 협정을 체결하지 않은 나라가 차별적인 대우를 받게 되어 체결국끼리만 차별적인 혜택을 얻는다. 즉, 다자적인 무역협정이 공공의 후생을 증대시키는데 비해서, 양자적 혹은 지역적인 무역협정이 가지는 상대적인 효과이다. 이러한 무역전환효과로 인하여 비교우위가 실제로 크지 않은 역내국가의 생산이 필요이상으로 증대되어 궁극적으로 자원의 효율적인 배분이 저해된다.

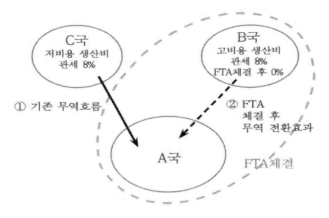

(출처: 산업통상자원부 · KOTRA 2016, 대학 FTA강좌 참고교재)

<그림 1-2> FTA로 인한 무역전환효과

결국 무역창출효과와 무역전환효과를 비교하여 경제통합의 성과를 판단하게 되는데, 무역창출효과보다 무역전환효과가 크다면 경제통합에 의한 비용이 전체적으로 얻는 이익과 후생을 초과하여 경제통합의 효과가 미미하다고 판단된다. 그러나, 바이너의 가정을 완화한 립시(Richard Lipsey)는 무역전환효과가 경제적 후생에 미치는 영향은 불분명하며, 오히려 경제적 후생이 증대될 수 있음을 제시하였다.

WTO에서 추구하는 다자간 무역협상이 체결된다면, 최혜국 대우에 따라서 어느 특정 국가 간의 특혜적인 혜택인 전환효과 없이 무역창출효과만을 불러오게 되지만 지역무역협정은 무역창출효과와 무역전환효과를 모두 유발하기 때문에 지역무역협정을 다자간무역을 위한 중간 단계로 보는 견해도 존재한다. 즉, 차별적인 특혜효과인 무역전환효과 역시 부정적이라기보다는 더 높은 단계의 경제통합을 위한 일시적인 과정으로 볼 수 있다는 해석이 존재한다.

(2) 무역굴절효과

자유무역협정(FTA)에서는 역내 회원국 간에는 관세를 철폐하지만 역외국에 대해서는 각 회원국이 독자적인 관세를 부과하는 것을 허용하고 있다. 이로 인해 저관세국인 회원국은 자국 내 생산품을 비싼 값을 받을 수 있는 동맹국 각국에 무관세로 수출하고 자국 내에 부족한 재화는 역외에서 낮은 가격으로 수입하여 국내 시장에 공급하는 현상이 일어날 수 있다. 이러한 현상을 무역굴절효과라 한다. 즉, 역내 저관세국을 통해 수입된 상품이 다른 고관세국으로 유출되는 현상을 말한다.

이러한 무역굴절효과와 같은 무역의 왜곡 및 지역무역협정의 부작용을 방지하기 위해서는 원산지 규정에 의거하여 협정 상대국 내에서 '충분한 생산 공정'을 거친 경우 역내 제품으로 인정받아야 한다는 주장이 받아들여지고 있는 것이 일반적이다. 즉, 실질변형기준(substantial transformation criterion)에 따라 해당 상품이 두 개 이상의 국가에서 생산, 가공, 제조된 물품의 원산지는 최종적으로 실질적인 변형이 일어난 국가가 되어야 한다는 것을 의미한다. 원산지규정은 본래는 지역무역협정을 유지하기 위한 것이었으나 그 복잡함과 그로인한 행정절차 등의 거래비용증가 등으로 거래에 영향을 미치게 되어 보호주의적인 목적으로 사용될 수 있다. 이는 원래의 원산지 규정의 의도인 자유무역의 확대를 방해하고 누들볼 효과를 불러올 수 있다. 또한, 비체결국들에게 차별적인 대우를 하게 되어 역내 국가들 간의 무역을 촉진한다는 점에서 지역무역협정에는 혜택으로 작용하지만 다자간 무역자유화를 추구하는 면에서는 바람직한 자유무역의 효과를 불러온다고 할 수 없다.

(3) 동태적 효과

FTA는 양국 간의 광범위한 경제 분야에서 일어나는 통합인 동시에 정치적 사회적 영향력이 크다. 단기간의 단순한 무역증가와 같은 정태적 효과보다는 장기간에 거쳐 변화를 가져오고 넓은 범위의 산업연관 효과를 고려한 동태적 효과가 더 중요하다. 관세인하와 비관세 장벽의 철폐가 어느 정도 시간이 지남에 따라 서서히 나타나게 되고 경제구조의 변화에 따라서 저축의 증가, 자본축적 및 투자 등이 나타나게 된다. FTA가 단기적으로는 가시적인 성과를 이루지 못했더라도 장기적으로 경제구조와 경제 체질의 개선을 가져온다면 큰 방향성에 있어서 동태적인 효과가 예상보다 크기 때문이다. 경쟁과 투자의 활성화에 따른 생산성 향상 및 대량생산에 따라 규모의 경제가 실현될 수 있고 체결국으로부터 기술이 유입되어 기술 및 생산성의 향상을 불러올 수 있다. 이러한 동태적인 효과가 경제 성장에 기여하는 파급효과가 매우 클 수 있다. 동태적 효과를 구체적으로 살펴보면 다음과 같다.

가. 시장 확대로 인한 투자의 집중 유발

FTA회원국들이 공통의 통화정책 및 대외정책을 추진함으로써 역외 국가들에 대한 교섭력을 강화할 뿐만 아니라 역내국들은 비가입국에 대한 수입의존도를 저하시켜 교역조건을 개선한다. 뿐만 아니라 경제통합의 결과로 관세 및 비관세장벽이 철폐되어 생기는 직접적인 효과 외에도 특허나 소득증대 등도 교역조건 개선에 도움을 주며 유리한 교역 조건은 시장 확대로 인하여 투자를 원활하게 만들어준다.

이렇게 투자가 증가하는 데에는 회원국 내에서의 FTA의 직접적인 효과로 인하여 시장규모 확대, 노동력의 원활한 확보 등으로 회원국 간에 투자가 이루어지는 경우가 있다. 한편으로는 역내의 회원국들이 다른 회원국에 진출하여 이윤을 창출할 기회를 활발하게 모색하며 투자를 확대하게 되는 경우가 있다. 그리고 다른 투자의 형태로는 역외의 기업이 원산지 규정을 이용하여 원자재 및 중간재를 무관세로 도입하고 역내에 생산거점을 마련하여 생산한 후 무관세 혜택을 이용하여 판매 또는 수출을 목적으로 투자하는 경우가 있다. 즉, 역외국 기업의 역내 투자는 원산지 규정을 활용하여 무관세 혜택을 누리기 위한 투자라고 할 수 있다.

나. 규모의 경제 효과

경제통합에 참여하는 국가가 규모의 경제(economy of scale)를 실현하는 경우, 생산성 향상을 통하여 수출을 증대시킬 수 있다. 경제통합에 따른 시장 확대는 과거 협소한 시장으로 인하여 활용하기 어려웠던 생산기술의 채택 또는 기업규모의 확대를 가능하게 해 준다. 일반적으로 단위당 생산비용을 절감하는 규모의 경제효과로 인한 경제적인 이익은 두 가지로 나눌 수 있다.

첫째, 대규모 공장의 경제이다. 대규모 공장의 경제란 기술혁신을 통하여 선택되는 생산방법과 관련되는 것으로 기술혁신이 이루어지면 생산물의 단위당 비용은 하락하는데, 이는 대규모 생산체제를 갖추고 있을 때에 용이하다.

둘째, 대규모 기업의 경제(economies in the firm)를 들 수 있다. 이는 많은 생산 공장을 가지고 있는 기업의 경제로서, 경제력 집중을 통한 재벌의 경제라고 할 수 있다.

대기업의 경우 그룹 연구시설을 활용하여 연구개발에 집중함으로써 효율성을 극대화 할 수 있을 뿐만 아니라 원자재를 대량 구매하여 비용을 절감할 수 있다. 그룹 차원의 인력관리를 통해서 전체적인 경영 및 기술직 사원 인력을 가장 효율적으로 운영할 수 있고 이를 체계적으로 전문화 시킬 수 있다. 또한 제품의 표준화 및 규격의 통일을 보다 수월하게 추구할 수 있으며 홍보비용과 같은 운영비용과 판매경비의 측면에서도 비용을 절감할 수 있다. 따라서 기업규모의 확대는 결국 대규모 공장의 경제로 이어지게 된다.

다. 경쟁격화에 의한 생산성 향상

무역 개방은 더욱 큰 시장의 동종기업들과의 경쟁을 통해서 치열한 생존경쟁을 벌여야한다. 이 때문에 경제통합을 실현하게 되면 특정한 국가 내 수입대체산업이나 수출산업을 보호하고 있던 조치가 사라지게 되어 이들 국내 산업에 종사하는 기업들이 개방된 외국시장과 경쟁하게 된다. 경쟁기업과의 싸움에서 살아남기 위해서 경영합리화와 기술혁신을 통한 품질의개선, 생산성 향상을 시도하게 된다. EU의 경우와 같이 선진국 간 경제통합을 하면 경제적 환경변화에 적극적이고 신속하게 대처할 수 있는 기업들의 수가 많아진다. 이때 경쟁과정에서 생산성이 낮은 한계생산자의 경우 대규모 공장의 경제를 이룩하기 위해 투자를 확대하여 기업 활동의 확장을 통해 생산성을 향상시켜 외국산업과의 경쟁에 대비하게 된다.

라. 전시효과

전시효과는 서로 상이한 소득수준을 가진 국가 또는 지역 사이의 경제적 접촉의 결과로써 발생한다. 소득수준이 비교적 낮은 국가의 국민들이 소득수준이 비교적 높은 국가의 생활양식을 모방하려는 경향으로 인해 소비 패턴의 변화가 일어나는 경우를 말한다. 경제통합이 실현되면 외국상품의 유입에 따라 국제적 접촉이 많아지고 국제관계가 긴밀해진다. 이에 따른 활발한 인적교류로 인해 과거에 비탄력적이었던 국가들의 소비구조에 영향을 미치게 된다. 이에 따라 수요를 환기하는 역할과 신규투자 기회의 확충을 통하여 소득을 증대시키는 역할을 하며, 소비구조의 변화를 가져오게 된다.

(4) 부정적 효과

FTA의 부정적인 효과는 그 체결로 인한 혜택과 위험이 한 국가 내에서 산업 간, 지역 간, 기업 간 불균형적으로 이루어질 때 발생할 수 있다. FTA는 국가 간의 협상을 통하여 이루어지기 때문에 협상조건에 따라서 종종 각국에게 유리한 시장(혹은 기업) 또한 산업과 불리한 시장(혹은 기업) 또는 산업이 발생할 수 있다. 그러므로 시장 개방 상황에 따라 피해를 보는 계층이 생길 수 있다. 또한 시장이 확대되며 수입증가로 인하여 경쟁자가 늘어나고 이로 인해 경쟁이 격화되며 취약한 산업 및 기업에게는 피해가 발생할 수 있다.

주로 비교우위가 낮은 농업, 수산업, 사양산업(일몰산업) 등에서 피해가 발생하며 숙련노동자보다는 농민, 노동자, 어민 등 비숙련 노동자들이 피해를 보게 되는 것이 일반적이다. 따라서 이러한 피해를 최소화하고 긍정적인 효과를 발생시키기 위하여 피해산업 지원 및 경쟁력 제고를 위한 투자를 통하여 노동력 및 기타자원을 재배치하는 등 국가적인 차원에서 불균형 해소의 노력이 필요하다. 그리고 이때 역내의 대량실업 등 경제구조의 조정비용이 발생하게 된다. 이와 같이 FTA로 인한 이익이 크더라도 경쟁력 강화를 위한 산업 및 기업의 구조조정이 필요하며 이러한 구조조정이 가속화될 경우에 부문별로 피해를 입는 기업과 근로자가 발생한다.

같은 맥락에서 국가 간의 양극화 문제를 살펴보면 FTA가 선진국과 개도국 간에 체결될 때 협상력이 높은 선진국이 일방적으로 이득을 취하고 상대적으로 전략적인 대응이 어려운 개도국이 손해를 보기 쉽다. 이때 FTA 체결을 통해 대국과 소국 간의 관계가 중심국과 주변국(Hub and Spoke)관계로 형성되어 장기적으로 소국이 무역에 있어 독립성을 잃고 선진국 주변에서 종속적인 위치로 남겨지는 등 의존도가 커지게 될 수 있다. 뿐만 아니라 FTA가 확산됨에 따라 국가별로 상이한 원산지 규정이 적용되며 회원국들이 늘어날수록 이러한 각종 규정 및 절차, 기준들이 서로 상이하게 얽혀 마치 스파게티 그릇에서 면이 얽히는 것과 같이 복잡하게 되어 행정비용과 같은 거래비용의 증가를 초래하게 된다. 또한 이익이 참여국에만 차별적으로 돌아가기 위해서는 원산지 규정이 역할이 중요하게 작용한다.

5) FTA협정문의 주요내용[5]

FTA는 양자 간 조약이라는 점에서 당사국들의 합의에 의해 협정문의 세부 내용에는 차이가 있지만, 다자간 무역규범체제인 WTO협정과 부합하도록 해야 하기 때문에 유사한 구조를 가진다. 일반적으로 FTA협정문에서는 다음과 같은 분야들을 다루고 있다.

---

5) FTA강국, KOREA(http://www.fta.go.kr/main/situation/fta/main/)

(1) 상품무역

상품 chapter는 협정 당사국간 상품에 대한 내국민 대우 및 시장 접근 원칙을 규정하기 위한 것으로 관세철폐 조항 및 관세양허표 외 통상 비관세조치, 제도 규정 등으로 구성되어 있다.

(2) 서비스

서비스 chapter는 서비스 자유화 관련 원칙·의무를 규정한 협정문과 자유화 방식에 따라 양허 또는 유보 리스트를 열거한 부속서로 구성되며, 협정 당사국은 서비스 분야의 자유화 규모 및 폭을 결정, 이에 대한 약속을 반영한다. 금융, 통신, 자연인 이동 분야의 경우 특수성과 전문성을 고려하여 별도 chapter 또는 부속서로 구성되기도 한다.

(3) 투자

투자 chapter는 투자 자유화 및 투자 보호를 목적으로 하며, 협정문에는 투자와 관련된 원칙을 규정하고, 부속서는 외국인 투자 허용 분야를 열거한 유보 또는 양허 리스트로 구성된다.

(4) 무역구제

무역구제 chapter는 협정 당사국간 교역으로 인하여 국내 산업이 피해를 입은 경우 관세 인상 등의 조치를 통해 구제하는 제도를 마련하기 위한 것으로, 통상 반덤핑, 상계관세, 세이프가드 제도 등으로 구성되어 있다.

(5) 원산지규정

원산지규정 chapter는 특혜관세 적용을 받기 위해서 당사국이 자국 원산지임을 인정받기 위해 충족해야 하는 기준을 정한 것으로, 협정문과 함께 HS코드 별로 품목별 원산지기준을 규정한 부속서로 구성된다.

(6) 원산지 절차 및 통관

원산지 절차와 관세행정 관련 chapter로 이루어지며, 주로 협정 당사국 간 특혜 관세 신청을 위한 원산지 증명 방식, 사전판정, 기록유지 의무 및 검증, 수출 관련 의무, 특송 화물과 관세협력 등 세관에서 이루어지는 일련의 통관과 무역원활화 관련된 규정을 명시한다.

(7) TBT (Technical Barriers to Trade; 무역기술장벽)

TBT chapter는 양국의 표준, 기술규정 및 적합성평가절차가 협정 당사국 사이의 상품교역에 불필요한 장애를 초래하지 않도록 보장하기 위한 것이며 WTO TBT협정의 내용을 기반으로 투명성, 공동협력, 협의채널, 정보교환 등의 조항으로 구성된다.

(8) 위생 및 식물검역(SPS)

위생 및 식물검역(SPS) 조치는 각국이 자국민, 동식물의 건강과 생명보호를 위해 시행하는 조치로서, 일반적으로 무역을 제한하는 효과를 가져오게 된다. FTA에서는 무역자유화 촉진이라는 FTA 체결의 기본취지에 따라, SPS 조치 관련 WTO SPS 협정상의 권리의무를 기초로 하여, 양국관계의 맥락에서 SPS 조치가 무역제한적으로 기능하는 것을 방지하기 위한 규정들이 포함된다.

(9) 지식재산권

지식재산권 chapter는 저작권, 상표, 특허, 디자인 등 실체적 권리의 보호수준과 권리에 대한 행정·민사·형사적 집행에 관한 협정 당사국간 제도를 조화하고 지식재산권 관련 협력을 제고하는 데 기여한다. 충실하게 구성된 지재권 chapter는 권리자와 이용자에게 법적 확실성을 제공하여 무역과 투자를 증진할 수 있는 기반이 된다.

(10) 정부조달

정부조달은 세계 각국 GDP의 약 10-15%를 차지하는 큰 시장이다. 이러한 정부조달 시장의 상호개방은 신규시장 개척 효과가 있다. FTA에서의 정부조달 협정은 이러한 시장개방에 대한 조건과 규칙들을 규정하기 위한 협상 분야이다. 정부조달 협정은 일반적으로 입찰 및 낙찰과정에서의 준수의무를 명시하는 협정문 부분과 시장개방 대상과 개방 하한금액을 다루는 양허표로 구성된다.

(11) 전자상거래

전자상거래 chapter는 전자거래 활성화를 위해 당사국간 전자적으로 전송되는 디지털제품 (예: 동영상, 이미지 등)에 대한 무관세·비차별 대우, 전자인증 및 전자서명, 소비자 보호 관련 규정 등을 명시한다.

(12) 경쟁

세계 경제의 의존성 증가로 인해 한 국가의 경쟁정책이 시장개방, 관세인하 등 FTA의 체결효과를 훼손할 수 있다는 인식 하에, 이를 방지하기 위한 의무들을 규정하기 위한 협상분야이다.

일반적으로 경쟁법 집행시 준수해야 할 의무, 공기업 및 독점관련 의무, 경쟁당국간 협력 등의 요소들이 포함된다.

(13) 노동

노동 chapter는 협정 당사국 노동자의 권리를 보호하기 위한 것으로, 국제노동기준에 명시된 기본 노동권의 준수, 기본 노동권을 포함한 노동법의 효과적인 집행, 이해관계자의 절차적 권리 보장, 공중의견제출제도의 도입 및 운영, 노동협력메커니즘, 노무협의회 등으로 구성된다.

(14) 환경

환경 chapter는 협정 당사국의 환경보호를 위한 것으로, 환경법 및 정책이 높은 수준의 환경보호를 제공할 의무, 다자간 환경협정의 의무 이행, 환경법의 효과적인 적용 및 집행, 환경협의회 설치, 대중참여 확대, 환경협력 확대 등으로 구성된다.

(15) 경제협력

경제협력 chapter는 FTA 협정 당사국간의 경제협력 증진을 위한 것으로 우리나라의 경우 주로 개도국과의 FTA에서 경제협력 chapter를 별도로 두어 경제협력의 범위·방법 및 이행 메커니즘을 규정하고 있다. 통상 경제협력 chapter에는 FTA 분쟁해결절차의 적용이 배제된다.

(16) 분쟁해결

분쟁해결 chapter는 협정 당사국 사이의 분쟁을 신속하게 해결하고 협정상 의무를 위반한 국가에 대하여 의무 이행을 확보하기 위한 것으로, 통상 당사국간 협의, 패널 판정, 판정 이행의 순서로 구성된다.

(17) 총칙 : 최초조항·최종조항·제도조항·투명성·예외

협정 전체에 관련된 포괄적인 내용을 규정한 chapter로서, 통상 최초조항 chapter는 목적·다른 협정과의 관계·정의, 최종조항 chapter는 개정·발효·탈퇴 및 해지, 제도조항 chapter는 협정 이행을 위한 위원회의 역할, 투명성 chapter는 공표·정보교환·행정절차, 예외 chapter는 일반예외·안보예외·과세예외 등의 조항으로 구성된다.

제2절 FTA활용도

FTA 활용도 또는 FTA활용률(Utilization Rate)은 특혜무역협정이 얼마나 효율적으로 활용되고 있는가를 보여주는 수준 또는 비율을 의미한다. FTA활용률이 0%인 경우 해당 FTA를 통해 보장된 특혜

관세를 전혀 이용하지 않는다는 것을 의미한다. 활용률이 100%인 경우 FTA 관세를 완벽하게 활용한다는 것을 의미하는 것이다.

FTA 활용률에는 수입활용률과 수출활용률이 있다. FTA 수입활용률은 일정기간동안 특혜관세 혜택을 받을 수 있는 수입재화의 전체 수입액 중 실제로 특혜관세 혜택을 받은 수입액의 비중을 의미한다. FTA 수출활용률은 일국(한국)의 수출이 FTA 상대국에서 얼마나 많은 특혜관세 혜택을 받고 있는지 비중을 나낸다. 그런데, FTA 수출활용률을 파악하기 위해서는 수입상대국으로부터 특혜자격 있는 총수입액 통계 및 특혜관세 적용통계가 확보되어야 한다. 해당국가로부터 통계자료를 확보하는 것이 어려움으로 인해, 한국에서 특정 FTA 체결국으로 특혜관세 혜택을 받기 위하여 한국 수출기업들이 신청한 원산지증명서 발급 비율을 이용하여 활용률을 추정하는 방법이 가능하다. 따라서 특혜관세 자격이 있는 상대국의 수입품의 총수입액은 한국의 수출통관 금액을 기준으로 하고, 특혜관세를 신청한 수입액의 비율은 한국에서 원산지증명서를 발급한 비율을 활용하여 FTA 수출활용률을 추정한다(김용태, 2014).

<표 1-1>에서 특혜수출 활용률은 전협정 평균 71.9%로 나타났다. 이는 전년대비 2.7%증가한 수준이다. FTA 특혜수출활용률은 FTA 대상이 되는 품목의 FTA적용 C/O발급금액의 비중을 의미한다. 국내 수출세번 기준으로 FTA 대상여부를 사전에 분석한 뒤 도출한 수치이다. 이에 국내 수출무역통계 기준 FTA 활용률은 추정치임을 유의해야 한다.

협정별 FTA 특혜수출 활용률은 칠레EFTA, EU, 페루 등이 80% 이상으로 높은 활용률을 보인다. 이어 미국, 터키, 캐나다도 근접한 활용률을 시현하고 있다. 다만 최근 발효된 호주와 아시아권인 아시

아·인도 등이 다소 낮은 활용률을 나타내고 있다. 평균 FTA 특혜 수출활용률은 전년보다 2.7% 증가한 71.9%이다.

<표 1-1> 협정별 FTA 활용률

(단위 : %)

FTA발효국	2014년(A)		2015년(B)		증감폭(B-A)	
	수출	수입	수출	수입	수출	수입
칠레	80.5	98.3	80.7	98.8	0.2	0.5
EFTA	79.6	41.6	80.4	43.7	0.8	2.1
아세안	37.0	73.8	42.5	75.4	5.5	1.6
인도	56.3	67.0	62.4	73.1	6.1	6.1
EU	85.3	66.8	85.3	71.0	0	4.2
페루	90.5	89.2	83.6	90.6	△6.9	1.4
미국	76.2	66.0	79.1	67.5	2.9	1.5
터키	72.7	64.4	79.1	69.1	6.4	4.7
호주	-	-	69.7	63.5	-	-
캐나다	-	-	79.9	61.2	-	-
FTA전체	69.2	68.0	71.9	70.2	2.7	2.2

자료 : 관세청 보도자료(2016.2.1.)

1) 한미 FTA 활용률

한미 FTA는 초기부터 타 FTA에 비해 비교적 안정적으로 정착하며 높은 수준의 활용률을 기록하고 있다. 2014년 조사한 FTA 특혜 관세 혜택품목의 수출액 중에서 혜택을 받기 위해 원산지증명서를 발급한 것으로 조사된 품목의 수출액 비중으로 추정치를 계산한 수출 활용률 분석에서도 수출활용률은 76.2%로, 발효 1년차인 2012년 FTA 전체 수출활용률(69.0%)보다 높은 편으로 나타났다. 또한, 대기업 외 중소, 중견 기업에서도 전년대비 0.6%의 증가추세를 보이고 있으며, 동일년도 한미 교역규모는 전년 대비 11.6% 증가(수출 13.3%, 수입 9.1%) 이를 다시 혜택 품목과 비 혜택품목으로 분류할 경우 혜택품목의 교역규모는 전년 대비 6.7% 증가하였으며, 비 혜택품목은 15.6% 증가라는 수치를 기록하며 특히, 수출품으로는 완성품 소비재인 자동차부품(7.2%), 자동차(20.2%)·무선통신기기(9.9%) 등의 수요가 급속히 증가, 수입품으로는 식물성물질(136.3%), 곡류(8.6%), 반도체제조용 장비(29.3%) 등의 증가로 초기의 우려를 불식시키는 성장세를 보이고 있다.

<표 1-2> 한미 FTA 수출활용률(%)

	발효 1년차 (2012년)	발효 2년차 (2013년)	발효 3년차 (2014년)	전년대비 증감폭(%)
전체	69.4	77.0	76.2	△0.8
대기업	75.9	85.1	85.3	0.2
중소·중견 기업	63.7	69.8	69.2	△0.6

출처: 관세청

<표 1-3> 한미 FTA 교역현황

(억불, %)

구분	발효 1년차 (12)			발효 2년차 (13)			발효 3년차 (14)		
	수출	수입	교역	수출	수입	교역	수출	수입	교역
총 교역량	5,479 (△1.3)	5,196 (△0.9)	10,675 (△1.1)	5,596 (2.1)	5,156 (△0.8)	10,752 (0.7)	5,727 (2.3)	5,255 (1.9)	10,982 (2.1)
미국 교역량	585 (4.1)	433 (△2.9)	1,018 (1.1)	621 (6.0)	415 (△4.2)	1,036 (1.7)	703 (13.3)	453 (9.1)	1,156 (11.6)
FTA 혜택	224 (12.8)	210 (1.9)	434 (7.2)	239 (6.4)	226 (6.9)	465 (7.1)	249 (4.3)	247 (9.0)	496 (6.7)
FTA 비혜택	361 (△0.6)	223 (△6.8)	584 (△3.0)	382 (5.8)	189 (△14.9)	571 (△2.2)	454 (19.0)	206 (9.1)	660 (15.6)

출처: 관세청

FTA 체결로 인한 가장 큰 기대효과 중 하나인 투자유치 부분에 있어서도 한미 FTA는 괄목할 만한 성과를 이룩했다. 투자유치국 중 EU(65.0억), 미국(36.1억), 일본(24.9억 달러), 싱가포르(16.7억 달러) 수치를 기록하며 한국의 제2 투자 유치국인 미국은 2012~2013년 유럽 금융위기의 여파로 인한 투자 감소 이후 전년 대비 2.4% 증가하며 다시 상승세를 이어가고 있다. 업종별로는 서비스업은 전년대비 27.6% 증가했으며, 제조업종은 섬유, 직물, 전자 부분의 투자하락으로 감소세를 보였지만 비즈니스서비스 등 서비스업의 투자는 지속적으로 증가세를 유지하여 앞으로의 투자유치 전망 역시 긍정적인 것으로 분석되고 있다.[6]

2) 한중 FTA 활용률

한중 FTA는 급성장하고 있는 중국의 내수시장을 일본과 대만보다 한발 앞서 선점하여 한국 경제의 성장 동력의 확보를 노리고 있다. 중국내 진출된 2만 개의 한국 기업과 40만 명에 달하는 한국인의 이익 보호를 위한 제도적 구축 마련하여 투자 유치를 통한 일자리 창출 방안과 중국과의 전략적 제휴를 통한 협력관계를 형성하고 북미와 유럽 아시아를 잇는 FTA 네트워크의 구축과 동아시아의 경제통합 과정에서 한국의 주도적 위치 확보하기 위해 추진되었다. 이를 위해 한국은 2004년부터 꾸준한 관심을 보이며 체결을 위해 노력했으며 드디어 2015년 6월 정식 서명을 통해 한중 FTA가 체결됐다. 특히, 중국은 2008년에서 2009년 금융위기를 제외하면 연간 수출 부분에서 최저 6%, 수입 부분에서 1.1%의 꾸준한 증가세를 보이는 한국

---

6) 산업통상자원부, KOTRA, 대학 FTA강좌 참고교재, 2016, pp.123-124.

의 최대 수출·입국으로서 그 위상이 높아 한국과 밀접한 국가이다.

<표 1-4> 중국 수출입 총괄

(단위: 백만달러)

년도	수출액	증감률	수입액	증감률
2014	2,343,222	6.0%	1,963,105	1.1%
2013	2,210,772	7.8%	1,941,466	6.8%
2012	2,050,109	7.9%	1,817,344	4.3%
2011	1,899,314	20.3%	1,741,624	24.9%
2010	1,578,444	31.3%	1,393,909	38.9%
2009	1,202,047	-15.9%	1,003,893	-11.3%
2008	1,428,869	17.3%	1,131,469	18.3%

자료: 한국무역협회

아직 정확한 결과가 나오진 않았지만 관세철폐와 비관세장벽, 국제 분업 개선 효과 부분에서 폭넓게 혜택을 받을 것으로 예상고 있다. 수혜예상 11개 업종과 이에 대한 세부 17개 업종으로 분석한 결과 관세철폐 부분에선 각종 소비재와 화학 업종에서 높은 혜택을 누릴 것으로 예상되며, 비관세 장벽 완화 부분에서 전자, 전기, 자동차 부품 등의 업종, 국제 분업 부분에서 섬유, 농식품 등의 업종에서 높은 혜택을 누릴 것으로 나타났다. 이 중 소비재 부분은 전부분에 걸쳐 폭넓은 혜택을 누릴 것으로 기대된다.[7]

한편, FTA 수출활용률이 높아지면 상대국에서 자국의 수출상품의 가격이 낮아짐으로써 상대국 시장에서 가격 경쟁력이 높아져 수출매출 및 경영성과가 개선될 것이다. 즉, FTA 활용의 결과가 수출에 직·간접적 영향을 미칠 수 있다.

---

7) 산업통상자원부, KOTRA, 대학 FTA강좌 참고교재, 2016, pp.125-126.

제3절 기업의 FTA 활용에 영향을 미치는 협정 요소

FTA협상에서 쟁점이 많고, 협정 이행 후 수출입 기업이 FTA를 활용하는 과정에서 가장 많이 거론되는 분야가 원산지 규정이다. FTA 원산지 규정에 관한 선행 연구는 FTA가 교역과 후생에 미치는 영향에 관한 연구가 주로 이루어 졌다. 특히, 원산지규정이 FTA의 경제적 효과에 핵심적 영향을 미치는 요인으로 선정하여 FTA 원산지규정이 무역에 미치는 영향에 대한 연구가 많이 이루어져 왔다. 각 협정에서는 원산지에 관한 내용을 각기 달리 규정하고 있다. 따라서 FTA 원산지 규정의 전형이 어떤 것인지 대해서는 연구마다 다소 차이가 있다. 또한 연구자에 따라 원산지규정과 원산지 기준 또는 원산지 결정기준 등을 혼용하여 사용하는 경우도 있다(김용태, 2014).

다음은 선행 연구들의 원산지규정과 원산지기준 또는 원산지결정 기준에 대한 개념과 정의에 대해 정리해 보고자 한다. 김한성 등 (2008)[8]은 '원산지규정'애 대해 "원산지규정(Rules of Origin : ROO) 은 수출입물품의 원산지를 결정하기 위한 제반 기준 및 절차로서 물품에 대한 국적을 판정하고 확인하는 국제법규, 법령, 규칙 등이라 할 수 있다."라고 정의하고 있다. 또한 원산지결정기준에 대해서는 별도로 개념을 정의하고 있지는 않다. 조미진 등(2008)[9]은 원산지 규정을 "수출입물품의 원산지를 결정하고 특혜 또는 비특혜 무역조치의 효과를 규정하는 각종 기준 및 절차를 정하는 것"으로 정하고 있다. 원산지 규정의 핵심을 원산지결정기준이라고 하면서 그 기준

---

8) 김한성, 조미진, 정재완, 김민성, "한국FTA 원산지규정의 특성 및 활용전략", 대외경제정책연구원, 2008.

9) 조미진, 여지나, 김민성, "한국과 중국의 FTA 원산지규정 비교: 주요 산업을 중심으로", 대외경제정책연구원, 20087, pp. 11-16.

을 '완전생산기준과 실질적 변형기준'으로 정의하고, 미소기준, 누적기준, 불인정공정 및 최소가공공정, 직접운송원칙, 역외가공인정, 부속품 및 포장용품에 관한 규정 등을 보충적 원산지결정기준으로 설명하고 있다. 동 연구는 원산지 규정을 한미나 한EU FTA에서 정하고 있는 원산지 규정과 원산지 절차를 모두 포함하는 개념으로 사용하고 있는 것으로 이해된다.

이와 같이 연구자들마다 원산지규정의 개념을 각기 달리 정의하고 있는 것은 국가별 FTA마다 원산지규정을 다르게 정하고 있고, 결과적으로 이를 수용하는 법령도 일률적으로 규정하기 어려운데서 비롯된 것으로 이해된다. WTO에서는 원산지규정을 상품이 만들어진 곳을 정하는 데 사용되는 기준들(the criteria)을 말한다고 한다. 이것은 기준은 원산지를 정하는 규정 전체 중 어느 한 분야(예를 들면 여러 가지 결정기준중 하나의 기준이라 할 수 있는 완전생산기준이나 실질적 변형기준 등)를 의미하는 것이며, 규정은 이들 각각의 기준의 총합적인 규정전체를 의미한다고 본다.

본 절에서는 한EU FTA나 한미 FTA에서 규정하고 있는 내용을 기준으로 하여 원산지규정이라는 개념을 사용하기로 하고 이를 원산지결정기준, 원산지증명절차, 원산지검증절차로 분류하여 살펴본다.

1) 원산지결정기준

FTA 원산지기준은 흔히 특혜원산지기준으로 불리기도 하는데, 협정마다 품목별 기준이 다를 수 있다. 당초 원산지기준을 무역굴절 방지가 목적이었으나,[10] 오늘날에는 상품의 시장접근과 투자결정에

---

10) 무역굴절(trade deflection)은 역외국에 대한 관세가 낮은 회원국으로 수입된 제3국산 물품이 다른

영향을 미치는 강력한 무역정책 수단으로 이용되고 있다.

　기본적으로 특혜원산지규정은 불법 물품의 우회수입을 억제하고, 역내 회원국 간 교역을 확대시키는데 그 목적이 있다. 그러나 보호무역 주의적 시각에서 원산지기준을 활용하는 사례는 많다. 이를 위해 원산지 인정기준이 엄격해지게 되고, 그 결과 무역전환에 따른 부정적인 영향이 커지게 되며, 무역과 투자를 왜곡시키는 부작용을 초래하게 되는 것이다. 또한 FTA 협정국이 확대되고 협정마다 서로 다른 원산지기준을 적용하게 됨에 따라 비효율이 발생한다. 이를 스파게티효과(Spaghetti Effects)라 한다.11)

　원산지는 통상 "당해 물품이 실질적으로 생산된 국가", 즉 "물품의 국적"을 의미한다고 볼 수 있으나, 원산지 기준은 FTA 협상에서 결정되므로 통일적인 기준이 있는 것은 아니며 국제경쟁력, 생산방식 등에 따라 FTA마다 달리 정해지게 된다. 그러나 FTA에서도 원산지를 결정하는 기본 원칙은 대부분 동일하다. 원산지를 결정하는 기본 원칙으로 완전생산기준(Wholly obtained or entirely produce)과 실질변형기준(Substantial transformation)을 사용하고 있다. 다만, 완전생산기준과 실질변형기준의 구체적인 범위에 있어서 차이가 있다(김용태, 2014). 완전생산기준은 당해 물품의 전부를 생산·가공 또는 제조한 나라를 원산지로 인정하는 기준을 말한다. 이와 달리 실질변형기준은 당해 물품이 2개국 이상에 걸쳐 생산·가공 또는 제조된 경우에 당해 물품의 본질적 특성을 부여하기에 충분한 정도의 실질적인 변형이 최종적으로 수행된 나라를 원산지로 인정하는 기

회원국(높은 관세부과)에게 무관세로 수출되는 현상을 말한다.

11) FTA 체결 건수가 많아질수록 원산지증명 관련 준수비용 및 증빙업무 부담들은 늘어날 가능성이 커진다. 마치 스파게티가 많아질수록 서로 뒤엉켜 먹기가 어려워지는 것과 비슷하다고 해서 이러한 상황을 스파게티 보울 현상(spaghetti bowl phenomenon)이라고 부르기도 한다.

준을 말한다. 즉, 외국에서 수입한 원재료와 국산 원재료를 혼용하여 물품을 가공·생산할 경우 이 기준이 적용되며, 대부분의 가공생산품이 이에 해당한다(김용태, 2014).

2) 원산지 증명 절차

FTA 체약국간에 물품을 수출입할 때 동 물품이 양국 간 FTA 특혜관세를 적용받기 위해서는 앞에서 살펴본 원산지규정에 따라 협정에서정한 대로 협정대상국의 원산지상품임을 증명해야 한다. 원산지를 증명하는 절차에는 FTA 협정마다 차이가 있으나, 일반적으로 수출물품을 생산하는데 소용되는 원재료 등에 대한 원산지를 확인해주는 절차와 이를 근거로 수출하는 물품에 대한 원산지증명서를 발급하는 절차로 진행된다. 그리고 원산지를 증명할 준비서류에 있어서 FTA협정에 따라 차이가 있을 수 있으나, 일반적으로 원산지증명서와 원산지확인서, 국내제조증명서가 있다. 이를 뒷받침하는 서류로 원재료명세서(Bill of Material : BOM), 원료구입명세서, 생산공정명세서 등의 자료가 요구되는 경우도 있다.

수출자가 FTA를 체결한 상대국으로 수출할 때 해당 물품이 원산지 물품임을 증명하는 원산지증명서를 발급하기 전에 먼저 당해 물품을 직접 생산하지 않고 제3자로부터 공급받은 경우 당해 물품이 원산지물품임을 확인하는 절차가 필요하다. 이 때 수출자에게 당해 수출물품을 공급한자 또는 수출물품을 생산하는데 소요되는 원재료를 공급하는 자가 당해 물품이 원산지물품임을 확인하는 서류가 원산지 확인서이다(박철구, 2013).

원산지확인서 제공의무를 법적으로 강제하는 협정은 없으나 원산지증명이 사실에 입각하지 않거나 허위로 이루어질 경우 특혜적용을 배제하는 것을 물론 처벌대상이기 때문에 원산지임을 확인하는 절차가 필요하다. 한미 FTA의 경우 협정문에서 "어느 당사국도 원산지를 확인하는 서류의 유통을 강제할 수 없다"라고 규정하여 원산지확인서 등의 유통을 법적으로 강제하지 못하도록 하고 있다. 그러나 이를 하지 못하도록 하는 것도 아니므로 수출자나 생산자들에게 자발적으로 원산지 정보를 유통하도록 제도적 장치를 해주는 것은 FTA활용을 극대화하기 위해서도 필요한 제도이다. 한국에서는 자유무역협정 이행을 위한 관세법의 특례에 관한 법률 시행규칙에서 원산지확인서를 발급하여 유통할 수 있도록 제도화 하고 있다. 자유무역협정의 이행에 관한 관세법의 특례에 관한 법률 사무처리 제2-3-2조에서 수출자가 생산자에게 원산지확인서 작성을 요청할 수 있도록 규정하고 있다.

그러나 원산지확인서 발급은 법으로 강제하는 제도가 아니기 때문에 원산지확인서 유통에 여러 가지 장애가 발생하고 있다. 화학섬유나 철강제품과 같이 원재료 공급자가 대기업이고 수출자가 중소기업인 경우 원재료 공급자인 대기업이 중소기업에게 제공하는 원재료에 대해 원산지를 제공하지 않아도 이를 강제하는 규정이 없어 중소기업이 FTA를 활용하기 위한 원산지증명서를 발급하지 못하는 사례가 발생하고 있다(박철구, 2013). 또한, 반대로 대기업이 원재료나 제품을 납품하는 중소기업의 경우 원산지확인을 위한 원가자료를 대기업에 제공할 경우 납품단가 인하압력으로 작용할 것을 우려하여 원산지확인서 발급을 기피하는 경향이 있는 것으로 확인되고 있다(김용태, 2014).

한편, FTA 활용의 주체인 기업이 FTA 특혜관세를 받기 위해서는 당해 협정에서 정하는 절차와 방식에 따라 원산지상품임을 증명해야 한다. 원산지를 증명하는 방식에는 크게 기관발급제, 자율발급제, 인증발급제 등 3가지가 있다.

<표 1-5> FTA별 원산지 증명 비교

구분	한칠레	한싱가포르	한EFTA	한아세안	한미	한EU
증명서 방식	자율발급	기관발급	자율발급	기관발급	자율발급	인증발급
증명주체	수출자	싱: 세관, 한: 세관, 상공회의소	수출자	아세안:정부기관 한:정부지정기관	수출자, 수입자, 생산자	수출자
증명방식	공통통일서식	각국별도서식	인보이스신고	공통통일서식	양식없음	인보인스신고
유효기간	2년	1년	1년	6월	4년	1년

자료 : 정인교(2010), 「FTA 통상론」, 율곡출판사, p.231

3) 원산지 검증 절차

원산지 검증은 FTA협정에 의한 관세특혜 적용을 신청한 후 원산지결정기준·원산지증명서류 등 원산지요건의 충족여부를 확인하는 절차이다. FTA 특혜신청을 할 경우 신청 당시에 신청내용에 대해 확인하는 것이 원칙이나, 각 협정에서는 특혜신청에 대한 확인으로 인한 통관지연을 최소화하기 위해 통관절차를 완료한 후에 확인하도록 규정하고 있다. 한국의 '자유무역협정 이행을 위한 관세법 특례에 관한 법률' 제10조 제7항에서 "관세관장은 제1항에 따른 협정관세의 적용신청을 받은 경우에는 수입신고를 수리한 후에 심사한다. 다만, 관세채권을 확보하기가 곤란하거나 수입신고를 수리한 후 원산지 및 협정관세의 적정 여부를 심사하는 것이 부적당하다고 인정하여 기획재정부령으로 정하는 물품은 수입신고를 수리하기 전에 심사한다."라고 규정하여 사후 심사원칙을 채택하고 있다.

일반적으로 원산지 검증절차는 수입국에서 수입자를 대상으로 특혜 신청 내용에 대해 의심이 있을 경우, 수입자에 대해 소명하도록 하고 수입자가 이를 충분히 소명하지 못할 경우 수입국 세관당국은 수출자에 대해 당해 수출물품의 원산지의 정확성에 대해 확인을 하게 된다. 이 때 수출국의 생산자나 수출자에 대한 검증을 수행하는 주체가 수출국인가 수입국인가에 따라 간접검증과 직접검증 및 혼합형으로 구분할 수 있다(김용태, 2014).

간접검증의 경우, 수입국에서 특혜적용 신청에 대한 원산지에 의심이 있을 경우 수출국에 원산지의 정확성 여부를 확인해 주도록 요청을 하면 수출국 세관당국에서는 수출자 또는 생산자에게 대해 직접 확인하는 제도이다. 절충방식은 먼저 수입자에게 수입국에서 검증을 실시한 후 수출자나 생산자에 대해 검증을 하고자 할 경우 수출국의 권한이 있는 당국과 협의하여 공동으로 검증을 실시하는 방법이다(박철구, 2013).

한미 FTA는 수입당사국은 수입자·수출자 또는 생산자에게 서면으로 정보요청하거나 시설을 시찰하기 위하여 타당사국 영역에 소재하는 수출자 또는 생산자의 사업장 방문(직접검증), 섬유 또는 의류 상품에 대하여는 Article 4.3조에 따른 검증(간접검증), 기타 합의한 절차에 의하여 검증할 수 있다. 수입당사국은 수입자·수출자 또는 생산자가 정보제출을 하지 못하는 경우, 기록이나 시설에 접근을 못하게 하는 경우, 허위 또는 근거 없는 신고나 증명을 제출한 경우에는 특혜관세를 배제할 수 있다(김용태, 2014).

<표 1-6> 협정별 수출검증 완료 현황

(단위: 개)

협정		'13 업체	'13 C/O	'14 업체	'14 C/O	'15 업체	'15 C/O	'16.1 업체	'16.1 C/O
F T A	EFTA 검증	8	18	9	21	4	8	-	-
	EFTA 위반	3	9	2	4	-	-	-	-
	아세안 검증	44	47	26	30	18	28	-	-
	아세안 위반	5	5	2	2	4	4	-	-
	EU 검증	190	1,133	249	3,217	236	1,589	26	179
	EU 위반	36	82	73	127	36	90	1	2
	터키 검증	-	-	1	1	22	105	-	-
	터키 위반	-	-	-	-	16	60	-	-
	미국 검증	-	-	13	13	13	13	-	-
	미국 위반	-	-	-	-	-	-	-	-
	인도 검증	-	-	-	-	1	1	-	-
	인도 위반	-	-	-	-	-	-	-	-
일반특혜	APTA 검증	-	-	4	6	1	3	2	2
	APTA 위반	-	-	-	-	-	-	1	1
합 계	검증	242	1,198	302	3,288	295	1,747	28	181
	위반	44	96	77	133	56	154	2	3

* 對미 수출 섬유류에 대한 양국 공동 간접검증 현황
자료 : 관세청 내부자료를 기초로 작성

우리나라 수출물품에 대한 외국세관의 원산지 검증요청은 2013년 1,198건, 2014년 3,288건 급증하였는데 이는 특혜수혜를 향유한 기업들의 철저한 원산지 검증 대비가 필요함을 반증하는 것이다. 또한 원산지 검증은 단순히 FTA 혜택의 문제만으로 귀결되지 않고 통상마찰의 예방이나 공정무역 실현 등 대외신인도에도 영향을 미치게 됨으로 이에 따른 철저한 대비가 필요하다.

그러나 동시적이고 다발적인 여러 국가와의 FTA의 체결에 따른 급격한 무역환경의 변화는 FTA에 대한 국내기업의 관심과 대비가 상대적으로 부족하고, 정부와 기업의 원산지 검증 준비 현황도 부족한 상황을 초래하고 있다. 즉, 인력 및 자본의 한계가 있는 중소업체의 경우 복잡한 FTA별 요건 충족에 대한 원산지관리 전문인력의 부족, 준비와 대응력 부족에 따라 FTA 무역체제를 준비와 대비 없이 맞이하게 되면 FTA를 통한 이익창출의 기회를 놓치고 원산지관리 소홀 등에 따라 특혜적용 배제, 벌금과 추징 등위기 발생 등 오히려 이득보다 손실이 크게 될 수도 있다. 따라서 우리는 FTA의 개념과 전체적인 세계 흐름 그리고 각국가별 대응방법을 적극적으로 개발하고 FTA를 활용할 필요가 있다.

제4절 본서의 구성

본서는 다음과 같이 구성이 되어 있다. 크게 세 파트로 구분이 되어 있어서 FTA 개괄, 파트 2에서는 FTA한중미 협정에 대하여 다루고 파트 3에서는 TA사례와 활용방안에 대하여 논의 한다.

<그림 1-3> 본서의 구성

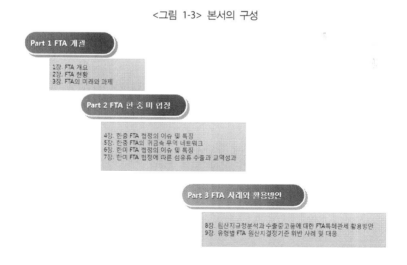

우선 1장에서는 FTA 전반에 대한 개요를 살펴본다.

2장에서는 우리나라의 FTA 추진 현황, FTA발효국과의 교역현황, 우리나라의 FTA국 체결 주요내용에 대하여 1) 한칠레 FTA, 2) 한싱가포르 FTA, 3) 한EFTA FTA, 4) 한ASEAN FTA, 5) 한인도 CEPA, 6) 한EU FTA, 7) 한페루 FTA, 8) 한미 FTA, 9) 한터키 FTA, 10) 한호주 FTA, 11) 한캐나다 FTA, 12) 한중 FTA, 13) 한뉴질랜드 FTA, 14) 한베트남 FTA, 15) 한콜롬비아 FTA를 중심으로 체결일시 진행사항, 체결주요내용에 대하여 요약하여 제시한다. 마지막으로 한중교류 수출입교류 및 추진성과에 대하여 살펴본다.

3장에서는 FTA의 미래와 과제를 중심으로 FTA 체결 이후 과제에 대하여 1) FTA 체결 이후 협정 이행의 중요성, 2) 기업의 활용도, 3) 피해산업 지원대책, 4) 높은 수준의 FTA 추진, 5) 한미 FTA 개정을 중심으로 살펴본다. 또한 FTA의 미래부분에 있어서는 FTA와 한국의 미래에 관하여 FTA 영토확장과 제조업 그리고 한GCC FTA 연내 재추진에 관하여 살펴본다.

4장에서는 한중 FTA 협정의 이슈 및 특징에 대하여 살펴본다. 우선 한중 FTA 개요와 진화하는 한중 경제협력 관계를 주요 쟁점과 이슈에 대하여 한중 FTA 협정문의 구성 및 내용으로 살펴본다. 한중 FTA 1주년 평가와 시사점을 (1) 상품교역 일반 평가, (2) 농축산업 평가, (3) 광업·제조업 평가, (4) 전자상거래 평가, (5) 서비스·투자 평가를 중심으로 살펴본다.

5장에서는 무한경쟁체제로 돌입한 자유무역협정(FTA)을 통해 세계 귀금속 무역 네트워크의 흐름과 무역 구조의 복잡성을 반영하여 HS 71(귀금속류)의 교역구조를 분석하였다. 특히 중국을 대상으로 중점적으로 네트워크 중심성 분석을 중심으로 한국과 대비하여 살펴봄으로서 한중FTA에 따른 HS 71(귀금속류)의 네트워크무역 중심성의 위상과 변화를 파악할 수 있다. HS 71류(진주, 귀석, 반귀석, 귀금속과 이들의 제품, 모조신변장신구, 주화)의 수출 무역의 연결정도 중심성은 2003년 미국, 벨기에, 영국에서 2014년에는 스위스, 홍콩, 미국, 중국 순으로 그 영향력이 점차 변화되었다. HS 71(귀금속류)의 수입 무역의 연결정도 중심성은 2003년 스위스, 벨기에, 인도에서 2014년에는 스위스, 영국, 미국, 인도, 중국으로 변화하였다. 그리고 수출 무역 근접 중심성은 2003년 인도, 독일, 영국에서 2014년에는 중국, 독일, 태국 순으로 나타났다. 수입 무역 근접 중심성네트워크 분석 결과는 2003년 중국, 미국, 프랑스에서 2014년에는 중국, 미국, 인도 순으로 변화하였다. 또한, HS 71(귀금속류)수출 무역 매개 중심성은 2003년 미국, 독일, 영국에서 2014년에는 미국, 스위스, 중국으로 변화하였다. 수입 무역 매개 중심성은 2003년 미국, 독일, 영국에서 2014년 미국, 이탈리아, 캐나다로 변화하였다. HS 제71류 귀금속 무역 네트워크를 종합해 보면 연결정도, 근접, 매개 중심성에 있어 대한민국의 경우 순위가 하락하고 있지만, 중국은 전반적으로 상위그룹에 속하고 확인할 수 있었다.

6장에서는 한미 FTA 협정의 이슈 및 특징에 대하여 협정상의 이슈와 주요 상품 분야별 이슈에 대하여 살펴본다. 또한 한미 FTA 협정문의 구성 및 내용에 대하여 다음을 중심으로 살펴본다. (1) 상품에 대한 내국민대우 및 시장접근, (2) 농업 관련, (3) 섬유 및 의류, (4) 의약품 및 의료기기, (5) 원산지 규정 및 원산지 절차, (6) 관세행정 및 무역 원활화, (7) 무역에 대한 기술장벽(TBT), (8) 무역구제, (9) 투자, (10) 국경 간 서비스 무역, (11) 통신과 정부조달, (12) 지적재산권, (13) 제도 규정 및 분쟁해결 마지막으로 한미 FTA 재협상과 관련된 쟁점 및 대응방안에 대하여 살펴본다.

7장에서는 국제통상환경변화에 따른 자유무역협정의 확산 그리고 우리나라 섬유산업관련 통계를 먼저 고찰해 본다. 보다 자세히, 대미 섬유류 수출현황에 관련하여 한미 FTA 섬유류 협정을 적용받는 물품을 조사하고 대미 섬유류 수출현황을 통하여 교역성과를 조명해 본다. 마지막으로 한미 FTA 교역성과를 분석하기 위하여 관세양허안, 교역성과, 주요 경쟁국가와 수출실적 비교, 산업별 대미 수출실적 분석을 문헌자료를 통하여 논의를 전개한다. 결론적으로 한미 FTA를 적용받는 우리나라 섬유류 제품은 더 이상 수혜품목이 아니라는 사실을 2차 자료 통계수치로 검증하였다. 이를 통하여 한미 FTA 체결 이후 섬유산업에 도움이 되는 실무적이고 정책적 시사점을 도출할 수 있도록 한국의 관련 업계가 실질적으로 교역성과를 달성 할 수 있는 기초자료로 본 장을 활용할 수 있다.

8장에서는 수출 중고품의 FTA 활용현황과 활용상의 문제점을 파악하고, FTA 협정문에서 규정하고 있는 중고품 관련 원산지규정분석을 통해 중고품의 FTA 특혜 관세활용방안을 모색하는데 연구목적을 두고 있다. 특히, 중고품관련 원산지규정 분석을 각 국가별 체결협정 대상으로 검토하기 위해서 중고품의 FTA 특혜 관세 적용 가능성 파악을 위한 FTA 협정상 관련 규정에 대한 검토, 원산지결정기준의 충족 여부에 대한 검토 그리고 신품의 원산지 지위의 중고품 승계문제를 다루고 중고품 수출시 특혜 관세 활용방안을 위해 시스템구축 사례에 대하여 기술하였다.

9장에서는 원산지 검증제도 개요 및 FTA 체결 국가의 일반규정, 원산지규정과 원산지 결정기준에 대한 선행연구를 고찰하였다. 그리고 대표적인 직접검증 방식 채택하고 있는 한미 FTA와 간접검증 방식을 채택하고 있는 한EU FTA를 중심으로 직·간접 검증 방식의 고찰을 통하여 원산지 검증의 주요 원산지 결정기준위반 현황을 파악하였다. 또한 기존 주요 원산지 결정기준 위반 요소들을 FTA 협정 법령상에서 기술한 원산지 충족 요건 유형별로 세분화하여 세부 유형별 위반 사례를 종합적으로 조사·분석하여 수출기업에서 원산지 검증에 있어 취약요인을 분석하여 이에 대한 기업의 대응방안을 기술하였다. 또한, 구체적 대응방안으로 민관합동 대응조직 구축의 필요성, 현실적 원산지 관리시스템 구축, 연관 중소기업간 FTA 원산지 정보 공유 허브 시스템 구축, 기업 내 원산지관리 대응 조직의 활성화 및 연계 부서 간 전사적 관심과 교육 활성화에 대하여 기술하였다.

제5절 소결

우리나라는 2003년 이후 적극적으로 FTA를 추진해왔다. 특히 EU나 아세안 같은 거대경제권과 자원부국 및 주요 거점 경제권을 중심으로 전략적인 FTA 체결 확대 전략을 통해 FTA 네트워크를 구축해 나가고 있다. 또한 한국은 동시다발적 FTA 추진을 통해 그동안 늦어졌던 FTA 체결 진도를 단기간 내에 만회하고, 현재 FTA 네트워크의 글로벌화를 위해 노력하고 있다. 이로써 우리 기업의 세계시장 확보를 지원하고, 동아시아 FTA 허브국가로 발돋움하려고 한다.

내용면으로는 FTA 체결 효과 극대화를 위해 상품분야 관세철폐뿐 아니라, 서비스·투자·정부조달·지적재산권·기술표준 등을 포함하는 포괄적인 FTA를 지향하고 있다. 또한 WTO의 상품과 서비스관련 규정에 일치하는 높은 수준의 FTA를 추진함으로써 다자주의를 보완하고, FTA를 통해 국내제도의 개선 및 선진화를 도모하고 있다.

토의과제

1. FTA의 확산 배경과 FTA 특징에 대하여 토의하시오.
2. FTA의 무역효과들에 대하여 토의하시오.
3. FTA협정문의 주요내용과 활용도에 대하여 토의하시오.

참고문헌

김용태, "한국중소기업의 FTA활용도 및 성과 요인에 관한 실증적 연구", 한남대학교 박사학위 논문, 2014.

박철구, 원산지정보의 유통 촉진방에 관한 실증연구, 한남대학교 대학원, 2013.

송은화, "FTA 정보시스템 역량이 FTA 활용의사에 미치는 영향", 부경대학교 석사학위 논문, 2015.

윤준웅, "FTA 원산지검증에 따른 수출기업의 대응전략에 관한 연구", 부경대학교 석사학위 논문, 2015.

윤준웅, 이춘수, "FTA 원산지결정기준 위반의 유형별 사례분석 및 대응방안", 「통상정보연구」, 제17권 제2호, 2015, 201-223.

국제원산지정보원, FTA TRADE REPORT, 2016.3.

관세청 보도자료

원산지 검증통계, 관세청, 2016.1.

원산지결정기준, 국제원산지정보원, 2016.

정인교, 「FTA 통상론」, 율곡출판사, 2009.

주간관세정보, 한국관세무역개발원, 통권 제1622호, 2014.10.13.

주요산업별 FTA교역 및 활용실태 등 FTA이행종합모니터링, 국제원산지정보원, 2015.2.

산업통상자원부, KOTRA, 「대학 FTA강좌 참고교재」, 2016.

성윤갑, 「FTA원산지 해설」, 한국관세무역개발원, 2007.

구종순, FTA 무역실무, 청람, 2014.

관세청, FTA 원산지 매뉴얼, 2010.12.

관세청, 알기쉬운 FTA협정문 비교, 2016.

한국무역협회, FTA 내 손안에 현장애로 100문 100답, 2012.

이순철, 김한성, FTA와 비즈니스, 시그마프레스, 2016.

부록 1-1 수출기업의 FTA 활용단계

수출기업이 FTA를 활용하기 위해서는 일반적으로 다음과 같은 9가지의 절차를 거치게 된다.

I. 사전준비 단계
 ① FTA 협정국 확인하기
 ② HS code(품목번호) 확인하기
 ③ 양허품목 여부 및 양허세율 확인하기
 ④ 원산지결정기준(PSR) 확인하기
II. 서류준비 단계
 ⑤ 원산지증빙서류 준비하기
 ⑥ 원산지 판정하기
 ⑦ 원산지증명서(확인서) 발급하기
III. 사후관리 단계
 ⑧ 서류보관 및 관리하기
 ⑨ 사후검증 대비하기

FTA 활용에 있어 9가지의 과정을 이해하기 쉽도록 크게 <Ⅰ. 사전준비단계 Ⅱ. 서류준비단계 Ⅲ. 사후관리단계>로 구분했다.

[출처] FTA 초보자를 위한 기초 활용 노하우: 원산지증명서 발급하기|작성자 함께하는 FT

부록 1-2 【원산지 증명서 발급하기】

발급 방식

원산지증명서는 협정에서 정하는 원산지 증명 및 발급 주체에 따라 기관증명 방식과 자율증명 방식으로 구분할 수 있다.

① 기관증명 방식

기관발급이란 협정에서 정한 방법과 절차에 따라 원산지국가의 관세당국, 기타 발급권한이 있는 기관이 당해 물품에 대하여 원산지를 확인하여 발급하는 방식을 말한다.

*원산지증명서 기관발급 대상협정

한·싱가포르 FTA, 한·ASEAN FTA, 한·인도 CEPA, 한·베트남 FTA, 한·중 FTA, 한·호주 FTA (호주에서 발급 시 자율발급과 병행)

② 자율증명 방식

자율발급이란 협정에서 정하는 방법과 절차에 따라 수출자 등이 당해 물품에 대하여 원산지를 확인하여 작성하는 방식을 말한다. 자율발급의 경우에도 원산지증명서 발급 전에 미리 수출물품(또는 생산물품)이 각 협정에서 정한 원산지기준을 충족하는지 검토하여 이를 충족한 경우에 한하여 원산지증명서를 발급하여야 함은 물론이고, FTA 특례법에 따라 서명권자를 지정하고, 서명카드, 증명서 작성대장 등을 비치하여 기재 및 관리하여야 한다.

* 원산지증명서 자율발급 대상 협정

한·칠레 FTA, 한·EFTA FTA, 한·EU FTA, 한·미 FTA, 한·페루 FTA, 한·터키 FTA, 한·호주 FTA, 한·캐나다 FTA, 한·뉴질랜드

【원산지증명서 발급방법】

기관발급

① 세관 (세관에 원산지증명서 발급 신청 하는 경우 발급수수료 면제)

② 대한상공회의소 (비회원의 경우 발급수수료 7,000원 부과, 회원은 면제)

자율발급[1]

서명카드 비치	서명권자 지정	증명서 발급 및 서명	증명서대장 기재 및 관리

고시 별지 제9호 서식	서명·부서명·
	직책·성명·
	지정일자·사유기재
		① 적용된 협정명칭
		② 원산지 및 결정기준
		③ 수출자의 성명
		④ 수출자의 전화
		⑤ 수출자의 FAX
		⑥ 수출자의 서명
		⑦ 수출자의 서명일자
			시행규칙(별지 제7호
			서식)
			① 작성번호·작성일자
			② 수출신고번호·
			  수리일자
			③ 품명·품명번호·
			  수량·금액
			④ 원산지·거래상대방
			⑤ 자유무역협정 명칭

▶ **원산지증명서 발급신청 시 구비(제출)서류**

○ FTA특례법 제10조

① 수출신고수리필증 또는 이에 갈음하는 서류(증명서발급기관이 수출사실 등을 전산으로 확인할 수 있는 경우에는 제출 생략 가능)

② 송품장 또는 거래계약서

③ 원산지확인서

④ 원산지소명서

⑤ 원산지소명서를 입증할 수 있는 서류·정보 및 국내제조확인서(증명서 발급기관이 필요하다고 인정하여 제출을 요구하는 경우로 한정)

○ 원산지기준별 제출서류 목록[2]

원산지 기준	원산지입증 제출서류
완전생산기준	원산지(포괄)확인서
	역내산 입증용 FTA 협정 C/O
세번 (HS코드) 변경 기준 및 특정공정 기준	제조공정설명서(원산지소명서의 제조공정이 불충분한 경우)
	원재료사용리스트(원재료가 5개 이상인 경우 작성/ 상품명, HS코드, 원산지, 투입비중(%), 원재료공급자/생산자 정보 포함)
	원재료투입입증서류(구매확인서, 매입승인서, 세금계산서, 수입신고서, 원산지(포괄)확인서, 역내산 입증용 FTA 협정 C/O 중 택 1종)
부가가치기준	원가계산서(BOM)
	원재료 가격입증서류(세금계산서, 수입시곤서, 구매확인서 중 택1종)
	역내산 및 한국산원재료입증서류 (원산지(포괄)확인서, 역내산 입증용 FTA 협정 C/O 중 택 1종)
조합기준 (복합기준)	각 기준에 따른 입증자료를 모두 제출
	예) CTH+RVC 35%인 경우 세 번변경기준과 부가가치기준 입증자료 모두 제출

○ 인증수출자 원산지증빙서류 제출 면제

인증수출자(품목별 or 업체별)를 취득한 경우 원산지증명서 발급 신청 시 위와 같은 증빙서류 일체가 면제된다. 다만, 이는 발급 신청 단계에서의 편의를 위한 것이며 원산지증명서를 기관에서 발급해 준 것이라 하더라도, 원산지조사와는 별개이므로 얼마든지 조사가 나올 수 있음을 명심하여야 한다. 글

유영진 관세사(세정관세법인)

1 "관세청 FTA 포털 자율발급 증명절차" 참조 - www.fta.customs.go.kr

2 "무역인증서비스센터" 원산지기준별 원산지입증서류 참조 -
www.cert.korcham.net

[출처] FTA 초보자를 위한 기초 활용 노하우: 원산지증명서 발급하기|

제 2 장

FTA 현황

본 장에서는 우리나라의 FTA 추진 현황, FTA발효국과의 교역현황, 우리나라의 FTA국 체결 주요내용에 대하여 1) 한칠레 FTA, 2) 한싱가포르 FTA, 3) 한EFTA FTA, 4) 한ASEAN FTA, 5) 한인도 CEPA, 6) 한EU FTA, 7) 한페루 FTA, 8) 한미 FTA, 9) 한터키 FTA, 10) 한호주 FTA, 11) 한캐나다 FTA, 12) 한중 FTA, 13) 한뉴질랜드 FTA, 14) 한베트남 FTA, 15) 한콜롬비아 FTA를 중심으로 체결일시 진행사항, 체결주요내용에 대하여 요약하여 제시한다. 마지막으로 한중교류 수출입교류 및 추진성과에 대하여 살펴본다.

제1절 우리나라의 FTA 추진 현황

2017년 7월 현재 총 15건의 자유무역협정(칠레, 페루, 미국, 싱가포르, EFTA, ASEAN, 인도, EU, 터키, 호주, 캐나다, 중국, 뉴질랜드, 베트남, 콜럼비아)을 체결하여 총 53개국과의 FTA가 발효되었다. 중미 6개국과 2017년 3월 10일 가서명하여 발효를 앞두고 있다. 또한 4개의 FTA(한중일, RCEP, 에콰도르 SECA, 이스라엘)에 대한 협상을 진행하고 있고, 협상재개·여건조성 중인 4개의 FTA(멕시코, GCC, MERCOSUR, EAEU)가 진행 중에 있다. 한·ASEAN, 한인도, 한칠레 FTA에 대해 2016년 하반기부터 FTA를 강화를 위해서 개선협상을 진행하고 있다.

<표 2-1> 한국의 FTA 추진현황[12)]

진행단계	상대국	추진현황
발효	칠레	1999년 12월 협상개시, 2003년 2월 서명, 2004년 4월 발효
	싱가포르	2004년 1월 협상개시, 2005년 8월 서명, 2006년 3월 발효
	EFTA (4개국)	2005년 1월 협상개시, 2005년 12월 서명, 2006년 9월 발효
	ASEAN (10개국)	2005년 2월 협상개시, 2006년 8월 상품무역협정 서명, 2007년 6월 발효, 2007년 11월 서비스협정서명, 2009년 5월 발효, 2009년 6월 투자협정 서명, 2009년 9월 발효
	인도	2006년 3월 협상개시, 2009년 8월 서명, 2010년 1월 발효
	EU (27개국)	2007년 5월 협상출범, 2009년 7월 협상실질타결, 2009년 10월 15일 가서명, 2010년 10월 6일 사명, 2011년 7월 1일 잠정발효, 2015년 12월 13일 전체발효
	페루	2009년 3월 협상개시, 2010년 8월 협상타결, 2010년 11월 15일 가서명, 2011년 3월 21일 서명, 2011년 8월 1일 발효
	미국	2006년 6월 협상개시, 2007년 6월 협정서명, 2010년 12월 추가협상타결, 2011년 2월 추가협상 합의문 서명, 2012년 3월 15일 발효
	터키 (기본협정· 상품무역협정)	2008년 6월~2009년 5월 공동연구, 총 4차례 공식협상 개최 2012년 8월 1일 기본협정 및 상품무역협정 서명, 2012년 11월 22일 비준동의안 국회 통과, 2013년 5월 1일 발효 * 서비스·투자 협정 미발효: 서명('15.2.26), 비준동의안 국회 통과('15.11.30)
	호주	2009년 5월 협상개시 선언, 총7차례 협상 개최, 2013년 12월 4일 협상타결선언, 2014년 12월 2일 비준동의안 국회 본회의 통과, 2014년 12월 12일 발효
	캐나다	2005년 7월 협상개시, 2013년 11월 제14차 협상 재개, 2014년 2월 11일 협상타결선언, 2014년 12월 2일 비준동의안 국회 통과, 2015년 1월 1일 발효
	중국	2007년 3월-2010년 5월 산관학 공동연구 이후 민감분야 처리를 위한 실무협의, 2012년 5월 2일 협상개시 선언, 2014년 11월 10일 협상타결선언, 2015년 12월 20일 발효
	뉴질랜드	2013년 12월 3일 공식협상 개시 선언, 총 5차례 협상개최, 2014년 11월 15일 협상 타결선언, 2014년 12월 22일 가서명, 2015년 12월 20일 발효
	베트남	2012년 8월 6일 협상개시 선언, 총 9차례 협상, 2014년 12월 10일 협상 타결 선언, 2015년 12월 20일 발효

	콜롬비아	22009년 3월~9월 민간공동연구, 총 6차례 공식협상 개최 2012년 6월 25일 협상 타결 선언, 2012년 8월 31일 한콜롬비아 FTA 가서명, 2013년 2월 21일 한콜롬비아 FTA 정식 서명, 2016년 7월 15일 발효
타결	중미(6개국)	2010년 10월 공동연구 개시, 2011년 4월 공동연구 보고서 완료. 2015년 6월 한중미FTA 협상 개시 선언, 2015년 7월 한중미FTA 예비협의, 총 7차례 협상 개최(2015년 9월, 11월/ 2016년 2월, 5월, 8월, 9월, 10월) 2016년 11월 실질 타결 선언, 2017년 3월 10일 가서명 (중미 6개국: 파나마, 코스타리카, 과테말라, 온두라스, 엘살바도르, 나카라과)
협상진행	한·중·일	2003-2009년 민간공동연구, 2012년 11월 20일 협상개시 선언
	RCEP	2012년 11월 20일 동아시아 정상회의 계기 협상개시 선언
	에콰도르 SECA	2015년 2월 추진가능성 검토 회의, 8월 25일 협상개시 선언
	이스라엘	2009년 8월 민간공동연구 개시, 2010년 8월 완료 2016년 5월 한이스라엘 FTA 협상개시 합의 5차례 협상개최(2016년 6월, 12월/ 2017년 3월, 4월, 5월)
개선협상	한ASEAN 업그레이드	2016.7월 제14차 이행위원회 개최
	한인도 업그레이드	2016.10월 제1차 협상 개최
	한칠레 업그레이드	2016.11월 협상 개시 선언
협상재개, 여건조성	멕시코	2007년 12월 기존의 SFCA를 FTA로 격상하여 협상재개, 2008년 6월 제2차 협상개최후 중단
	GCC(6개국)	2008년 7월 협상개시, 2009년 7월 3차 협상개최 후 중단
	MERCOSUR (5개국)	2005년 5월-2006년 12월 정부간 공동연구 완료
	EAEU	2016.8월 민간공동연구 완료 (*EAEU: 러시아, 카자흐스탄, 벨라루스, 아르메니아, 키르기즈스탄)

---

12) 산업통상자원부 FTA종합포털(www.fta.go.kr)

제2절 FTA발효국과의 교역현황

2015년 우리나라의 교역은 9,634억 달러로 전년보다 12.3% 감소하였다. 수출과 수입이 동시에 감소한 가운데, 수입의 감소가 더욱 큰 폭으로 나타나는 불황형 흑자 형태를 띠고 있다.

2015년 FTA교역 비중은 67.3%로 크게 증가하였다. 우리나라 최대 교역국인 중국과의 FTA의 발효에 의한 것으로 이로써 우리나라 FTA교역은 절반 이상의 비중을 넘어섰다.

<표 2-2> FTA발효국과의 교역 현황[13]

※ 연도말 발효국가 기준(단위 : 억불)

구 분		2009년	2010년	2011년	2012년	2013년	2014년	2015년
FTA 발효국	수출	406	711	1,457	1,925	2,163	2,147	3,741
	수입	385	597	1,204	1,598	1,710	1,993	2,738
	교역	791	1,308	2,662	3,523	3,873	4,411	6,480
전체	수출	3,635	4,664	5,552	5,480	5,596	5,727	5,268
	수입	3,231	4,252	5,244	5,196	5,156	5,255	4,365
	교역	6,866	8,916	10,796	10,676	10,752	10,982	9,634
전체교역대비 FTA교역비중		11.5%	14.7%	24.7%	33.0%	36.0%	40.2%	67.3%

2015년 한캐나다의 FTA발효로 시작하여 한중, 한뉴질랜드, 한베트남 FTA의 발효로 마무리되어, 2012년 한미 FTA이후 다소 소강상태에 있었던 FTA교역이 대폭 확대되는 원년이 되었다. 우리나라는 2015년 말 기준 51개국과 14건의 FTA를 발효 중에 있다. <표 2-2>에서와 같이 우리나라 총교역 대비 FTA 비중은 2014년 40.2%에서 2015년 67.3%로 무려 27.1% 증가하였다. 2015년 말 기준 FTA국과의 교역비

---

13) FTA TRADE REPORT Vol.01 March 2016, 국제원산지정보원, pp.43

중 중 수출은 전체의 71.1%, 수입이 62.7%가 FTA발효국과 이루어지고 있으며, 수출 측면에서 FTA국가의 비중이 보다 높은 것이 확인된다.

기사자료 2-1 FTA 체결 52개국 수출 비중 73%···의존도 갈수록 높아져

자유무역협정(FTA) 발효 52개국에 대한 수출이 우리나라 전체 수출의 70% 이상을 차지하는 것으로 나타났다. 30일 한국무역협회에 따르면 FTA 발효 52개국을 대상으로 한 우리나라의 올해 1~9월 수출액은 3천123억4천400만달러로 같은 기간 전체 수출액(4천301억8천500만달러)의 72.6%를 차지했다.

이는 지난해 FTA 발효국 수출액(3천504억2천500만달러)이 전체 수출에서 차지한 비중 70.7%보다 더 높아진 수치다. FTA 발효국에 대한 수출 의존도가 갈수록 높아지고 있다는 의미다. FTA가 발효되면 해마다 단계적으로 관세가 철폐되기 때문에 시간이 지날수록 양국 무역 확대 속도가 빨라지는 경향이 있다.

우리나라는 2004년 칠레를 신호탄으로 세계 각국과 FTA를 맺기 시작했다. 2015년 12월 중국, 베트남, 뉴질랜드, 2016년 콜롬비아와 양자 FTA 발효로 52개국과의 FTA가 마무리됐다. 이후 중미 등 신흥시장과 FTA가 추진되고 있다. 올해 9월까지 FTA 발효국에 대한 수출 증가율을 살펴보면 작년 같은 기간보다 21.7% 늘어난 것으로 나타났다. 같은 기간 우리나라 전체 수출증가율 18.5%보다 더 높았다.

반면 FTA 발효국의 수입 증가율은 17.5%로 전체 수입 증가율 20.1%보다는 낮았다. 나라별로는 선박, 자동차 수출이 많이 늘어난 호주(214.9%), 덴마크(256.6%)의 수출 증가 폭이 컸다. 우리나라의 수출 3위 대상국인 베트남으로의 수출도 전년보다 50.5%나 늘었다.

수출 금액은 FTA 발효 3년 차를 맞은 중국이 1천16억6천500만달러(13.4%↑)로 가장 많았고 미국이 522억2천300만달러(5.3%↑)로 2위를 차지했다.

출처: 연합뉴스 2017년 10월 30일자,
　　　http://www.yonhapnews.co.kr/bulletin/2017/10/27/0200000000AKR2017102
　　　7161800003.HTML

제3절 우리나라의 FTA 체결 주요내용

우리나라는 2004년 4월에 발효된 한칠레 FTA를 시작으로 세계 각 지역의 국가들과 FTA를 추진하고 있다. 우리나라가 적극적으로 FTA를 추진하게 된 까닭은 다음과 같이 정리할 수 있다.[14]

첫째, WTO 중심의 다자적 무역자유화 협상이 지연되고 NAFTA과 유럽연합(EU) 등 주요 선진국 간 지역주의가 확산되고 있기 때문이다. 무역의존도가 높은 우리나라 경제의 특성상 역외국가로 남게 될 시 받게 될 상대적 차별은 경제의 실질적 위협요인이 될 수 있다.

둘째, FTA는 특정 국가 간의 배타적 호혜조치로 당사국 간 관심사항을 효율적인 방향으로 반영할 수 있기 대문에 경제적 실익 대비 부담이 적기 때문이다.

셋째, 가장 중요한 요인은 FTA가 경제 전반의 효율성 제공에 기여할 수 있기 때문이다. FTA는 협정을 체결한 국가들이 상대국에 비해 비교우위를 가진 제품이나 서비스를 상호 수출·수입하는 방법으로 자원배분의 효율화를 통해 회원국 전체의 경제적 부가가치를 늘리는 것이 목적이다. 즉, 회원국 간 관세와 비관세 장벽을 낮추어 비효율적인 산업에 머물러 있던 국내 자원을 더 효율적으로 생산할 수 있는 산업으로 이동시킨다. 비교우위 산업으로의 특화를 통해 생산성을 높일 수 있고 규모의 경제를 실현할 수 있게 해준다.

현재 우리나라는 칠레와의 FTA를 시작으로 52개 국가(지역)들과 15건의 FTA가 발효 중이며 각 FTA에 대한 주요 내용들은 다음과 같다.

---

14) 배찬권·김정곤·금혜윤·장용준(2012), 한국 기발효 FTA의 경제적 효과 분석, 대외경제정책연구원

1) 한칠레 FTA[15]

발효일	2004.04.01
추진현황	1999.12. 협상 개시, 2003.02. 서명, 2004.04. 발효
체결의의 및 중요성	- 중남미 시장에 대한 우리나라의 공산품 수출기회 확대 　· 칠레는 30여 개국과 FTA를 체결한 중남미 거점국가 상호 보완적 산업 구조에 바탕을 둔 호혜적 교역증진 - 칠레와의 무역수지 개선 - 경제주체들의 후생수준 증가 - 중남미 수출 교두보 마련 - 우리 통상정책수단 다원화의 계기 마련 　· DDA 등 다자간 협상과 별도로, 대상국을 선정하고 협상하는 첫 포괄적 양자통상협상 - FTA관련 국제신인도 확보 및 무역자유화와 개방의지를 대외적으로 표방
주요내용	① 상품 양허(공산품과 임·수산물) - 품목기준 한국 96.2%, 칠레 96.5% 양허(10년 이내 철폐) - (자동차) 즉시 관세 철폐, 자동차부속품은 5년 내 관세 철폐 - (섬유) 수출액기준 3-40%(필라멘트사) 즉시 철폐, 3-40% 5년 내 철폐, 2-30%(날염, 편물) 10년 내 철폐 ② 우리 측 농산물 양허 민감품목인 사과, 배와 함께 쌀은 양허대상에서 제외 - 포도에 대해서는 계절관세를 적용 - 고율관세 민감품목은 "DDA 협상 후 논의"로 분류 - 기타 품목은 민감도에 따라 "16년 철폐"에서 "즉시 철폐"로 분류 ③ 서비스·투자 - 투자 분야 　· (설립 전) 투자에 대한 내국민대우를 보장하여 양국 투자자의 상호간 투자기회를 확대 　· (설립 후) 최혜국대우, 이행의무 금지, 분쟁해결절차 규정을 통해 이미 투자된 투자보호를 극대화 - 서비스 분야 : 서비스 공급자에게 내국민대우를 보장하며, 서비스 교역 제한조치 금지 ④ 지적재산권 : 유명상표 등 지재권 보호를 강화, 지리적 표시를 상호 보호 (ex.고려인삼, 보성녹차) ⑤ 정부조달 : 정부조달 자유화 협정 포함(칠레 정부의 조달시장 규모 : 25~30억 달러) ⑥ 원산지 규정 : 공산품 등 주요 수출품목에 특혜관세의 용이한 적용을 위해 원산지를 폭넓게 인정, 농산물은 제3국산 우회수입을 방지하게 위해 엄격한 기준 마련

---

15) 외교통상부·대외경제정책연구원(2003), 한칠레 FTA의 주요내용

2) 한싱가포르 FTA[16]

발효일	2006.03.02
추진현황	2004.01. 협상 개시, 2005.08. 서명, 2006.03. 발효

체결의의 및 중요성	- 국제적 비즈니스 거점과의 전략적 연계를 통한 경쟁력 강화로 우리나라 경제시스템 선진화와 서비스 부분의 경쟁력 강화 및 투자 확대 기대
	- 동북아와 동남아 허브를 연결하는 FTA로 우리기업의 동남아 진출 기반 강화
	- 다양한 무역 원활화 및 확대 방안을 규정한 포괄적 FTA
	  · 개성공단 등 북한 경제특구 생산제품에 대한 FTA상의 특혜관세 부여 규정을 마련하는 선례 구축
	  · 상품 외에도 서비스, 투자, 기술표준 적합성 상호인정(MRA), 정부조달, 협력 분야 등에 관한 규정을 포함
	○ 싱가포르 시장의 중요성
	- 2010년 기준(IMF)으로 1인당 GDP는 43,116달러에 이르는 경제 강국이자 세계 2위 무역항, 세계 4대 외환시장, 세계 5대 국제금융센터, 세계 3대 석유화학센터이며 동아시아 최고의 비즈니스 중심지

주요내용	① 상품 양허(공산품과 임·수산물) - 품목수 기준 91.6%의 품목을 최대 10년 내 관세 철폐 - 일부 민감품목에 대하여 자유화 일정 탄력적 적용 · (공산품) 일부 품목을 제외하고 대부분의 관세를 최대 10년 내 철폐 ② 우리측 농산물 양허 상당수의 품목을 제외하여 다소 보수적 양허 ③ 서비스·투자 - 투자분야 : 내국민대우, 양국 간 투자를 저해하는 이행의무 부과금지, 고위경영직에 대한 국적의무 부과금지, 분쟁해결절차 등을 규정하여 양국간 투자를 자유화하고 투자 및 투자자를 보호하기 위한 장치를 마련 - 서비스 분야 : 상대국 서비스 공급자에게 내국민대우를 보장하고, 서비스 무역을 제한하는 조치를 금지해 양국간 서비스가 제한없이 제공되게끔 하는 제도적 장치를 도입 ④ 지적재산권 : 지적재산권에 관한 협정(TRIPS)에 규정된 의무를 재확인하고, 상대국 국민의 지적 재산권이 적절하고 효율적으로 보호되도록 보장 ⑤ 정부조달 : 반경쟁적 관행의 축소에 노력하고 상호 협력키로 함 ⑥ 원산지 규정 : 우회수입방지 및 양국 간 교역 활성화, 투자 확대 등을 종합적으로 고려하여 결정, 일부 우회수입 우려가 높은 제품에 대하여 세번 변경과 함께 일정 수준 이상의 부가가치가 역내에서 창출되는 경우에 한하여 원산지 인정

---

16) 외교통상부·대외경제정책연구원(2005), 한싱가포르 FTA의 주요내용

3) 한EFTA FTA[17]

발효일	2006.09.01
추진현황	2005.01. 협상 개시, 2005.12. 서명, 2006.09. 발효 (*EFTA 4개국: 스위스,노르웨이,아이슬란드,리히텐슈타인)
체결의의 및 중요성	- 투자협정에서 투자자유화 대상을 명확히 하고 투자자 보호수준 강화하여 　EFTA부터의 우호적 투자유치 활성화 - EU시장과 사실상 동일 경제권인 EFTA의 진출로 유럽 선진경제권에 대한 　우리나라의 공산품 수출기회 확대 - 한싱가포르 FTA에 이어 개성공단 생산제품에 대한 특혜관세반영을 통한 　진출기업의 해외판로 확보 - 상호 보완적 산업구조로 상호 이익 증가 기대 - WTO DDA 협상타결에 앞서 국내 서비스 시장의 시범적인 개방 및 EFTA 　의 금융 및 해운 서비스 분야 선진기법 전수기회 마련 - 현재까지 체결한 FTA 가운데 규모가 가장 큰 선진경제권, EU와의 FTA 　추진을 위한 여건 조성
주요내용	① 상품 양허(공산품과 수산물) - 품목기준 한국: 99.1% 즉시 철폐, EFTA : 100% 즉시 철폐 - (수산물) 우리 측에 민감한 김, 미역 등 해조류 및 일부 냉장어류 47개 품 　목 양허제외 ② 우리측 농산물 양허 인삼 등 민감품목 제외 86.1% 품목 자유화 - 기본농산물의 경우 양측 모두 민감품목이 많아 각국간 양자협상 진행, 관 　심품목 위주로 양허 　·스위스 : 치즈 4개 품목에 대한 쿼터 설정 및 10년 철폐, 포도주 10년 철폐 　·노르웨이 : 기타로 분류된 일부 치즈에 대해 40% 관세 감축 　·아이슬란드 : 말고기에 대해 5년 철폐 ③ 서비스·투자 - 투자분야 : 건전성 조치, 수용 및 보상, 투자 관련 분쟁해결절차 등 투자 　자 보호 관련 규정을 정비하고, 한싱가포르 FTA 수준으로 투자자유화 대 　상을 명확히 하여 규정 　·자유화 대상중 "방위산업·토지 취득·공기업 투자·농림축산업·항공산 　업·전력·가스·원자력 산업·금융서비스" 등 국가정책상 필요한 분야 　에서는 외국인 투자시 제한조치가 가능하도록 유보 설정 - 서비스 분야 : GATS 협정문을 준용, 투명성 조항, 상호인정 등을 통한 서 　비스시장 개방의 투명성 제고 　·(금융서비스) 별도 장 구성을 통해 건전성 조치, 분리된 분쟁해결 절차 및 　소위원회 구성 등의 내용 규정 　·(통신서비스) 시장접근과 관련 내용을 별도 부속서에 규정 ④ 지적재산권 : WTO 지재권협정(TRIPS) 이상의 보호수준 확보를 위하여 노력 ⑤ 정부조달 : WTO 정부조달협정(GPA)을 준수, DDA 차원 또는 제3국에 　정부조달시장 접근에 대한 추가적인 혜택 부여시 상호주의에 입각하여 　동등대우를 협의

---

17) 외교통상부(2006), 한EFTA FTA 주요 내용

4) 한ASEAN FTA[18]

발효일	2007.06.01
추진현황	2005.02. 협상 개시, 2006.08. 상품무역협정 서명, 2007.06. 발효, 2007.11. 서비스협정 서명, 2009.05. 발효, 2009.06. 투자협정 서명, 2009.09. 발효 (*ASEAN 10개국: 말레이시아, 싱가포르, 인도네시아, 필리핀, 베트남, 미얀마, 브루나이, 캄보디아, 라오스, 태국)
체결의의 및 중요 성	- 제3국 수출을 위한 생산기지로서 중요성을 가지던 ASEAN시장이 점차 국내 구매력 증가로 인한 수출시장으로서의 중요성이 강조되고 있는 시점에서 ASEAN시장에 대한 우리나라 기업들의 선점 - 개성공단 제품, 한국산 원산지로 인정
주요내용	① 기본협정 - 한아세안 FTA 母 조약으로서 한아세안 자유무역지대 설립을 목표로 함 - ASEAN FTA의 기본골격, 서비스, 상품, 투자 등 분야별 협상목표, 협상시한, 이행기구 및 경제협력 관련 일반원칙 등 규정 - 경제협력부속서를 통해 총 19개 분야에서의 다양한 협력사업 규정 ② 분쟁해결제도협정 - 한ASEAN FTA를 구성하는 모든 법적 문서와 관련된 분쟁(경제협력 분야 제외)에 적용되는 분쟁해결제도 절차(중재패널 설치)를 규정 - 중재패널의 권고를 당사국이 이행하지 않을 경우, 제소국은 당사국에 대하여 한ASEAN FTA에 따른 혜택을 정지할 수 있도록 함으로써 중재패널의 판정결과에 대한 이행수단 확보 ③ 상품무역협정 본문 : 상품무역 자유화 관련 일반규정 - 부속서 1 : 관세철폐 대상 품목의 자유화 방식 및 목록 - 부속서 2 : 관세인하 및 양허제외 대상 품목의 자유화 방식 및 목록 - 부속서 3 : 원산지 관련 일반규정, 품목별 원산지 기준 및 통관절차 규정 ④ 서비스무역협정 본문 : 서비스무역 자유화 관련 일반규정 - 금융부속서 : 금융분야 자유화 관련 규정 및 금융세이프가드 - 양허표 : 한국 및 아세안의 서비스 분야 개방 내용 ⑤ 투자협정 투자 자유화 및 보호를 위한 일반 규정 - 투자자-국가간 중재절차 규정

---

18) 외교통상부·대외경제정책연구원(2007), 한ASEAN FTA 주요 내용-기본협정·분쟁해결제도협정·상품무역협정

5) 한인도 CEPA[19)

발효일	2010.01.01
추진현황	2006.03. 협상 개시, 2009.08. 서명, 2010.01. 발효
체결의의 및 중요성	- 일본, 중국, EU에 앞서 인도와 FTA를 체결함으로써 신흥거대시장의 선점 가능성 - 인도의 보호무역주의가 강화되는 속에서 우리의 가격경쟁력 제고, 인도정부의 반덤핑 조치 발동 완화를 통한 수출 증대 가능
주요내용	① 상품 무역(공산품과 임·수산물) - 품목수 기준 한국 88.6%, 인도 71.5% 관세 철폐 - (자동차) 8년 내 1-5%로 감축 - 반덤핑 및 상계관세에 대한 조항 및 긴급수입제한조치 명시 - (임산물) 합판, 섬유판, 파티클보드 등 주요 목재류 24개 품목을 양허대상에서 제외 ② 우리측 농산물 양허 양측 모두 농림수산 분야의 민감성을 인정, 낮은 개방수준에서 합의 - 망고, 후추 등 299개 품목은 민감 유형으로 분류하여 8년간 관세의 50% 인하 - 특혜관세 원산지 관련 신선농산물에 대해 '완전생산기준'을 적용하여 제3국산 우회수입 차단 ③ 서비스·투자 - 서비스 분야 : 통신, 건설 및 금융서비스 등에 대해 DDA협상에서 제시한 수준보다 높은 수준의 자유화 합의 - 투자분야 : Negative 방식의 자유화에 합의, 높은 수준의 투자개방 달성 ·인도는 제조업 전반에 걸쳐 우리나라 기업의 투자를 허용 ·선진적 투자보호제도 도입, 인도 진출 우리 투자자의 보호장치 마련 ④ 지적재산권: 지적재산권과 관련한 분쟁에는 CEPA 분쟁해결절차를 적용하지 않음 ⑤ 원산지 규정 : 2,300여개 품목에 대해서 품목의 특성과 수출가능성을 고려하여 품목별 원산지 기준 도입

---

19) 외교통상부·대외경제정책연구원(2009), 한인도 CEPA 주요내용

6) 한EU FTA[20]

발효일	2011.07.01
추진현황	2007.05. 협상 출범, 2009.07. 협상 실질 타결, 2009.10.15. 가서명, 2010.10.06. 서명, 2011.07.01. 잠정 발효, 2015.12.13. 전체 발효 * 2011.07.01.이래 만 4년 5개월 간 잠정 적용 (*EU 28개국: 오스트리아, 영국, 체코, 벨기에, 키프로스, 덴마크, 에스토니아, 핀란드, 루마니아, 프 랑스, 아일랜드, 이탈리아, 독일, 그리스, 헝가리, 라트비아, 리투아니아, 룩셈부르크, 몰타, 네덜란드, 슬로바키아, 슬로베니아, 스페인, 스웨덴, 폴 란드, 포르투갈, 불가리아, 크로아티아)
체결의의 및 중요성	- 일본, 중국 등 주요 경쟁국보다 빠르게 EU시장을 선점하여 경쟁우위 확보 - 미국과의 FTA추진을 위한 환경조성
주요내용	① 상품 양허(공산품과 임산물) - 한, EU 품목수 기준 각각 96%, 99%의 품목을 3년내 조기철폐 - 관세환급은 허용하되, 협정 발효 5년 후 EU로 수입되는 한국산 제품에 외국산 부품 사용이 두드러지게 증가시 환급 관세율 상한을 설정하는 세 이프가드를 도입할 수 있도록 합의 - (자동차) : 양측 모두 중형 및 대형(배기량 1,500cc 초과)은 협정 발효 후 3년 이내, 소형(배기량 1,500cc 이하)은 5년 이내 철폐하기로 합의 ② 우리측 농산물 양허 주요 민감품목에 대해서는 양허제외, 현행관세 유지, 계절관세 도입, 세번 분리, - 농산물 세이프가드 적용 등 예외적 취급과 함께 10년 이상의 관세 철폐 기간을 확보 ③ 개성공단 : 한·EU 양측간 한반도역외가공지역위원회(Committee on Outward Processing Zones on the Korean Peninsula) 를 협정 발효 1년 후 구성, 역외가공지역(OPZ) 운영에 관한 세부사항을 결정 * 역외가공지역의 범위에 포함되는 지리적 구역, 역외가공지역의 생산품이 특혜관세를 받기 위한 요건 등 협의 ④ 서비스·투자 : Negative 방식이 아닌 양허표에 기재한 분야만 개방하는 Positive 방식(GATS 방식)을 채택 공교육(유/초/중/고), 의료 및 사회서비 스 등 공공성이 높은 분야 미개방 - 전기·가스 등 외국인투자촉진법상 외국인투자 제한업종은 현행 규제 수 준을 유보하여 기간산업에 대한 규제 권한 유지 ⑤ 지적재산권 협정 부속서에 기재된 쌍방의 지리적 표시 상호 보호 - 저작권 보호기간(기존 50년)을 저작자 사후 70년으로 연장하지만, 보호기 간 연장시점을 협정문 발효 후 2년 동안 유예 (한미 FTA와 동일) ⑥ 정부조달 : 일반 정부조달시장은 현행 WTO GPA(Government Procurement Agreement) 양허 이상의 추가 개방은 하지 않기로 하되, 양측의 GPA상 추후 개정 양허 사항은 한EU FTA에도 반영

---

20) 국제무역연구원(2009), 한EU FTA타결에 따른 기대효과와 향후 과제; 외교통상부(2010), 한EU
　　FTA 상세설명자료

7) 한페루 FTA[21]

발효일	2011.08.01
추진현황	2009.03. 협상 개시, 2010.08. 협상 타결, 2010.11.15. 가서명, 2011.03.21. 서명, 2011.08.01. 발효
체결의의 및 중요성	- 한칠레 FTA에 이어 중남미 진출의 교두보를 확보 - 페루는 아연, 주석, 납, 동 등 광물자원이 풍부하여 우리의 전략적인 자원 협력 파트너로서 자원의 안정적 확보 기반 마련

주요내용	① 관세 상품양허 전반 : 우리측 107개, 페루측 5개를 제외한 여타 부분 모
	  두 개방, 협정 발효 이후 10년 내 현재 교역 품목에 관한 관세 전체 철폐
	- 공산품 양허·공산품 및 임산물 전 품목, 관세 10년 이내 철폐
	 ·(승용차) 대형차 3개 세번에 대한 관세 협정발효 즉시 철폐 중형차 3개
	  세번에 대한 관세는 5년 철폐
	 ·(전자제품) 칼라TV 관세 즉시 철폐, 세탁기 4~5년 철폐, 냉장고 5~10년
	  철폐
	- 농산물 양허 : 주요품목에 대해 양허제외, 계절관세, 농산물 세이프가드
	  등 다양한 예외적 조치 확보
	- 수산물 양허 : 민감 수산물 141개 대해 현행관세 유지 또는 7~10년 장기
	  관세철폐 확보
	② 원산지
	- 품목별 원산지 규정 : 우리 주력수출품에 대해 품목의 민감성과 원자재
	  해외조립비율 등 산업의 특성을 고려한 완화된 기준 도입
	- 개성공단 : 한국산 원산지 인정을 위한 역외가공 조항 합의
	③ 서비스 및 투자 서비스·투자 시장 개방·페루는 미국 FTA를 제외한 기
	  체결중 가장 높은 수준으로 서비스·투자 자유화
	 ·우리는 한미, 한EU FTA에서 기 개방한 분야에 대해 유사한 수준으로 자
	  유화
	- 투자보호제도 : 투자 보호수준을 강화하여 우리 투자자의 페루 진출을 위
	  한 제도적 기반 마련
	- 일시입국 : 상용방문자, 무역가 및 투자자, 기업내전근자, 전문가 등에 대
	  한 비자발급 규정 완화
	④ 정부조달 : WTO 정부조달협정 우리나라 양허수준으로 정부조달시장을
	  상호 개방
	⑤ 지적재산권 (저작권) 사후 50년에서 사후 70년으로 연장(협정 발표 후 2
	  년 유예)
	- (지리적표시) 지리적표시를 자국법에 따라 보호
	⑥ 협력 : 양국 10개 관심분야(중소기업 등)에서 다양한 협력

---

21) 한국무역협회(2010), Trade Focus, 한페루 FTA 타결의 의의 및 기대효과; 외교통상부(2010), 한페
  루 FTA 상세설명자료

8) 한미 FTA[22]

발효일	2012.03.15
추진현황	2006.06. 협상 개시, 2007.06. 협정 서명, 2010.12. 추가협상 타결, 2011.10.22. "한미 FTA 이행법" 미 의회 상·하원 통과 2011.11.22. 비준동의안 및 14개 부수법안 국회 본회의 통과, 2012.03.15. 발효
체결의의 및 중요성	- 미국, EU와의 FTA 체결을 통해 아시아, 유럽, 아메리카 3대 대륙을 잇는 　경제영토의 확장 - 관세 인하, 거래비용 감소 및 통관절차 간소화 등으로 미국 시장 접근성 　이 개선 - 원부자재 수입시, 완성품 수출시 FTA관세혜택으로 섬유류 등 노동 집약 　적 산업에 국내생산 유인 증대 - 한미 양국간 "다원적 전략동맹"의 한 축을 구축
주요내용	① 상품 양허(공산품과 임·수산물) - 양측 모두 품목기준 100% 양허 - (자동차) 승용차와 전기자동차 4년 후 관세철폐, 자동차부품은 즉시 철폐 - (섬 유) 수입액 기준 61% 품목 즉시 철폐, 원사기준적용은 예외 ② 우리측 농산물 양허 우리측 주요 민감품목은 다양한 방식으로 민감성을 　확보 * 쌀 및 쌀 관련 품목은 양허 대상에서 제외, 현행관세 유지, 농산물 세이 　프가드, 계절관세 15년 이상 장기관세철폐 - 국내 영향이 미미하거나 수입의존도가 높은 품목은 즉시 철폐 ③ 개성공단 : 한국산과 동일한 특혜관세를 부여받을 수 있는 제도적 틀 마련 ④ 서비스·투자 교육, 의료, 사회 등 공공서비스에 대한 우리 정부의 규제 　권한을 포괄적으로 유보 - 방송 및 통신 분야는 경쟁력 강화 차원에서 최소 개방 ⑤ 지적재산권 : 저작권 보호기간을 연장(50년 →70년) ⑥ 노동·환경 : 노동·환경법의 효과적 집행 의무 규정 및 공중의견 제출제 　도 도입 ⑦ 의약품 : 복제 의약품 시판허가와 관련한 허가·특허 연계제도 도입

---

22) 외교통상부(2012), 한미 FTA 주요내용

9) 한터키 FTA[23)]

발효일	2013.05.01
추진현황	2008.06.~2009.05. 공동연구, 총 4차례 공식협상 개최(2010.04.~2012.03.), 2012.08.01. 기본협정 및 상품무역협정서명, 2012.11.22. 비준동의안 국회 통과, 2013.05.01. 발효* 서비스·투자 협정 미발효: 서명('15.2.26), 비준동의안 국회통과('15.11.30)
체결의의 및 중요성	- EU와의 관세동맹, 유럽·아시아·북아프리카·중동을 잇는 지정학적 중요성, 이슬람 문화권, 풍부한 노동력 등으로 대표되는 유망한 투자거점이자 제조거점 - 경쟁국인 중국, 일본 등과 터키와의 FTA가 초기단계에 머물고 있는 만큼 상당기간 선점효과 기대
주요내용	① 상품 상품양허 전반 : 수입액 기준 거의 전품목(약 100%)을 10년내 관세철폐 - 공산품 : 공산품 전 품목에 대해 7년 내 관세철폐 달성 ·(자동차부품) 수출 관심 품목 5년 내 관세철폐 ·(자동차) 수출 주력 품목(소형차)에 대해 7년 비선형 관세철폐 ·(석유화학) 거의 모든 품목에 대해 즉시철폐 ·(섬유) 수출 주력 품목(화섬 및 직물)에 대해서 5년 관세철폐 - 농수산물 : 농수산물 분야 10년이내 관세철폐, 품목수 및 수입액 기준 동일한 수준의 양허 달성(우리측 민감 농수산물에 대해 양허제외) ·10년 이내 관세철폐 품목수 비중 : 우리 52.5%, 터키 52.7% ·10년 이내 관세철폐 수입액 비중 : 우리 96.7%, 터키 96.8% ② 상품협정문 무역규제 : 양자세이프가드, 반덤핑/상계조치 발동 관련 절차적·실질적 요건 강화로 우리 기체결 FTA 중 최고 수준의 무역구제 확보 - 원산지 ·(품목별원산지기준) 원칙적으로 한EU FTA 상 품목별원산지기준(PSR)과 동일 유지하되, 양측의 교역관계를 균형을 유지하며 반영할 수 있도록 일부 품목에 대한 원산지기준을 완화하거나, 원산지 예외 쿼터 물량을 확보 ·(개성공단) 한반도 역외가공지역 위원회에서 역외가공지역(OPZ) 운영에 대한 세부사항을 결정 (한EU FTA와 동일) ·(관세환급) 관세환급제도를 유지하되 협정 발효 5년후 필요시 관세위원회에서 운영과 관련된 내용을 검토할 수 있도록 규정 ·(원산지증명) 수출자가 스스로 발급하는 자율증명방식을 채택 ③ 규범 지식재산권 : 국제협정 상 의무를 바탕으로 온라인 지재권 침해 보호를 포함 일부 강화된 지재권 보호를 규정 - 경쟁 : 투명하고 비차별적 경쟁법 집행 등 - 투명성 : 영국 법령제도 하에서 가능한 범위의 투명성 확보 조치 규정 - 분쟁해결 : WTO 협정 및 기체결 FTA의 분쟁해결절차와 유사

---

23) 한국무역협회(2013), Trade Focus, 유망시장 터키, FTA로 활짝 열린다. -5/1일 한터키 FTA 발효, 수출 유망 산업 및 품목을 중심으로, Vol.12 No.22

10) 한호주 FTA[24]

발효일	2014.12.12
추진현황	2009.05. 한호주 FTA 협상개시 선언, 총 7차례 협상 개최(2009.05, 08, 11/ 2010. 03, 05/2013.11, 12), 2013.12.04. 협상 타결 선언, 2014.02.10. 가서명, 2014.04.08. 공식 서명, 2014.12.02. 비준동의안 국회 본회의 통과, 2014.12.12. 발효

체결의의
및 중요성
	- 한국 광물자원의 주요 수입대상국 호주와의 FTA로 자원의 안정적 수급이
	  가능
	- 2005년 호주·태국 FTA발효에 따라 태국산 제품의 경쟁력이 상승함에
	  따라 호주와의 FTA체결로 한국의 주요 수출제품과 경합관계에 있는 태
	  국제품의 시장선점효과 억제

주요내용	① 상품 양허(공산품과 임·수산물)
	- 품목기준 한국 86.4%, 호주 89.1%를 발효즉시 관세 철폐
	- (자동차) 현행 5% 수준의 관세 철폐로 호주시장 내 경쟁국보다 유리한 조
	  건 선점 자동차 부품의 경우 대부분 3년내 철폐
	- (철 강) 냉연강판, 열연강판 등 주력 철강제품에 대해 대부분 즉시철폐,
	  일부품목은 5년내 철폐
	② 우리측 농산물 양허 민감품목인 쌀, 분유, 돼지고기(냉동삼겹살)등 158개
	  품목은 양허대상에서 제외
	- 오렌지, 포도, 키위에 대해서는 계절관세를 적용
	- 저율관세할당(TRQ), 부분감축 및 농산물 세이프가드 등 예외수단 확보
	③ 서비스·투자 서비스분야 : 서비스공급에 내국민대우 및 최혜국대우부여,
	  시장접근 제한조치, 현지주재 의무부과 금지
	- 투자분야 : 내국민대우, 최혜국대우를 보장하고, 투자관련 제한 금지를 규
	  정하여 기업 진출 환경 개선
	④ 지적재산권 : WTO 지재권 협정 수준 이상의 보호를 규정, 특허권은 공지
	  예외기간을 12개월로 규정
	⑤ 정부조달 : 정부조달시장을 상호개방(호주 정부의 조달시장 규모 : 연간
	  약 40조원)
	⑥ 원산지 규정 : 우리 주력 수출품목의 생산공정 및 원자재 해외 수입 등
	  산업별 특징을 고려하는 동시에, 농수산물에 관한 우리측 민감성을 반영
	  시킨 원산지 기준에 합의

---

24) 산업통상자원부(2014), 한호주 FTA 상세설명자료

11) 한캐나다 FTA[25)]

발효일	2015.01.01
추진현황	2005.07. 협상개시 선언, 총 14차례 협상 개최 (2005.07, 09, 11/ 2006.02, 04, 06, 09, 11/ 2007.01, 04, 10, 11/ 2008.03/ 2013.11), 2014.03.11. 협상타결 선언, 2014.06.12. 가서명, 2014. 09.23. 정식서명, 2014.12.02. 비준동의안 국회 본회의 통과, 2015.01.01 발효
체결의의 및 중요성	- 풍부한 자원으로 안정적 에너지 자원 확보 가능 - 아시아지역 국가 처음으로 캐나다와의 FTA체결로 캐나다 시장에서 우리 기업의 경쟁력 확보
주요내용	① 상품 양허(공산품과 임·수산물) - 양국 모두 협정 발효 후 10년 이내 대다수 품목에 대한 관세가 철폐되는 높은 수준의 FTA 체결 - (자동차) 3년, 실질적으로 24개월만에 관세를 철폐하기로 합의 - (섬 유) 평균 5.9%, 최대 18%에 달하는 섬유분야의 높은 관세를 대부분 3년내 철폐 ② 우리측 농산물 양허 전반적으로 한미/한EU FTA보다 보수적인 수준에서 합의 - 육류 원산지에 대해서는 한미 FTA와 동일(육류에 대한 도축 기준 인정, 닭고기 제외) - 전체 농산물 중 18.8%(품목수 282개)를 양허제외하거나 10년 초과 관세 철폐 등으로 예외취급 - 쌀·과실류 등 211품목 양허제외 - 돼지고기(5년/13년), 소고기(15년) 등 20개 품목 농산물 세이프가드(ASG) 설정 ③ 서비스·투자 : 캐나다는 NAFTA 발효시점('94.1.1) 이후 체결한 FTA 최고 대우를 우리측에 자동 부여하도록 하였으며 우리측은 한캐나다 FTA 발효시점 이후 체결한 FTA 최고 대우를 캐나다측에 자동 부여 ④ 정부조달 : 개정 GPA 대비 중앙정부기관의 조달 양허 하한선을 인하, FTA를 통한 조달시장 추가 개방

25) 김영귀(2014), 한캐나다 FTA의 의미와 영향, KERI Brief 14-18, 한국경제연구원

12) 한중 FTA[26]

발효일	2015.12.20
추진현황	2012.05.02. 협상개시 선언, 총 14차례 협상 개최(2012.05, 07, 08, 10월/ 2013. 04, 07, 09, 11/ 2014.01, 03, 07, 09, 11월) 2014.11.10. 협상 타결 선언, 2015.02.25. 가서명, 2015.06.01. 정식서명, 2015.08.31. 국회비준동의안 상정 2015.11.30. 비준동의안 국회 통과, 2015.12.20. 발효
체결의의 및 중요성	- 우리나라의 최대 수출시장이자 세계에서 가장 빠르게 성장하는 거대 시장을 우리나라의 제2의 내수시장으로 선점할 기회 확보 - 중국 내의 각종 비관세장벽 및 우리 기업의 문제사항 해소에 중점을 두어 우리 수출기업 및 현지 진출기업 보호를 위한 제도적 기반 강화
주요내용	① 상품 양허(공산품과 임·수산물) - 품목수 기준 한국은 92%, 중국은 91%를 최대 20년내 관세 철폐 ·품목수 기준 한국은 90%, 중국은 72%를 10년내 단계적 철폐 - (자동차) 중국측의 개방 불가 입장 및 우리의 현지화 전략 등을 종합적으로 고려하여 양국 모두 시장 개방에서 제외 - 베어링, 섬유, 수공구 등 영세 중소 제조업 품목 및 합판, 제재목 등 목재류에 대한 양허제외, 관세 부분감축 등의 보호 장치 활용 ② 농수산물 : 한국은 품목수 기준 30%를 관세철폐 대상에서 제외, 이는 우리나라가 체결한 FTA 중에서 유례없이 큰 수준임 ③ 서비스·투자 : 포지티브 자유화방식 도입 후 2년 내 네거티브 방식으로 전환 협상 - 서비스 내국민 대우 ④ 규범·협력 : 반송 지적재산권 보호기간 20년에서 50년으로 연장 - 한국기업에 차별적 법집행 방지 - 중국 국유기업에도 경쟁법 적용 ⑤ 원산지, 무역규제: 700달러 이하 물품 원산지 증명서 면제 - 48시간 이내 통관 원칙

---

26) 산업통상자원부 보도자료(2014.11.10.일자) http://www.motie.go.kr

13) 한뉴질랜드 FTA[27]

발효일	2015.12.20
추진현황	2007.02.~2008.03. 민간공동연구, 총 4차례 공식협상 개최(2009.06.~2010.05.)후 잠정중단, 2013.12.03. 공식협상 개시 선언, 총 5차례 협상개최(2014.02, 03, 06, 08, 10), 2014.11.15. 협상 타결 선언, 2014.12.22. 가서명, 2015.03.23. 정식서명 2015.11.30. 비준동의안 국회 통과, 2015.12.20. 발효

체결의의
및 중요성
	- 공산품 대부분을 수입에 의존하는 뉴질랜드 경제 특성을 감안하면 우리
	  나라와 상호 보완적인 무역 확대 기대
	- 뉴질랜드 시장내 다수의 아시아-태평양 지역 국가들이 FTA 특혜 관세를
	  향유하고 있는 점을 감안, 우리 기업들의 경쟁조건 강화

주요내용	① 상품 양허(공산품)
	- 뉴질랜드(7년 이내 전품목), 우리나라(15년 이내 대다수 품목) 관세 철폐
	- (타이어, 자동차부품)타이어(관세5~12.5%)는 즉시 관세철폐, 자동차부품
	  (5%) 대부분에 대해 3년 내 관세철폐
	- (기계·전자)우리나라 주요 수출품인 세탁기(5%)는 즉시철폐, 냉장고와
	  건설중장비(5%)는 3년내 관세철폐
	② 농수산물 : 쌀, 사과·배, 천연꿀 등 과실, 고추, 마늘 등 주요 민감품목
	  199개 양허에서 제외
	- 소고기를 포함한 민감품목은 10년 초과 장기철폐
	- 농산물세이프가드, 계절관세, 자율관세할당(TRQ), 부분관세감축 등의 다
	  양한 예외적 수단 확보로 국내 피해 최소화
	③ 투자 : 투자자-국가 분쟁해결절차(ISD) 도입, 투자 사전 심사제 기준 금
	  액 5천만 뉴불로 합의
	④ 인력이동 : 워킹홀리데이 연간 쿼터를 3천만으로 확대, 연수·교육 및 고
	  용기간 제한 조건 완하
	- 총 200명에 대하여 한국인에 특정된 직업 혹은 전문직종 종사자는 뉴질
	  랜드에 일시고용입국 보장

---

27) 산업통상자원부 보도자료(2014.11.15.일자) http://www.motie.go.kr

14) 한베트남 FTA[28]

발효일	2015.12.20
추진현황	2011.11. 공동연구보고서 완료, 2012.08.06. 협상개시 선언, 총 9차례 협상 개최(2012.09/ 2013.05, 10/2014.03, 05, 07~12) 2014.12.10. 협상 타결 선언, 2015.03.28 가서명, 2015.05.05 정식서명, 2015.11.30. 비준동의안 국회 통과, 2015.12.20. 발효

체결의의
및 중요성
	- 베트남은 우리기업의 글로벌 가치 사슬에 있어 핵심적인 조립·가공단지
	  역할을 수행하는 국가로서 현지 투자 기업을 위한 소재·부품 수출이 차
	  지하는 비중이 매우 큼
	- 베트남은 기존 한ASEAN FTA상 후발 참여국으로 분류되어, 관세 철폐
	  일정이 늦어 주요 수출 품목들이 일본의 경쟁품목에 비해 불리하였으나
	  한베트남 FTA를 통해 동등한 경쟁 조건 확보

주요내용	① 상품 양허(공산품)
	- 한ASEAN FTA에서 개방되지 않은 품목을 대상으로 협상 진행
	 ·품목수로 한국은 499개, 베트남은 272개 추가개방
	- 개성공단의 경우, 업체 요청을 기초로 100개 품목을 신규 선정
	② 농수산물 : 마늘, 생강 등은 그 중 민감하지 않은 건조/냉장된 품목 위주
	  로 개방, 쌀(협정 대상 제외)·고추·양파·녹차·오징어 등 주요 민감
	  농수산물의 경우, 한ASEAN FTA에 비해 추가한 시장개방 없음
	- 對베 수입액이 가장 큰 새우는 관세철폐가 아닌 자율관세할당를 제공
	③ 서비스·투자
	- (서비스) positive 방식을 채택, negative 방식의 재협상 약속, 건설,도시계
	  획·조경, 기타기계·장비임대 분야를 추가로 개방
	 ·금융, 통신 부속서를 마련하여 투명성 조항 및 금융 분야 인허가 180일
	  이내 신속처리 원칙 등을 규정하여 베트남 시장에서 우리 기업들의 공정
	  한 기회 보장을 받기 위한 제도적 기반 마련
	- (투자) negative 방식을 채택, 한아세안 FTA 투자협정과 한베 양자투자보
	  장협정(BIT)보다 높은 수준의 투자 자유화 및 투자 보호 규범에 합의
	④ 전자상거래 : 베트남 양자 FTA 최초로 전자상거래 챕터를 수용, 전자서
	  명, 종이없는 무역, 개인정보 보호 등 전자상거래 촉진 기반 마련
	⑤ 원산지: 600불 이하 물품에 대해 원산지 증명서 면제 및 수입 관세당국이
	  요구하는 경우에 한하여 원산지 증명서 제출
	- 한아세안 FTA 대비 품목별 원산지 기준 개선

---

28) 산업통상자원부 보도자료(2015.12.16.일자) http://www.motie.go.kr

15) 한콜롬비아 FTA[29]

발효일	2016.07.15
추진현황	2009.03.~09. 민간공동연구, 총 6차례 공식협상 개최(2009.12/2010.03, 06, 10/ 2011.10/ 2012.04), 2012.06.25. 협상 타결 선언, 2012.08.31. 한콜롬비아 FTA 가서명, 2013.02.21. 한콜롬비아 FTA 정식서명, 2016.07.15. 발효
체결의의 및 중요 성	- 자원 부국인 콜롬비아와의 FTA체결은 우리 기업의 對콜롬비아 에너지· 자원개발 사업 진출에 기여 - 우리 주력 수출품목의 콜롬비아 관세율이 높아 FTA를 통해 콜롬비아 시장 에서 중국·일본 등 경쟁국 대비 우위 확보 가능
주요내용	① 상품 양허(공산품과 임·수산물) 품목수 기준 한국 96.1%, 콜롬비아 96.7% 양허(10년 이내 철폐) - 양측은 현재 교역중인 사실상 모든 공산품 및 임산물에 대해 10년이내 관 세철폐 - (자동차) 승용차 전체품목에 대한 관세를 10년에 걸쳐 단계적으로 철폐(자 동차 부품) - (섬 유) 현재 15~20%의 관세 즉시 혹은 7년 내 관세철폐 ② 우리측 농산물 양허 수입액 기준 현재 교역중인 거의 모든 품목에 대해 10년내 관세철폐 ·품목수 기준 : (우리나라) 77.3%, (콜롬비아) 79.6% - 신선 포도 1개 품목은 우리나라 수확·유통기간에 집중적으로 보호(계절관세) - 소고기·만다린 등 3개 품목에 대해서는 수입물량이 급증하면 관세 추가 부과(세이프가드) - 소고기·분유·마늘·고추·양파·인삼류 등 151개품목은 양허제외 ·소고기 중 정육 2개, 설육 3개 등 5개 품목은 19년 관세철폐로 양허(정육2 개품목 세이프가드) ③ 서비스·투자 : 네거티브 방식을 채택, 투자·서비스의 주요 의무에 위배 되는 조치를 유보목록으로 명시 ④ 지식재산권 : 저작권 및 저작인접권 관련, 기술적 보호조치·권리관리정보 ·암호화된 프로그램 전달 위성 신호에 대해 충분한 법적 보호와 효과적 인 법적 구제 제공 ⑤ 정부조달 : 양국은 민자사업을 적용대상 조달에 포함시켜, 일반 정부조달 에 적용되는 절차와 예외, 부속서상 양허기관 및 양허 하한선을 동일하게 적용 ⑥ 원산지 규정 : 민감 품목(육류·낙농품·곡물 등)에 대해서는 엄격한 원산 지기준(완전생산)으로 하는 반면, 가공농산물은 완화된 원산지 기준 합의 를 통한 교역 촉진

---

29) 외교통상부(2013), 한콜롬비아 FTA 설명자료

제4절 경제교류 현황

1) 한국의 대외수출

한중 FTA가 발효(2015.12.20)된 2015년 한국의 10대 수출 국가는 수출 비중이 높은 국가 순으로 중국, 미국, 홍콩, 베트남, 일본, 싱가포르, 인도(인디아), 대만, 멕시코, 호주이다. 2015년 총 수출액은 526,757백만불로 10개국 수출액은 351,489백만불로 66.7%를 차지하며 비중이 가장 높은 중국은 26.0%로 10개 국가 중 1위를 기록했다.

현재(2017.10) 한국의 10대 수출 국가는 중국, 미국, 베트남, 홍콩, 일본, 호주, 인도(인디아), 대만, 싱가포르, 멕시코이다. 2015년의 10대 수출 국가에서 기존 국가의 이탈 및 새로운 국가의 진입 없이 수출 비중의 변동으로 인한 순위에 약간의 변화가 있을 뿐이다. 총수출액은 375,071백만불로 10개국 수출액은 257,850백만불로 68.7%이며 여전히 중국이 23.5%로 수출 비중 1위를 차지하고 있다. 아래 표1은 2015년과 2017년의 한국의 10대 수출 국가와 총수출액 대비 각 국가의 수출액 비중을 나타낸다. 한국의 10대 수출 국가 중 1위인 중국은 2위인 미국의 수출 비중과 비교해볼 때 한국의 최대 교역 대상국임을 알 수 있다.

<표 2-3> 한국의 10대 수출 국가 (2015년, 2017년)[30]

년도 (순위)	2015년 (총수출액: 526,757백만불)			2017년 (총수출액: 375,071백만불)		
	국가	10개국 수출액 (백만불)	비중 (%)	국가	10개국 수출액 (백만불)	비중 (%)
1위	중국	137,124	26.0	중국	88,149	23.5

2위	미국	69,832	13.3	미국	45,593	12.2
3위	홍콩	30,418	5.8	베트남	30,693	8.2
4위	베트남	27,771	5.3	홍콩	23,897	6.4
5위	일본	25,577	4.9	일본	17,503	4.7
6위	싱가포르	15,011	2.8	호주	16,276	4.3
7위	인도(인디아)	12,030	2.3	인도(인디아)	10,749	2.9
8위	대만	12,004	2.3	대만	9,890	2.6
9위	멕시코	10,892	2.1	싱가포르	7,561	2.0
10위	호주	10,831	2.1	멕시코	7,539	2.0
	총계	351,489		총계	257,850	

자료 : 산업통상자원부, 관세청 통관자료 기반으로 저자 재작성

아래 <그림 2-1>은 한국의 10대 수출 국가의 총수출액 대비 각국의 수출액 비중을 나타낸다. 2011년부터 2017년까지 총수출액과 10대 수출 국가의 수출액은 감소하는 추세이지만 총수출액에서 10대 수출 국가가 차지하는 비중은 늘고 있다.

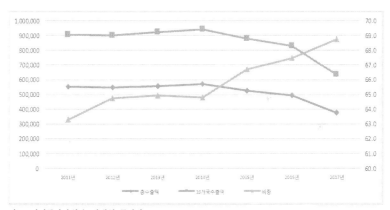

자료: 산업통상자원부, 관세청 통관자료

<그림 2-1> 한국의 10대 수출 국가 (2011년-2017년)[31]

---

30) http://stat.kita.net/stat/world/major/KoreaStats06.screen

31) http://stat.kita.net/stat/world/major/KoreaStats06.screen

2) 한국의 대외수입

한중 FTA가 발효(2015.12.20)된 2015년 한국의 10대 수입 국가는 수입 비중이 높은 국가 순으로 중국, 일본, 미국, 독일, 사우디아라비아, 대만, 카타르, 호주, 러시아, 베트남이다. 2015년 총수입액은 436,499백만불로 66.7%를 차지하며 비중이 가장 높은 중국은 20.7%로 10개 국가 중 1위를 기록했다.

현재(2017.10) 한국의 10대 수입 국가는 중국, 일본, 미국, 사우디아라비아, 독일, 호주, 대만, 베트남, 카타르, 러시아이다. 2015년 10대 수입국가에서 기존 국가의 이탈 및 새로운 국가의 진입 없이 수입 비중의 변동으로 인한 순위에 약간의 변화가 있을 뿐이다. 총수입액은 313,290백만불로 10개국 수입액은 210,018백만불로 67.0%이며 여전히 중국이 20.3%로 수입 비중 1위를 차지하고 있다.

아래 <표2-4>는 2015년과 2017년의 한국의 10대 수입국가와 총수입액 대비 각 국가의 수입액 비중을 나타낸다. 한국의 10대 수입 국가 중 1위인 중국은 2위인 일본의 수입 비중과 비교해 볼 때 수출에 이어 한국의 최대 교역 대상국임을 알 수 있다.

<표 2-4> 한국의 10대 수입 국가 (2015년, 2017년)[32]

년도 (순위)	2015년 (총수입액: 436,499백만불)			2017년 (총수입액: 313,290백만불)		
	국가	10개국 수출액 (백만불)	비중 (%)	국가	10개국 수출액 (백만불)	비중 (%)
1위	중국	90,250	20.7	중국	63,607	20.3
2위	일본	45,854	10.5	일본	36,096	11.5
3위	미국	44,024	10.1	미국	34,648	11.1
4위	독일	20,957	4.8	사우디아라비아	13,009	4.2
5위	사우디아라비아	19,561	4.5	독일	12,797	4.1

6위	대만	16,654	3.8	호주	12,773	4.1
7위	카타르	16,475	3.8	대만	11,966	3.8
8위	호주	16,438	3.8	베트남	10,085	3.2
9위	러시아	11,308	2.6	카타르	7,570	2.4
10위	베트남	9,805	2.2	러시아	7,468	2.4
	총계	291,326		총계	210,018	

자료 : 산업통상자원부, 관세청 통관자료 기반으로 저자 재작성

아래 <그림 2-2>는 한국의 10대 수입 국가의 총수입액 대비 각 국의 수입액 비중을 나타낸다. 2011년부터 2017년까지 총수입액과 10대 수입 국가의 수입액은 감소하는 추세이지만 총수입액에서 10 대 수입 국가가 차지하는 비중은 늘고 있다.

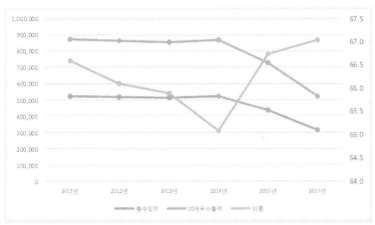

자료: 산업통상자원부, 관세청 통관자료

<그림 2-2> 한국의 10대 수입 국가 (2011년-2017년)[33]

---

32) http://stat.kita.net/stat/world/major/KoreaStats06.screen

33) http://stat.kita.net/stat/world/major/KoreaStats06.screen

3) 한국의 FTA 추진성과

한국의 FTA 체결은 교역량 60% 이상이 FTA를 통해 이루어지는 네트워크를 구축하는 성과를 발휘했다. 또한, FTA 간 네트워크를 활용하여 기업의 특혜무역 역내 범위가 확대되는 효과와 해외분업 구조 개편과 참여 가능성 등에 따라 기업의 해외진출의 토대를 마련했으며, 특히 수출부분에 있어 체결국들과의 교역증가, 수출품목 다변화, 중소기업의 참여 확대 등을 통한 상당한 양적팽창과 질적 성장을 이룩했다. FTA 체결이 없었던 2003년과 2014년의 수출량을 비교하면 동일 국가 기준으로 싱가폴 5.1배, 중국 4.1배, 인도네시아 3.4배, 일본 1.9배, 미국과 홍콩 각각 2.1배, 1.8배로 10년 사이 높은 성장세를 기록하는 성과를 달성했다.

<표 2-5> FTA 체결 전후 수출량 비교

(2003, 2014년 기준)

순위	2003년		2014년	
	국가명	금액(백만달러)	국가명	금액(백만달러)
1	중국	35,110	중국	145,288
2	미국	34,219	미국	70,285
3	일본	17,276	일본	32,184
4	홍콩	14,654	홍콩	27,256
5	대만	7,045	싱가포르	23,750
6	독일	5,603	베트남	22,352
7	싱가포르	4,636	대만	15,077
8	영국	4,094	인도	12,782
9	말레이시아	3,852	인도네시아	11,361
10	인도네시아	3,378	멕시코	10,846

자료: KOTRA

한국은 과거 동시다발적 FTA를 추진하며, 미국, 거대·선진 경제권과 FTA체결을 목표로 하고, 10년 뒤인 2013년 6월 미국과 중국을 기반으로 동아시아 경제통합의 핵심 역할을 목표로 높은 수준의 포괄적 FTA체제를 추진, 단기간에 양적·질적 확대를 이루는 성과를 거두었으며 이제 제도화, 체계화, 참여 확대의 방향으로 진화하고 있다. 한국의 포괄적 FTA체제는 높은 수준의 FTA를 통해 국내 제도의 선진화를 추구하고 경쟁 심화에 기초한 국내 산업의 경쟁력을 높였으며, FTA 체결 극대화를 이룩했다는 긍정적 효과를 불러왔다. 앞으로도 현재 협상중인 FTA를 모두 성공리에 마무리하여 시장 개척 가능성과 우호적 교역 환경 측면에서 세계 최고 수준에 올라설 수 있도록 적극 추진해나가야 할 것이다.[34]

기사자료 2-1: [FTA 활용 TIP] 원산지증명서 발급 시 영업비밀 유출 방지 방법

FTA를 활용하는 게 쉽지만은 않다. 각 기업이 취급하는 물품이 FTA 양허대상인지, 원산지 결정 기준을 충족하는 지 등을 일일이 체크해야 해서다. 관련 전문인력을 보유도 중소기업에는 어려운 현실이다. 이에 한국무역협회 경기남부지역본부와 사례를 통한 FTA 활용팁에 대해 알아본다.

FTA활용 TIP— 수출자와 생산자가 다른 경우 원산지증명서 발급 시 생산자의 영업비밀 유출 방지 방법

수출자 A는 생산자 B로부터 B의 특허에 따른 화학 완제품을 공급받아 중국 수입자 C에게 수출했다. C가 한-중 FTA 특혜를 위해 '원산지증명서'를 요청하자 A는 B에 원산지 증명서 발급 신청에 필요한 원산지

---

34) 산업통상자원부, KOTRA, 대학 FTA강좌 참고교재, 2016, pp.99-100.

소명서 및 소명서 입증서류를 요구했다. 하지만 B는 자료 제공시 영업비밀 유출에 대한 걱정, 미제공시 판매처를 잃게 될 가능성에 고민에 빠졌다.

이 경우 생산자 B는 수출자 A에게 생산 영업비밀의 내용이 기재 될 원산지 소명서와 소명서 입증서류를 제공해야만 할까. 정답은 그렇지 않다. 생산자 B는 수출자 A에게 원산지소명서와 소명서 입증서류를 제공하지 않아도 된다.

FTA특례법 시행규칙 제10조 1항 4호 단서는 '수출자와 생산자가 다른 경우 생산자는 원산지소명서를 증명서발급기관에 직접 제출할 수 있다'고 규정하고 있다.

또 동조 2항은 '원산지소명서에 기재된 내용을 입증할 수 있는 서류·정보 및 제13조에 따른 국내제조확인서의 제출을 원산지증명서 발급을 신청한 자에게 요청할 수 있다. 이 경우 요청을 받은 자는 해당 서류를 증명서발급기관에 제출하되, 수출자와 생산자가 다른 경우 생산자가 해당 서류를 증명서발급기관에 직접 제출할 수 있다'고 명시했다.

따라서 B는 A에게 원산지 소명서 등을 제공하지 않고도 증명서 발급기관에 직접 제출을 통해 원산지 증명서 발급절차가 이뤄지도록 할 수 있으며 A에게는 단지 '원산지(포괄)확인서'만 제공하면 된다.

증명서 발급기관의 비밀 유지 의무로 인해 수출자는 제출된 내용을 확인할 수 없다.

즉, 수출자가 해당 자료를 강압적으로 요구하더라도 생산자는 자신들의 영업비밀 보호를 위해 해당 서류를 증명서발급기관에 직접 제출하여 원산지증명서 발급절차가 진행되도록 하면 된다.

출처: 한국무역협회 경기남부지역본부,
   http://www.joongboo.com/?mod=news&act=articleView&idxno=1250561

제5절 소결

우리나라의 FTA에 발효국가는 통상산업자원부의 홈페이지에 잘 요약이 되어 있다 이를 지도의 발효국가로 보면 그림 2-3과 같다.

<그림 2-3> 한국 FTA 국가현황

한중 FTA타결에 따른 통상산업자원부에 따른 의의는 다음과 같이 요약된다.

출처: http://www.fta.go.kr/cn/info/1/

한미 FTA타결에 따른 통상산업자원부에 따른 의의는 다음과 같이 요약된다.

● 세계최대시장 안정적 확보 >
관세 등 거래 비용의 감소, 통상마찰 완화

● 생산, 고용, 교역 및 외국인 직접 투자(FDI) 증대 >
미국시장 선점, 기업환경 개선, 산업효율성 증대

● 경제 사회 시스템 선진화의 계기 >
Global standard 정착, 서비스부문의 획기적인 개선

● 국민의 삶의 질 향상 >
저렴한 가격, 선택의 폭이 확대, 소비자 후생증대

● 외국인 투자 증대 >
안보리스크 완화, 대외신인도 제고

출처: http://www.fta.go.kr/us/info/1/

토의과제

1. 우리나라의 FTA 추진 현황에 대하여 토의하시오.
2. 우리나라의 FTA 체결 주요내용에 대하여 토의하시오.
3. 우리나라의 경제교류 현황에 대하여 토의하시오.

참고문헌

한국무역협회, 주요국 2015년 FTA 추진 현황과 2016년 전망, 2016.06.

국제원산지정보원, FTA TRADE REPORT, Vol.01 March 2016, p.43.

산업통상자원부·KOTRA(2016), 대학 FTA강좌 참고교재.

이인애(2014), 일본, EPA 중심에서 FTA로 : TPP 참여, EU 등과 FTA 추진 "경제 재건 드라이브", <해양한국> 2014권10호, 한국해사문제연구소, pp.67-73.

한겨레 경제부(2011), 한 줄의 경제학, 어바웃어북, pp.208-210.

한국무역협회(2009), 2009년 세계 주요국의 지역무역협정(RTA) 추진 전망, pp.10.

배찬권, 김정곤, 금혜윤, 장용준(2012), 한국 기발효 FTA의 경제적 효과 분석, 대외경제정책연구원.

외교통상부·대외경제정책연구원(2003), 한칠레 FTA의 주요내용.

외교통상부·대외경제정책연구원(2005), 한싱가포르 FTA의 주요내용.

외교통상부(2006), 한EFTA FTA 주요 내용.

외교통상부·대외경제정책연구원(2007), 한ASEAN FTA 주요 내용-기본협정·분쟁해결제도협정·상품무역협정.

외교통상부·대외경제정책연구원(2009), 한인도 CEPA 주요내용.

국제무역연구원(2009), 한EU FTA타결에 따른 기대효과와 향후 과제; 외교통상부(2010), 한EU FTA 상세설명자료.

한국무역협회(2010), Trade Focus, 한페루 FTA 타결의 의의 및 기대효과; 외교통상부(2010), 한페루 FTA 상세설명자료.

외교통상부(2012), 한미 FTA 주요내용.

한국무역협회(2013), Trade Focus, 유망시장 터키, FTA로 활짝 열린다. -5/1일 한터키 FTA 발효, 수출 유망 산업 및 품목을 중심으로, Vol.12 No.22.

산업통상자원부(2014), 한호주, 한중 FTA 상세설명자료.

김영귀(2014), 한캐나다 FTA의 의미와 영향, KERI Brief 14-18, 한국경제연구원.

외교통상부(2013), 한콜롬비아 FTA 설명자료.

FTA강국, KOREA http://www.fta.go.kr/main/situation/fta/main/
산업통상자원부 보도자료 http://www.motie.go.kr
(2014.11.10. / 2014. 11.15. / 2015.12.16.일자)
중국의 FTA 추진 배경과 전략 해부, LG경제연구소, 2007.05.18.
한중 FTA 상세설명자료, 관계부처합동, 2015.03.
대한민국 정부와 중화인민공화국 정부 간의 자유무역협정, 2015.12.20.
관세청 : http://www.customs.go.kr/kcshome/main/index.do
관세청(한중FTA) : http://www.fta.go.kr/cn/ (한중FTA 상세설명자료).
K-stat : http://stat.kita.net

부록 3-1 자유무역협정의 이행을 위한 관세법의 특례에 관한 법률 시행규칙 (약칭: 자유무역협정(FTA) 관세법 시행규칙)

제10조(수출물품에 대한 원산지증명서의 발급절차) ① 원산지증명서의 발급을 신청하려는 자는 수출물품의 선적이 완료되기 전까지 별지 제3호서식의 원산지증명서 발급신청서에 다음 각 호의 서류를 첨부하여 증명서발급기관에 제출하여야 한다. 다만, 법 제12조제1항에 따른 원산지인증수출자의 경우에는 첨부서류의 제출을 생략할 수 있다.

1. 수출신고의 수리필증 사본(증명서발급기관이 수출사실 등을 전산으로 확인할 수 있는 경우에는 제출을 생략할 수 있다) 또는 이를 갈음하는 다음 각 목의 어느 하나에 해당하는 서류. 이 경우 수출신고가 수리되기 전에 원산지증명서의 발급을 신청한 자는 수출신고가 수리된 후에 제출할 수 있다.

    가. 자유무역지역에서 생산된 물품의 경우에는 「자유무역지역의 지정 및 운영에 관한 법률 시행령」 제19조에 따른 국외반출신고서 사본

    나. 개성공업지구에서 생산된 물품의 경우에는 「관세법 시행령」 제226조에 따른 보세운송신고서 사본

    다. 우편물·탁송품 및 별송품의 경우에는 영수증·선하증권 사본 또는 그 밖에 체약상대국으로 수출하였거나 수출할 것임을 나타내는 서류

2. 송품장 또는 거래계약서

3. 제12조에 따른 원산지확인서(최종물품에 대한 원산지확인서로서 해당 물품의 생산자와 수출자가 다른 경우로 한정한다)

4. 별지 제4호서식의 원산지소명서. 다만, 수출자와 생산자가 다른 경우 생산자는 원산지소명서를 증명서발급기관에 직접 제출할 수 있다.

제 3 장

FTA의 미래와 과제

현재 극한적 불확실성에 놓은 세계경제는 자유무역주의와 보호무역주의에 대한 새로운 패러다임이 등장할 가능성이 있는 정도로 극심한 혼란기에 있다. 이런 상황에서 FTA의 미래와 과제에 대하여 현재 논의 되고 있는 중요사항들을 중심으로 제한적으로나마 각종 자료들과 논고들을 통하여 제시해 보고자 한다.

본 장에서는 FTA의 미래와 과제를 중심으로 FTA 체결 이후 과제에 대하여 1) FTA 체결 이후 협정 이행의 중요성, 2) 기업의 활용도, 3) 피해산업 지원대책, 4) 높은 수준의 FTA 추진, 5) 한미 FTA 개정을 중심으로 살펴본다. 또한 FTA의 미래부분에 있어서는 FTA와 한국의 미래에 관하여 FTA 영토확장과 제조업 그리고 한GCC FTA 재추진에 관하여 살펴본다.

제1절 FTA 체결 이후 과제

1) FTA 체결 이후 협정 이행의 중요성

일반적으로 최근 진행되고 있는 우리나라의 FTA 체결 추진과 관련해당사자들의 모든 정성이 협상 추진과 타결 그리고 이에 대한 국회의 비준·동의에 집중된다고 할 수 있다. 즉, 협상당사자들은 협정 체결을 위해 모든 노력을 기울이고 그 결과 협정이 체결되고 발효로 이어지면 그 노력과 관심은 또 다른 국가와의 FTA 협상과 체결로 옮겨간다. 제한된 FTA업무담당자로 FTA 체결국 자체를 늘리는 것이 우리나라의 기본전략이지만 이 전략이 중요한 문제점을 가지고 있다. 협상과 체결도 물론 어렵고 복잡한 과정을 거치지만 정말 중요한 난관과 과제는 체결된 FTA가 이행되는 단계에서 발생하게 된다고 할 수 있다. FTA는 당사국 간 단순 관세의 인하만 약속하는 관세인하 협정이 아니라 교역에 영향을 주는 경제 체제의 전 영역에 걸쳐 체결국 간에 앞으로 어떤 방식을 통해 법령과 제도를 정비하고 이행할 것인지에 관한 광범위한 약속을 서로 제시하는 것이기 때문이다. 단순히 관세만 인하한다면 FTA 발효와 함께 기계적 관세인하조치로 모든 이행조치가 완료될 것이지만 실제 관세인하는 FTA의 중요한 이슈의 일부분일 뿐이다. 이것은 FTA 추진과정에서 다루는 다양한 문제들 중 관세인하와 관련된 매우 적다고 할 수 있다. 오히려 비관세장벽·투자분쟁·법령과 제도의 투명화·무역구제제도의 운영 등 FTA 추진과정에서 제기되는 핵심 쟁점들은 FTA가 실제 발효된 이후 각 당사국들이 어떤 방향으로 정책과 조치를 채택하는가 하는 문제와 직결되어 있다. 이와 같은 문제는 FTA 발효 이후 그 이행단계에서 조금씩 수면 위로 부상하게 되므로 이러한 구체적 사항들에 대한 충분한 대비와 준비가 되어있지 않으면 이미 체결된 FTA의 효과를 충분히 누릴 수 없을 뿐 아니라 FTA 상대국으로부터 협정 위반이라는 주장을 받을 가능성도 높다. 이제까지 우리나라가 이러한 이행단계에서의 문제를 느끼지 못했던 것은 우리나라의 FTA가 그 출발단계에 있어 본격적으로 문제에 직면하기에는 시간이 별로 지나지 않았기 때문이다. 또한 현재 우리나라가 체결하여 발효 중인 FTA들은 우리나라와 유사한 수준의 국내 체제를 보유한 국가들과 체결한 FTA가 많아 아직 이런 이행단계에서의 문제를 본격적으로 문제 삼을만한 상황으로 발전하지 않은 면도 있다. 그러나 이미 체결한 FTA가 본격적으로 운용된다면 국가들 간 협정 이행과 관련한 입장차이가 생기고, 특히 이행문제에 상당한 중요성을 두고 체결된 미국·EU와의 FTA 뿐 아니라 일본과의 FTA에서도 본격적으로 문제가 대두될 수 밖에 없을 것이다. 따라서 앞으로 FTA의 운용 및 활용은 이런 이행단계에서의 구체적 측면을 충분히 고려해 평가가 이루어져야 한다. 이미 체결된 FTA의 이행단계에서 우리나라가 부담해야 할 구체적 과제는 일단 다음 4가지 정도로 살펴볼 수 있다.

첫째, FTA 이행입법의 도입으로 모든 FTA는 여러 영역에 걸쳐 다양한 이행입법의 채택을 요구하고 있다. 예를 들면 2011년 7월 1일 잠정 발효한 한EU FTA와 관련해 발효 일주일 전인 6월 23일 임시국회 본회의에서 8개 법률 개정안이 가결·처리되었고 이 8개 법령과 관련된 하위 법령(7개 시행령, 4개 시행규칙)도 아울러 정비되어 6월 30일 관보에 게재·공포되었다.[35] 이행입법 도입과 관련한 작업은 FTA 발효 이전에도 진행될 뿐 아니라 발효 이후에도 필요에 따라 지속적으로 진행되어야 할 과제이다. FTA가 경제체제 전반에 걸친 다양한 조치를 요구하고 있고, 복수의 국가와 다양한 FTA를 동시에 추진하는 우리나라의 상황에 비춰볼 때 이러한 이행입법 자체가 때로는 상당한 업무 부담으로 작용하게 될 것이다. 이행입법의 내용이 FTA 관련 조항 그대로를 반영하고 있지 않거나 또는 그 자체로서 FTA 협정 규정과 상충되는 경우 FTA 위반 문제가 발생할 가능성도 있다.

두 번째 과제는 일단 도입된 이행입법의 운용방법에 관련한 문제이다. FTA 발효 후 이행입법을 채택하는 것만으로 모든 문제가 끝나는 것이 아니고 실제 이행입법이 어떻게 운용·적용되는지 여부가 FTA협정상 의무 준수 여부에 중요한 변수로 작용한다. 이행입법이 완벽하게 도입되었다 하더라도 그러한 이행입법이 FTA협정에 일치하지 않는 방향으로 적용된다면 FTA 협정위반 문제가 발생하게 된다. 법령 자체뿐 아니라 법령의 적용으로 발생하는 각각의 개

---

35) www.mofat.go.kr, 한·EU FTA 7월 1일 잠정발효에 대한 외교부 대변인 성명

별 결정이 별도의 조치를 구성하기 때문이다. 즉, 이행입법 자체는 FTA협정 규정을 정확하게 반영해 타당하게 도입되었더라도 이행입법을 구체적으로 적용하는 과정에서 FTA를 위반하는 방식으로 적용한다면 이 역시 FTA에 대한 위반이 되는 것이다. 그리고 대부분의 통상 분쟁이 후자의 경우에 많이 발생한다. 그러므로 우리가 체결한 그리고 체결하는 FTA협정들을 이행하기 위한 여러 이행입법들도 실제 이러한 이행입법이 운용되는 과정을 지켜봐야지만 정확하게 최종적인 평가를 내릴 수 있을 것이다. 최초 이행입법 도입 시에는 문제가 없는 것으로 생각했던 것도 실제 운용과정에서 예상치 못한 문제들이 발생하거나 상대방의 기대에 미치지 못하는 경우가 발생할 수 있기 때문이다. 이 때 제기되는 또 다른 문제는 '관행'의 중요성이다. 즉, 법령이 모두 정비되어 겉으로 보기에 아무 문제가 없는 경우에도 법령을 운용하는 정부 당국이 특정한 방식으로 법령을 적용하는 관행이 있을 경우, 그러한 관행 자체가 마치 법령처럼 상대국의 공격의 대상이 될 수 있다.

세 번째 과제는 다양한 이행입법을 적용하는 과정에서의 절차적 정당성과 투명성을 제고하는 문제이다. 앞서 여러 FTA협정은 그 핵심과제의 하나로 절차적 정당성과 투명성 제고를 내세우고 있어 절차적 정당성과 투명성이 결여된다면 그 자체로 FTA협정 관련 조항의 위반 문제를 불러일으킬 수 있다. 또한 FTA협정 조항에 대한 위반이 없는 경우에도 절차적 정당성과 투명성의 결여는 그 자체로서 관련 조치의 정당성을 평가하는 중요한 바로미터로 작용하는 경우가 많다. 특히, 우리 정부가 중요한 의사 결정을 할 때 공청회를 실시하지 않거나 또는 부처 간 회의를 실시하지 않는 경우가 많다는 사실과 함께 그러한 회의 등이 실시된 경우에도 상세한 기록이 남아

있지 않은 점 등이 외국 정부의 회의적인 시각을 초래하고, 외국 정부들의 우리 정부가 행하는 관련 조치에 숨은 의도를 평가하는데 중요한 변수로 작용하고 있다. 이는 양국 간 문화의 차이라고 할지라도 오해의 소지가 충분히 있으므로 우리가 정책을 실시하는 과정에서 우리의 FTA 상대국들이 어떤 시각으로 주시하고 있는지를 염두에 두고 정책을 실시한다면 불필요한 오해를 줄일 수 있을 것이다.

　네 번째 과제는 일단 FTA 체제로 이행하게 되면 분쟁의 발생이 증가한다는 것이다. WTO체제에서도 우리나라는 이미 분쟁발생이 많은 상황으로 WTO체제 내에서 우리나라가 분쟁해결절차 참여 빈도는 전체 153개 회원국 중 10위권에 해당할 정도로 많다. 이는 우리나가 다른 나라들보다 수출의존도가 높은 경제구조를 가지고 있어서, 우리의 입장에서는 WTO협정 위반의 소지가 조금이라도 있으면 이를 적극적으로 분쟁해결절차에 회부해 우리 이해관계 보호에 주력하기 때문이다. 그런데 이러한 상황은 FTA체제 하에서도 마찬가지이다. 여러 FTA가 얽혀 있는 상황에서 우리나라의 특정 조치에 대해 동시에 또는 순차적으로 분쟁이 발생할 확률이 높다. 이런 맥락에서 한EU FTA 발효에 즈음해 우리 정부가 EU 지역 주재 재외공관을 통해 현지에 진출한 우리기업들에게 필요한 FTA 관련 정보제공 및 기업들이 현지에서 겪는 여러 고충들을 접수하여 FTA에 규정된 협의채널 및 분쟁해결절차 등을 활용하여 어려움을 해소할 수 있도록 한 것은 시의적절한 조치라고 할 수 있다.

　이상의 내용들을 정리하면 FTA체제는 협상의 종결이나 그 결과 채택되는 이행입법의 도입만으로 끝나지 않고 실제 난관은 다양한 복수의 FTA가 이행되는 단계에서 발생한다는 것을 유념할 필요가 있다. 이행입법을 어떻게 운용하고 관련한 조치를 어떻게 채택하는

지가 모두 잠재적 분쟁 소지이므로 FTA체제 초창기부터 체계적인 접근과 준비가 필요하다. 즉 FTA의 경우 체결보다 운용과 관리가 더욱 중요하다.

또한 FTA협정의 열매를 제대로 향유하기 위해서는 개별 기업들도 다양한 과제를 미리 완수할 필요가 있다. FTA가 자유무역을 구현하고 있지만 협정이 체결된다고 해서 자동적으로 무역상 특혜가 부여되는 것이 아니므로 기업들도 기업들이 거쳐야 하는 절차와 요건 등을 충족할 수 있도록 독자적인 노력이 필요하다.

2) 기업의 활용도 제고

한국경제는 단기간 내 급속한 성장을 달성해 '압축성장'으로 표현되는데 이와 비슷하게 FTA협상도 짧은 기간에 다수의 FTA 협상을 타결하고 발효해 'FTA의 압축성장'으로 표현될 수 있다. 그러나 '압축성장'때문에 경제뿐 아니라 사회·정치·문화적인 측면에서 각 종 부작용을 겪고 있듯이 FTA 역시 사회·정치·문화적인 측면에서 각 종 부정적인 면이 야기될 가능성을 배제할 수 없다. 먼저, 다수의 FTA가 체결되었다고 하더라도 수출하는 기업이 이를 이용하지 않는다면 다수의 FTA는 무의미한데 많은 중소기업들이 FTA를 제대로 활용하지 못하고 있는 것으로 조사되었다.

"한국무역협회 FTA 종합지원센터가 지난 2014년부터 2016년까지 3년간 OK FTA 컨설팅을 지원한 중소·중견기업을 대상으로 'FTA 활용 및 경영성과 설문조사'를 실시했다. 이에 따르면 자사의 FTA 활용역량에 대해 컨설팅 수혜기업(217개사)의 77.8%가 보통 또는 그 이하라고 응답하여 아직도 낮은 수준에 머물러 있는 것으로 나타났다. 자사의 FTA 활용역량에 대한 평가에서 컨설팅 수혜기업 (217개사)의 44.2%가 '보통'이라고 응답한 가운데, '조금 또는 매우 높다'고 평가한 업체가 22.1%인데 반해, '조금 또는 매우 낮다'고 평가한 업체가 33.6%로 더 높아, 컨설팅을 받은 이후에도 여전히 자사의 FTA 활용역량이 부족하다고 느끼는 업체가 많은 것으로 조사됐다. 구체적인 업무별 역량 비교에서는 부족한 업무로 '원산지 판정역량'을 꼽은 업체가 26.3%로 가장 많았고, 그다음이 '원산지 사후관리 수준(24.9%)', 그리고 '원산지 규정/절차 이해도(19.8%)' 순으로 나타나, FTA 활용기업들은 주로 원산지 판정 업무에 가장 어려움을 느끼는 것으로 확인됐다.

FTA 활용 애로 및 각종 제도 건의와 관련해서는 중소·중견기업들의 특성상, 전담인력 부족과 잦은 인력교체로 업무의 연속성과 전문성이 확보되기 어렵다는 점을 지적하며, '컨설팅 지원 확대'와 더불어 '다양한 수준별 맞춤 교육을 지방으로 확대하고 정기적으로 시행해 달라'는 요청이 가장 많았다. 한편, 설문에 응답한 업체 중 컨설팅 이후 실제로 FTA를 활용하고 있는 업체의 비율은 81.1%로 조사됐다. 주요 활용지역은 아세안(14.0%)·중국(13.9%)·미국(11.5%)·유럽연합(11.0%) 순이었다. 컨설팅을 받았음에도 현재 FTA를 활용하고 있지 않은 업체들은 그 원인으로 '바이어/거래처로부터 발급요청이 없어서(22개사)'와 '수출예정(11개사)'과 같은 외부적인 요인(64.7%)을 주로 꼽았다. 내부적인 요인들로는 '전문지식과 전담인력 부족'과 '원산지 입증서류 구비 어려움' 등을 지적한 업체도 각각 11.8%를 차지했다.

무역협회에서 앞서 FTA를 활용하고 있다고 응답한 176개사 중 수출업체(127개사)만 선별해 ▷매출 ▷수출 ▷거래선 확대의 3가지

지표에 대한 경영성과를 분석한 결과, '보통'이라고 응답한 업체가 약 32%씩을 차지한 가운데, '도움이 되었다'고 답한 업체가 52.8%, 49.6%, 46.5%씩으로 나타났다. 이는 상당수의 업체가 FTA를 활용해 실제 경영실적을 높였다는 것을 의미한다. 실제 FTA 종합지원센터에서 컨설팅 실시연도와 다음 해의 수출실적을 비교한 결과, FTA 활용 기업(176개사)의 56.2%인 99개사에서 다음 해 수출이 증가한 것으로 분석됐다. 이들 업체의 평균 수출증가율은 약 16.8%로 나타났다.

반면, 원산지확인서를 발급하는 국내납품업체는 수출을 제외한 매출과 거래선 확대 효과가 '보통'이라고 응답한 기업이 각각 38.8%와 34.7%로 나타난 가운데, '도움이 되었다'는 업체는 각각 10.2%와 2.2%로 나타나, 수출기업과 비교했을 때 상당히 미미한 것으로 확인됐다. FTA 종합지원센터 원산지지원실 관계자는 "이는 바로 국내납품업체의 FTA에 대한 관심과 활용이 부진한 원인 중 하나"라며, "앞으로 무역업계의 전반적인 FTA 활용도 제고를 위해서는 국내납품업체에 대한 관심과 제도적인 뒷받침이 계속해서 필요하다"고 강조했다."[36]

3) 피해산업 지원대책 마련

한국의 첫 FTA이었던 한칠레 FTA부터 단군 이래 최대의 협상이라고 인식되었던 한미 FTA 등 많은 FTA의 협상과정에서 농업뿐 아니라 일부 사양산업의 경우 극심한 반대가 표출되었다. 이에 정부는 이들과 같이 민감한 산업에 대한 지원 대책을 제시하였다. 한칠레

---

36) http://okfta.kita.net/dataRoom.do?method=viewFtaNews&idx=34518&pageNo=1&column=&field=&data_type=&fta_type=&mainNum=0602 자료.

FTA 비준과정에서 정부는 총 109조 원에 해당하는 보조금을 농업에 투입하기로 결정하였다. 그러나 이러한 보조금 규모는 상당히 부풀려진 것[37])으로 알려졌는데, 농업 관련 지원기관 및 각종 보조금 프로그램을 모두 합산해서 동 금액이 산출된 것으로 알려졌고 동 지원금이 한칠레 FTA 비준에 대한 보상은 아닌 것으로 평가된다. 비효율적인 지원대책의 예는 한칠레 FTA 과정에서 수립된 '시설포도·키위·복숭아에 대한 폐업보조금'으로, 칠레가 포도 산업에 있어 국제적 경쟁력을 갖추고 있는 것이 알려지자, 한국의 포도 농가를 중심으로 극렬한 반대투쟁이 일어났고 정부는 포도뿐만 아니라 키위, 복숭아 등을 포함하여 농가가 폐업할 경우 보조금을 지급하기로 했다.[38]) 하지만 복숭아 농가의 폐업보조금이 총 폐업보조금에서 차지하는 비중이 반을 초과한 반면, 그 당시 칠레로부터 수입된 복숭아는 전혀 없는 상태라 이 지원 대책의 효율성은 굉장히 떨어지는 상황이었던 데다가, 5년 동안 폐업한 후 다시 농가 활동을 할 수 있어 일단 5년 동안 폐업을 하고 보조금을 신청하는 농가가 크게 늘어나는 등 도덕적 해이 현상이 심각한 상황이었다.

현재 정부는 FTA로 인한 농업 및 제조업 분야의 피해지원을 위하여 '무역조정지원제도'를 운영하고 있다. 하지만, 이와 같은 지원 대책이 비효율적으로 운영되고 있기 때문에 더욱 체계적이고 종합적인 정책방안이 마련되어야 할 것이다. '무역조정지원제도'의 정책적 취지는 개방으로 충격을 입은 국내 산업과 근로자들을 지원하는 것으로 개방의 충격이 FTA에 기인하는지 WTO에 기인하는지 구분하는 것은 무의미한데도, WTO를 통한 개방은 전혀 문제 삼지 않고

---

37) 강문성, 한국의 FTA 추진현황과 추진전략의 남은 과제, 자유기업원, 2009.
38) 상게서.

FTA로 인한 농업 및 제조업 분야의 피해지원으로 국한되어있는 현재의 '무역조정지원제도'는 보완해야 한다.

또한 각종 지원정책으로부터 발생할 수 있는 도덕적 해이 문제를 해결하기 위해서 일정 기간의 한시적인 지원이나 자구노력이 병행되는 대책이 대전제가 되어야 한다. 또한 정부의 다른 교육훈련프로그램과 유기적으로 연계되도록 하여야 한다.

4) 높은 수준의 FTA 추진

한국이 지금까지 FTA를 체결하거나 협상을 종료한 국가는 대부분 미국이나 EU 등과 같이 거대경제권이거나 싱가포르, 칠레 등과 같은 개방에 적극적인 국가들이었다. 그러나 협상이 종료된 한인도 FTA 그리고 현재 협상 중인 일부 국가의 경우에 전통적으로 개방에 소극적인 국가들이 있어 과연 지속적으로 '높은 수준의 FTA'를 추진할 수 있을지 회의적인 시각이 존재한다. 예를 들어 인도와의 FTA를 보면 비록 인도의 입장에서는 인도가 체결한 여타 FTA보다 한인도 CEPA가 더 높은 수준의 FTA이며 FTA 협상이라는 것이 상대국의 입장을 고려하지 않을 수 없다는 점을 감안하더라도, 관세철폐 양허율이나 관세철폐 시한 등에 있어서 한국이 체결한 기존의 FTA보다 낮은 수준인 것은 확실하다. 현재 진행 중인 일부 FTA의 경우 상대국의 개방의지가 낮은 국가가 있는데 중동의 산유국들이 포함된 GCC의 경우 국제통상분야에서의 전문성이 상대적으로 낙후된 국가이어서 '높은 수준의 FTA'를 달성할 수 있을지 주목된다.[39] 러시아와의 BEPA 경우에도 국제통상과 관련된 제도적 인프

---

39) 강문성, 한국의 FTA 추진현황과 추진전략의 남은 과제, 자유기업원, 2009

라가 갖춰지지 않았기 때문에 이러한 현황 속에서는 '높은 수준의 FTA'를 이뤄낼 수 있을지 의문점이 든다.

그러나 한국의 입장에서는 이들 국가를 설득해 보다 적극적으로 '높은 수준의 FTA'를 체결할 필요가 있는데, 이는 수준 높은 FTA를 통해 한국경제 시스템의 선진화와 지속적인 개혁을 이끌어 낼 수 있을 것으로 기대되기 때문이다. 또한 기존의 FTA와 지나치게 수준차가 난다면 FTA 규범의 일관성을 저해해 이에 따른 통상행정적으로 추가 부담을 질 수 있기 때문에 FTA 수준에 있어서 일관성을 유지할 필요가 있다.

5) 한미 FTA 개정 사항

"지난 10월 4일 미국 워싱턴DC에서 열린 한미 FTA 2차 공동위원회 특별회기에서 한국과 미국은 FTA의 취지인 양국 호혜성 강화를 위해 사실상 FTA 개정협정에 착수하기로 합의했다. 그러나 미국 행정부에서는 한미 FTA 폐기의 검토를 적극적으로 모색하고 있는 것으로 보여 진다. 그 근거는 재협상을 지시한 도널드 트럼프 미국 대통령이 현재 자국 산업 우선주의 및 보호무역이라는 경제정책의 목표를 적극적으로 실천함으로 지지율 제고가 절실해진 정치적 상황에 놓여 있기 때문이다. 이를 위한 가장 상징적인 행동이 바로 한미 FTA의 폐기 또는 자동차, 철강 등의 기관 산업에 대한 강력한 보호체계 구축을 위한 한미 FTA의 혁신적 개정에 있는 것이다.

트럼프 스스로가 언론 인터뷰에서 자신의 가치체계를 진실성 있게 담고 있다고 주장했으며, 트럼프에 가장 비판적이었던 뉴욕타임스조차 대선에서 사실상 선거 전략의 성공프레임워크로 활용됐다고 제기한 그의 회고록(저널리스트 토니 슈워츠와 공저)인 '거래의 기술'에 담겨져 있는 그의 다양한 세부 협상전략을 분석해 볼 때, 그는 현재 FTA 불균형을 미국경제의 부정적 위험상황으로 확대하여 해석하는 리스크 데믹(RISK DEMIC)의 전략을 추진하고 있는 것이다. 즉, 한미 FTA 재협상은 실체적 무역수지의 진실과는 달리 자신의 정치적 포지션을 강화시킬 수 있는 스토리 라인을 만들기 위한 전략적 도구인 것이다. 이것이 바로 우리 정부가 8월에 제안한 한미 FTA 효과와 미국 무역수지 적자 원인에 대한 공동조사와 같은 지엽적 노력은 미국측으로부터 구조적으로 그 어떤 긍정적 반응을 이끌어 낼 수 없는 이유인 것이다. FTA 폐기 또는 자국 중심의 혁신적 FTA 개정을 통해 자신을 대통령을 만들어 준, 미국 중산층 백인들이 가장 쉽게 경기의 변화를 체감할 수 있는 모멘텀을 만들어 주겠다는 시그널인 것이다. 시기적으로도 북핵위기에 따른 미국의 한국에 따른 협상력이 높아진 시점도 한몫을 한 것으로 보여 진다.

그렇다면 이러한 상황 인식 속에서 지금 우리는 어떠한 협상전략을 세워야 할 것인가? 첫째, 우리의 새로운 협상목표를 단순히 지금처럼 우리 이익의 극대화를 위한 FTA 유지가 아닌, 최초 FTA 체결 목적에 부합하는 상호 이익의 강화에 놓아야 할 것이다. 그렇다면 보다 당당하고 평등한 입장에서 재협상이 가능할 것이며, 묵시적으로도 상호 FTA 파기가 가능한 것임을 인식하기 때문에 자국 내 정치적 상황과 여론의 추이를 보아가며, 서로의 이익을 적절히 보전하는 선으로 FTA 유지로의 합의가 가능해질 수 협의의 공간을 마련할 수 있는 것이다. 즉 대한민국도 협정의 파트너가 지나친 손실을 본다면, 협정의 파트너로써 그리고 우방국으로써 FTA 파기를 검토할 수 있다는 것을 역설적으로 강력히 보여주어야 할 것이다. 우리는 분명히 알아야 한다. 상대국 수입시장 내 점유율은 2016년 기준으로 대한민국은 미국 내 3.19%에 불가하다는 것이다. 트럼프 정권은 자국우선주의, 보호무역주의로 상징되는 국정운영 목표를 위한 전략적 수단으로서, 특히 자국 경제에 치명적 영향을 안 마치는 범위 내에서 선택할 수 있는 한미 FTA 폐기 카드를 만지고 있는 것이다.

둘째, FTA 재협상에 따른 우리의 잠재적 손실액을 면밀히 분석 및 예상하고, 그 손실이 우리 경제가 감당할 수준인지를 판단하여야 하는 것이다. 재협상을 통해 미국은 자동차 관세율을 현행 0%에서 상향조정할 것이며, 철강은 반덤핑관세나 상계관세 적용 확대 등을 시도할 것이다. 또한 서비스산업 개방 확대와 에너지부문의 추가협정도 요구할 것이다. 분석과정에서 미국 측 요구가 우리 경제가 감당할 수준이 아니라면, 우리 역시 FTA를 유지할 의미가 사라지게 되면 과감히 폐기할 수 있다는 메시지를 전해야 한다. 만약, 양측 이해관계의 접점이 모아져, 협상과정에서 양국이 FTA의 유지에 대해 합의가 이뤄진다면, 합리적 범위 내에서 재협상의 내용이 정해질 것이다. 특히, 이 과정에서도 우리는 농업 등 우리 산업의 보호에 당당히 목소리를 높여야 할 것이다.

협상은 서로의 내면적 욕구를 알아내어 상호 만족시켜 줄 수 있을 때, 타결될 수 있는 것이다. 미국의 내면적 욕구를 정확히 읽어야 할 것이며, 이에 대해 우리의 적정 이익을 보전하면서 맞춰줄 수 있는지를 적극적으로 검토하여야 하는 것이다. 경제규모와 국제정세 등을 고려할 때, 이번 재협상은 기울어진 운동장이기도 하다. 하지만 이럴 때일수록 FTA의 본질과 취지를 지키겠다는 원칙주의적 입장을 표명하여야 한다. 우리 대한민국 정부는 한미 FTA 개정을 동맹국인 양국이 신의를 지켜나가며, 모두의 번영을 위한 이익의 균형을 찾기 위한 전환점으로 생각하고, 재협상에 당당하게 임해야 할 것이다."40)

"한미 FTA 재협상이 이뤄질 경우 미국 수출 비중이 높은 현대·기아차의 경우 큰 타격이 불가피한데, 현대·기아차 의존도가 높은 현대모비스에도 상당한 여파가 미칠 것이라는 분석이다.

16일 기업 경영성과 평가사이트 CEO스코어에 따르면 현대모비스의 올 상반기 전체 매출 가운데 현대·기아차에 대한 매출이 차지하는 비중은 62%다.

현대모비스의 모기업에 대한 의존도가 높아지면서 한미 FTA 재협상을 바라보는 시선에도 불안감이 커지고 있다. 한미FTA 재협상으로 현대·기아차의 매출이 줄어들 경우 현대모비스의 매출실적도 감소가 불가피하기 때문이다.

도널드 드럼프 미국 대통령은 자국 무역적자의 가장 큰 원인 중 하나로 국내 자동차를 지목하며, 불공정무역의 대표 사례로 꼽은 바 있다. 이 때문에 한미FTA 재협상으로 자동차 관세가 늘어날 경우 국내 완성차업체 중에서 미국 수출 비중이 가장 큰 현대·기아차는 큰 타격이 예상된다.

게다가 국내의 자동차산업의 수직적 구조를 감안해보면 완성차 의존도가 높고 기술력이 취약한 2차, 3차 부품업체들도 큰 손실이 예상된다."41)

---

40) http://news.heraldcorp.com/view.php?ud=20171016000076

41) http://www.asiatime.co.kr/news/articleView.html?idxno=156717

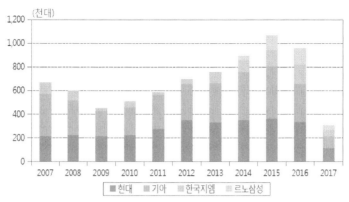

자료 : 한국자동차산업협회.

	2011	2012	2013	2014	2015	2016	2017*	2012~2016 평균증가율(CAGR)
현대	278	363	333	352	368	335	115	3.8
기아	292	312	338	413	438	331	106	2.6
한국지엠	18	28	89	102	142	162	47	55.2
르노삼성	0	0	0	26	118	136	39	-

자료 : 한국자동차산업협회.
주 : - 2017년의 경우, 1~5월 기준으로 집계.

<그림 3-1> 주요 완성차업체별 대미 수출 추이

제2절 FTA의 미래

1) FTA와 한국의 미래

여러 국가가 FTA를 체결하는 이유는 무역장벽을 없앰으로써 자기 나라에 장점이 있는 산업을 더욱 발전시키기 위해서이다. 그러나 동전의 양면처럼 자기 나라가 취약한 산업에 몸담고 있는 사람들은 곤경에 처하게 된다. 예를 들면 한국과 미국에 각각 세 가지 산업 A,

B, C가 있다고 가정해보자. 한국은 A 산업에 강점이 있고, C 산업에 취약점이 있다. 미국은 A 산업에 취약점이 있고, C 산업에 강점이 있다. 한국과 미국 두 나라가 자유무역을 하게 되면, 한국의 A 산업은 부흥의 기회를 가지겠지만, C 산업은 미국의 상품이 싸게 들어와서 어려움을 겪게 될 것이다. 한국은 A 산업과 B 산업만 살아남고 C 산업은 없어질 것이다. 그런데 한국이 인도와도 FTA를 체결한다고 하자. 그런데 인도는 B 산업에 강점을 갖고 있는 나라라고 하자. 그렇다면 한국의 B 산업도 어려움을 겪게 될 것이다. 결국 한국에는 A 산업만 살아남게 될 것이다. 결과적으로 한국은 A 산업에 특화된 나라가 되어서 B 산업과 C 산업은 사라지게 되는 것이다. 이것이 하나의 기업이라면 상관이 없다. 경쟁력이 있는 산업에 집중을 하고, 나머지를 포기하면 되기 때문이다. 그러나 한 국가의 얘기라면 다른 문제다. 왜냐하면 B 산업과 C 산업에 종사하는 사람들을 외국으로 내몰 수는 없기 때문이다. 또한 한 나라의 산업이 이렇게 한두 가지 산업에 특화되면 환경의 변화에 취약할 수밖에 없다. A 산업이 흔들리게 되면 한국 전체가 곤경에 처하게 되는 것이다. 즉, 한국은 A 산업의 경기에 과도하게 영향을 받게 된다. 예를 들어 A 산업이 우산 산업이면, 비가 많이 오는 해에는 큰돈을 벌겠지만, 날씨가 좋은 해에는 큰 손해를 보게 될 것이다. 또한 A 산업의 회사들이 불경기를 이유로 투자를 안 하거나 해외에 투자를 한다면 FTA로 힘들어지는 사람은 많아지는데, FTA로 혜택을 본 산업이 그 과실을 다른 국민들과 나누지 않는 문제가 발생한다. 즉, 경제성장을 하더라도 새로운 고용은 창출하지 못하고, 빈부의 격차는 더욱 벌어져서 사회는 양극화될 것이다.

그렇다면 FTA를 할 상대국은 어떻게 선별해야 할까? 어업을 예로

들어 보자. 가장 좋은 FTA 상대국가는 상대국가에서 경쟁력 있는 산업이 우리나라에는 없는 산업인 나라일 것이다. 예를 들어, 열대어 생산에 강점이 있는 국가와의 자유무역이다. 그다음으로 좋은 국가는 특정 어류에만 강점이 있는 나라이다. 고등어에만 강점이 있는 외국과 FTA를 한다면, 우리는 복고등어는 포기하고 조기에 집중할 수 있다. 가장 피해야 할 나라는 우리나라에서 소비하는 대부분의 어업물에 강점이 있는 나라와의 FTA이다.

많은 국가와 FTA를 체결하는 것은 한 국가와 FTA를 체결하는 것과는 비교할 수 없을 정도로 장기적인 영향을 미칠 것이다. 우리나라가 취약한 산업의 피해는 최소화하면서 강점이 있는 산업이 혜택을 많이 볼 수 있는 소수의 나라만 선별해서 FTA를 추진해야 할 것이다.[42]

2) FTA 영토확장

중국과 미국 등 이른바 주요 2개국(G2)에 집중된 한국의 수출입 등 대외무역을 다변화하기 위해 자유무역협정(FTA)을 유망 신흥시장으로 확대하는 방안이 급부상하고 있다. 이를 통해 대외환경 변화에 따른 리스크(위험)를 줄여야 한다. 최근 문재인 대통령의 러시아 방문을 계기로 유라시아경제연합(EAEU)과의 FTA 추진이 속도를 내고 있는 가운데, 메르코수르(남미공동시장, MERCOSUR)와 멕시코 등 중남미 지역·국가와의 FTA도 본격 추진될 것으로 보인다.

---

[42] http://news.chosun.com/site/data/html_dir/2009/10/26/2009102601869.html

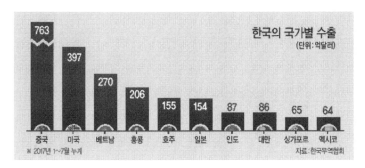

<그림 3-2> 한국의 국가별 수출

　한국의 수출은 '중국이나 미국이 기침을 하면 독감이 걸린다'는
우스갯소리가 있을 정도로 G2에 집중돼 있다. 2017년 1～7월 수출
액 3280억달러 가운데 G2 비중이 35.4%인 1160억달러를 차지했고
우회수출까지 포함하면 G2의 영향력은 더욱 절대적이다. 그러다 보
니 우리경제는 대외환경변화에 취약한 모습이다. 중국의 경기부진
또는 사드(고고도 미사일방어체계) 배치에 따른 중국의 경제보복이
나 미국의 보호무역주의 강화 등 대외 여건이 바뀔 때마다 수출이
타격을 받고 휘청거릴 수밖에 없는 구조다.

　한국은 그동안 수출 시장을 다변화하기 위해 여러 지역·국가와
FTA 협정을 체결하며 이른바 '경제영토'를 확장해왔다. 노무현 정
부 시기인 2004년 칠레와의 첫 FTA 협정 발효를 시작으로 중국·
미국·유럽연합(EU)·호주·캐나다·뉴질랜드·베트남 등 지금까
지 15건(52개국)의 FTA를 체결했다. 한국과 FTA를 체결한 국가는
전 세계 인구의 28%, 총생산(GDP)의 42%를 차지한다. 그럼에도
G2와 베트남·홍콩·일본 등 아시아에 편중된 무역구조는 개선되
지 않아 FTA 영토확장의 필요성이 높다.

먼저 문재인 대통령이 '신(新)북방정책'을 천명하면서 향후 발전 가능성이 큰 유라시아 지역이 주목받고 있다. 러시아, 카자흐스탄 등 구소련 5개 회원국으로 구성된 경제공동체인 EAEU는 인구 1억8000만 명의 초거대시장으로 풍부한 자원을 보유해 성장잠재력이 높은 신흥시장으로 평가된다. 또한 투자·개발도 제자리에 머무르고 있어 블루오션 시장으로 손꼽힌다. 그리고 남아메리카 거대시장인 브라질·아르헨티나 등 메르코수르(남미공동시장, MERCOSUR)와의 FTA는 2017년 3월 협상개시를 위한 공동선언문에 서명하고 4월에는 공청회를 개최하는 등 급진전을 하고 있다. 특히 이 지역은 주요국들과의 FTA체결 사례가 없어 시장 선점효과가 기대되는 유망시장이다.

지난 2000년 첫 물꼬를 튼 이후 답보상태를 거듭하고 있는 한-멕시코 FTA는 2017년 2월 예비협의를 개최하며 협상 재개에 청신호가 켜졌다. 10월 1일 김현종 통상교섭본부장은 데 이까사 멕시코 외교차관을 만나 FTA협상 재개 가능성을 타진하기도 하는 등 '경제영토'를 확장하기 위해 노력하고 있다.[43)]

3) 한미 FTA 제조업 수출효과

트럼프 행정부는 미국 우선주의를 외치며 주요 교역상대국들에 대한 통상압력을 행사하고 있다. 지난 4월 트럼프 대통령은 미국의 무역수지 적자가 상대국의 불공정무역 행위와 연관이 있는 것으로 간주하여, 무역적자의 원인을 상세히 조사하도록 지시하였다. 한국 역시 상당 수준의 대미 흑자를 나타내고 있어 대통령 행정명령에 따른 무역적자 심층분석 대상국으로 지정된 상황이다.

---

43) http://biz.heraldcorp.com/view.php?ud=20170914000437 자료

무역수지 문제와 더불어 2012년 3월 15일 발효 된 한미 FTA의 재협상 요구도 점증되고 있다. 트럼프 대통령은 대선 후보 시절에 한미 FTA 가 일자리를 축소시키는 협정이라고 비난한 바 있다. 최근에는 트럼프 대통령을 포함한 미 행정부 관료들이 FTA의 개선, 재협상, 종료를 공식적으로 거론하고 있다.

한미 FTA의 재협상론이 대두되는 데에는 두 가지 이유가 있다. 먼저, 2012년 FTA가 발효된 이 후 미국의 대한국 무역수지가 악화되었다. 2016년 기준 미국의 대(對)한국 무역적자 규모가 200 억 달러를 초과하는 것도 하나의 이유다. 미국은 자국에 대해 200억 달러 이상의 무역수지 흑자를 기록하고, 편향적인 환율개입이 의심되는 국가에 대한 환율보고서를 반기마다 작성하고 있다(산업연구원, 2017).

한미 FTA의 재협상 요구에 효과적으로 대응하기 위해서는 먼저, 한미 FTA가 우리 수출을 증대시켰는지 정확히 평가할 필요가 있다. 미국 이 문제 삼는 무역수지 적자는 대부분 한국의 수출 증가에 기인하기 때문이다. 한국의 대(對)미 국 수출은 금융위기 직후인 2009년 388억 달러 를 기록한 이래 꾸준히 증가해왔다. 2016년에는 716억 달러를 기록하여 2009년 대비 1.84배 증 가하였다. 그러나 수출에 영향을 주는 다른 여러 변수들이 존재하기 때문에 FTA 발효 이후 무역의 증가를 단순히 FTA의 효과로 보기에는 무리가 있다(산업연구원, 2017).

미국이 문제 삼는 대한국 무역적자가 FTA 발효 이후 제조업의 수출증가에서 기인하는 것은 사실이나, FTA의 관세인하가 우리 제조업의 수출을 견인하지는 않은 것으로 판단된다.[44]

---

44) http://mbn.mk.co.kr/pages/news/newsView.php?category=mbn00003&news_seq_no=3311111

자동차, 일반기계 등 우리 수출이 큰 폭으로 증가한 업종은 미국의 대세계 수입이 증가하는 등 경기적 요인을 지니고 있는 것으로 분석되었다. 또한 주요 수출증가 업종의 실제 관세인하 폭이 크지 않아 관세인하가 대미 수출을 주도하지 않은 것으로 판단된다. 가장 큰 폭으로 수출이 증가한 자동차의 경우 본격적인 관세인하 이전에 수출이 증가한 것으로 분석되었다. 오히려 관세인하보다 기업의 전략 변경이 수출증가에 큰 영향을 준 것 으로 파악되었다.

한편, 미국의 대한국 수입의 상당부분이 우리 기업의 해외직접투자와 관련되 있다. 실제로, FTA 발효 이후 대기업을 중심으로 한국의 대미 국 해외직접투자가 큰 폭으로 증가하였다. 이는 한국과의 교역이 일자리를 감소시키기보다 미국 내 일자리 창출에 기여하였음을 의미하는 바, 무역과 투자를 연계하여 미국의 통상압력에 대응할 필요가 있다.[45)]

4) 한GCC FTA 연내 재추진

143
수출 전체
- 승용차 32
- 자동차 부품 4
- 담배류 4
- 컬러TV 3
- 타이어 3

426
수입 전체
- 원유 281
- 천연가스 60
- 나프타 51
- LPG 10
- 알루미늄괴및스크랩 8

자료:한국무역협회

<그림 3-3> 한국의 대 GCC 주요 교역 품목(단위: 억달러)

---

45) 2017 산업경제 7월_산업포커스

2009년 3차 협상 이후 중단됐던 한국과 GCC(걸프협력회의)의 자유무역협정(FTA)이 다시 추진된다. 2017년 2월 26일 관련 부처에 따르면 기획재정부와 산업통상자원부는 한국개발연구원(KDI)과 한국조세재정연구원에 '한·GCC FTA 체결에 따른 경제 효과 분석'을 골자로 한 연구용역 보고서를 발주할 예정이다. 산업부의 한 고위관계자는 "지난해 말 GCC와 중국의 FTA 협상이 재개됐는데 GCC 내에서 한국과도 협상을 다시 시작해 타결 짓자는 환경이 조성되고 있다"며 "여기에 맞춰 우리 정부도 2009년 협상 중단 이후 공백이 있는 만큼 그 간의 경제 변화를 살펴보기 위해 한·GCC FTA의 타당성 보고서를 발주할 것"이라고 말했다.

GCC는 페르시아만 인근의 아랍에미리트·카타르·오만·바레인·사우디아라비아·쿠웨이트 등 6개 산유국들이 협력을 강화하기 위해 결성한 지역 협력기구다. GCC와의 FTA는 2007년 우리나라 대통령이 중동을 방문하면서 물꼬를 텄다. 2008년과 2009년까지 협상이 세 차례 진행됐으나 GCC가 글로벌 금융위기로 'FTA 모라토리엄'을 선언하면서 중단됐다.

글로벌 금융위기가 끝난 후부터 GCC는 싱가포르(2013년), 유럽자유무역연합(EFTA·2014년) 등과의 FTA를 발효시키면서 분위기가 변하고 있다. GCC는 중국과의 FTA 협상에도 속도를 내고 있는데 우리 정부가 GCC와 FTA를 준비하는 이유다.

GCC와의 FTA는 우리나라로서는 자동차를 포함한 제조업 전반의 수출에 긍정적이다. 또한 GCC로부터 필요한 원유의 66%가량을 들여오는데 관세가 떨어지면 그만큼 정유·석유·화학 업계의 가격 경쟁력도 높아진다. 관세 인하 효과가 한미 FTA(9억3,000만달러)에 버금갈 것이라는 분석도 있다. 2009년 한·GCC FTA가 추진될 당시 원유에 붙는 관세(3%)를 철폐하는 방향으로 추진된 바 있다.

정혜선 국제무역연구원 연구원은 "제조업을 수입에 의존하는 GCC 산업 구조상 승용차를 포함한 우리 제조업 전반의 수출에 긍정적"이라며 "GCC는 오는 2030년까지 6,000만명이 넘는 소비시장으로 성장할 것으로 예상되고 비석유 부문 활성화를 위해 산업도 다각화하고 있어 GCC와의 FTA 체결은 의미가 크다"고 말했다.

한편 한국무역협회에 따르면 지난해 우리나라의 GCC 국가 대상 수입액은 426억달러로 2013년(1,058억달러) 최대치를 찍은 후 줄었다. GCC로부터 원유(281억달러), 천연가스(60억달러), 나프타(51억달러) 등의 순으로 수입을 해왔다. 반면 지난해 수출액은 143억달러다. GCC와는 140억달러에 가까운 무역적자를 기록하고 있다. 수출은 승용차(32억달러), 자동차부품(4억달러), 담배류(4억달러), 선박(2억달러) 등의 순이며 최근에는 담배 수출액이 빠른 속도로 늘어나고 있다.[46]

제3절 소결

한국은 한칠레 FTA 협상타결 이후 'FTA 추진 로드맵'을 수립하여 이를 국제통상질서의 변화에 맞게 수정하고 발전시켜왔으며, 다양한 국가와의 FTA 추진을 통해 가시적인 성과를 달성하였다.

한국은 지역주의에 다른 나라보다 뒤늦게 동참하였음에도 불구하고, 미국·EU 등과의 거대경제권과 FTA협상을 타결하였다. 현재까

---

46) http://www.sedaily.com/NewsView/1OC8UGJ8CI

지 총 15건의 FTA가 발효되거나 협상이 종결되어 지금까지 가시적인 성과를 기록한 것으로 평가된다. 이러한 긍정적인 가시적 실적은 한국경제의 잠재성, 정부의 적극적인 정책 전환 및 추진, 한국의 지정학적 우위 등 다양한 요소에 기인한 것으로 평가된다.

FTA는 궁극적으로 우리의 관심뿐 아니라 우리나라에 대한 상대국가의 상호 관심도 있어야 한다. 여기에 한국경제의 지속성장 잠재력이 높기 때문에 선진 거대경제권의 관심을 획득할 수 있었다. 또한, 동북아에 위치하고 있는 한국의 지정학적 위치도 전략적으로 이용된다. 북미·유럽 등과 함께 동북아지역은 향후 경제의 중심지역으로 발전할 가능성이 매우 높아 이 지역의 국가와 FTA를 체결하는 것은 일개 국가의 경제성장에 전략적으로 중요한 상황이다.

따라서, 현재의 FTA 성과를 바탕으로 현재 협상 중이거나 추진 중인 FTA를 모두 성공적으로 타결하려면, 앞서 지적한 FTA 추진과정에서 남은 과제를 능동적으로 수용한 후 그 비전을 제시하여 추진하여야 할 것이다(강문성, 2009).

FTA 활용도를 제고할 수 있는 방안, 각종 지원대책의 효율성을 제고하는 방안, 다자무역체제를 효율적으로 활용할 수 있는 방안, 자원 및 에너지 외교와 연계하는 방안, 높은 수준의 FTA를 추진하는 방안 등이 심도 있게 고려되어야 할 것이다.

마지막으로 한중 FTA의 중요성과 FTA의 실현성을 고려할 때, 한중간 FTA는 도시간 무역협정이 다양한 차원에서 진행되어야 한다. 특히 사드 사태 이후, 한중간의 정치 냉각화는 경제교류에 영향을 주고 있다. 하지만 인천-위해 사이의 자유무역시범지역으로 지정되었고, 부단히 많은 도시들이 추가됨에 따라, 도시 간 무역협정을 포함한 다차원의 FTA협상이 새로운 출구로 나타나고 있다.

한국의 부산, 인천, 등 항구도시를 포함하여 중국의 대표적인 항구도시 광저우, 상하이, 칭도우, 텐찐 등 도시를 활용해야 하며, 나아가서 베트남 호치민시를 포함하여 동남아를 포함한 다양한 도시들과 연결망을 갖출 수 있는 중국의 허브항구도시와 도시간 무역협정을 추진해야 한다.

토의과제

1. FTA 체결 이후 과제에 대하여 토의하시오.
2. 한국과 중국의 FTA의 미래에 대하여 토의하시오.
3. 한국과 미국의 FTA의 미래에 대하여 토의하시오.

참고문헌

정영진・이재민, 글로벌시대를 위한 신 통상법 및 통상정책, ㈜박영사, 2012.

강문성, 한국의 FTA 추진현황과 추진전략의 남은 과제, CFE Report(자유기업원), No.103, 2009. 10. 09.

2017 산업경제 7월_산업포커스.(2017. 07. 19). 한・미 FTA 제조업 수출효과 재조명.

FTA강국, KOREA. (n.d.). FTA의 개념. 2017년 10월 13일 검색, URL: http://www.fta.go.kr/main/situation/fta/term/

FTA강국, KOREA. (n.d.). FTA 정책요약. 2017년 10월 16일 검색, URL: http://www.fta.go.kr/main/situation/kfta/psum/

FTA1380!FTA종합지원센터. (2017. 09. 20.). FTA 뉴스. 2017년 10월 16일 검색, URL: http://okfta.kita.net/dataRoom.do?method=viewFtaNews&idx=34518&pageNo=1&column=&field=&data_type=&fta_type=&mainNum=0602

관세청 FTA포털. (n.d.). FTA란?. 2017년 10월 13일 검색, URL: http://www.customs.go.kr/kcshome/main/content/ContentView.do?contentId=CONTENT_ID_000002800&layoutMenuNo=30709#none

코리아헤럴드. (2017. 10. 16). 헤럴드포럼. 2017년 10월 16일 검색, URL: http://news.heraldcorp.com/view.php?ud=20171016000076

코리아헤럴드. (2017. 09. 14). 헤럴드경제. 2017년 10월 16일 검색, URL: http://biz.heraldcorp.com/view.php?ud=20170914000437

아시아타임즈. (2017. 10. 16). 산업. 2017년 10월 16일 검색, URL: http://www.asiatime.co.kr/news/articleView.html?idxno=156717

조선일보. (2009. 10. 26). 오피니언. 2017년 10월 16일 검색, URL: http://news.chosun.com/site/data/html_dir/2009/10/26/2009102601869.html

서울경제. (2017. 02. 26). 정책・세금. 2017년 10월 16일 검색, URL: http://www.sedaily.com/NewsView/1OC8UGJ8CI

부록 3-1 FTA 개성공단 조항

4.27 남북정상회담 이후 남북경협 활성화와 개성공단 재개 가능성에 관심이 쏠리고 있다. 개성공단이 재가동되면 개성공단에서 생산, 수출되는 물품에 대한 FTA 활용도 가능해지게 된다.

우리나라의 FTA에서 이 역외가공조항은 개성공단과 관련된 것이다. 즉, 개성공단에서 생산된 제품은 원칙적으로 북한산으로 판정되지만, 개성공단 가동 이후 우리나라가 체결한 FTA에서는 개성공단 생산품이 해당 FTA에서 각각 합의한 역외가공조항을 충족하면 한국을 원산지로 간주하여 FTA 상대국에 관세혜택을 받아 수출할 수 있다.

역외가공조항이 인정되지 않는다면, 개성공단 제품은 FTA에 따른 관세인하의 혜택을 누릴 수 없을 뿐만 아니라, 북한은 WTO 회원국이 아니기에 북한산 제품에 대해서는 MFN(최혜국대우)관세를 적용받지 못한다. 더욱이 미국과 일본 등 일부 국가에서는 고율의 차별관세를 적용하기도 하므로 수출기회가 상대적으로 더 줄어들 수밖에 없을 것이다. 그러나 개성공단 제품에 대해 역외가공이 인정될 경우 개성공단이 가지고 있는 장점 즉, 무관세 반출입, 저렴한 인건비, 신속한 운송 등과 결합하여 FTA 체결국으로부터 특혜관세를 적용받게 되므로 수출경쟁력이 크게 개선되는 효과가 있다.

현재까지의 수출실적 가운데 FTA 역외가공 규정을 활용해 상대국에서 특혜관세 혜택을 받은 비중이 어느 정도인지 정확한 파악이 어렵지만, FTA의 관련 조항이 개성공단 제품의 수출에는 영향을 미치지 못한 것으로 보인다. 역외가공 인정 업종과 개성공단 주요 업종의 불일치 등 여러 요인이 복합적으로 자리하고 있어 개성공단 입주한 수출기업 중 역외가공 규정을 활용한 기업이 거의 없는 것으로 판단되지만, 그렇다고 해서 그간 FTA협상에서 개성공단 제품의 수출을 위해 노력한 결과들을 포기할 수는 없다. 따라서 개성공단이 재개되거나 제2개성공단이 건설된 경우에 대비해 현재보다는 중장기적인 관점에서 제품의 고부가가치화 및 다변화 등에 의한 미래 개성공단의 가능성을 확인하고 FTA 활용 여부를 검토할 필요가 있다.

[출처] FTA 개성공단 조항| 글 이민선 Ciel Plus 관세사에서 요약 발췌
https://blog.naver.com/ftahub?Redirect=Log&logNo=221144484499

제 4 장

한중 FTA 협정의
이슈 및 특징

본 장에서는 한중 FTA 협정의 이슈 및 특징에 대하여 통상산업자원부와 각종 기사자료들을 통하여 살펴본다. 우선 한중 FTA 개요와 진화하는 한중 경제협력 관계를 주요 쟁점과 이슈에 대하여 한중 FTA 협정문의 구성 및 내용으로 살펴본다. 한중 FTA 1주년 평가와 시사점을 (1) 상품교역 일반 평가, (2) 농축산업 평가, (3) 광업·제조업 평가, (4) 전자상거래 평가, (5) 서비스·투자 평가를 중심으로 살펴본다.

제1절 한중 FTA 개요

한국은 급성장하고 있는 중국의 내수시장을 일본과 대만보다 한 발 앞서 선점하여 한중 FTA를 통해 한국 경제의 성장 동력을 마련하였다. 중국에 진출해 있는 2만 개의 한국 기업과 40만 명에 달하는 한국인의 이익 보호를 위한 제도적 구축과 투자 유치를 통한 일자리 창출 방안을 구상한다. 또한, 중국과의 전략적 제휴를 통한 협력관계를 형성하고 북미와 유럽 아시아를 잇는 FTA 네트워크의 구축과 동아시아의 경제통합 과정에서 한국의 주도적 위치 확보하기 위해 추진되었다. 이를 위해 한국은 2004년부터 꾸준한 관심을 보이며 체결을 위해 노력했으며 그 결과 2015년 6월 정식 서명을 통해 한중 FTA가 체결됐다.

아직 확연한 결과가 나오진 않았지만 관세철폐와 비관세장벽, 국제 분업 개선 효과 부분에서 폭넓게 혜택을 받을 것으로 예상된다. 수혜예상 석유화학제품, 기계류 등 11개 업종과 이에 대한 수지, 포장기계 등 세부 17개 업종으로 분석한 결과 관세철폐 부분에선 각종 소비재와 화학 업종에서 높은 혜택을 누릴 것으로 예상되며, 비관세 장벽 완화 부분에서 전자, 전기, 자동차부품 등의 업종, 국제 분업 부분에서 섬유, 농식품 등의 업종에서 높은 혜택을 누릴 것으로 나타났다. 이 중 소비재 부분은 전부분에 걸쳐 폭넓은 혜택을 누릴 것으로 기대된다. 이와 관련 산업통상자원부의 업종별 상세 분석과 분야별 활용 방안을 참고하여 한국의 한중 FTA 활성화에 관한 논의를 살펴본다.[47)]

<표 4-1> 한중 FTA의 업종별, 기대효과별 영향

기대효과 수준	관세장벽 감소/철폐	비관세장벽 완화	국제 분업(밸류체인) 활성화
상	소비재(내구, 반내구, 비내구), 화학	소비재(내구, 반내구, 비내구), 화학, 전자, 전기, 자동차부품, 농식품	전자, 섬유, 농식품, 소비재(내구, 반내구, 비내구)
중	전자, 전기, 자동차부품, 섬유, 철강, 비철금속, 기계, 플라스틱, 고무, 가죽, 농식품	섬유, 플라스틱, 고무, 가죽, 기계, 비철금속	전기, 자동차부품, 석유화학, 철강, 비철금속, 플라스틱, 고무, 가죽

출처: 산업통상자원부

<표 4-2> 한중 FTA분야별 활용 방안 상세 내용

분야	방안	내용
관세	품목발굴 (수출산업화)	○ 관세가 높아 수출하지 못했던 제품의 수출을 시도 - 신규 수출산업화
	수출공정 (품목)조정	○ 동일 업종 내 품목별 관세율 차이를 재검토하여 낮은 관세율 품 목의 수출로 조정 - 예) 기존의 중간제품 수출을 완제품 수출로 전환

---

47) 산업통상자원부, KOTRA, 대학 FTA강좌 참고교재, 2016, pp.125-128.

비관세 장벽	통관	○ 한중 FTA의 통관 원활화 규정을 활용 - (일시반입) 작업용품, 전시용, 시연용, 견본, 스포츠용품등에 대한 무 관세 일시반입 허용 약속을 활용 * 일시반입 관련 국제협약(까르네협정)상의 중국 일시반입 허용범위 (작업용품, 상업용 견본) 보다 확대 - (샘플) 광고, 샘플 목적의 물품 무관세 반입 허용 - (신속통관) 사전 전자서류 제출, 허가 전 반출(담보·증금 지불시), 48시간 내 통관, 보세창고 반입 없이 즉시 반출 - (특송) 중량, 가격 상관없이 별도의 신속 통관 적용
	기술무역 장벽	○ TBT 분야 약속사항을 대중수출에 활용 - 중국 지방정부 조치에 대한 투명성, 일관성 증진 - 적합성 평가절차 내국민대우, 비용, 시간 최소화 - 국제전기기기 국제공인 시험성적서(IECEE) 수용 약속 - 마킹, 라벨링 요구사항 최소화, 사전 등록, 허가 불요구, 비영구적 라벨 허용 등 - TBT 위원회 설치
	경제협력	○ 경제협력(16개 분야) 약속 조항을 대중 수출, 진출에 활용 - (분야) 식량안보, 수산, 산림, 철강, 정보통신기술, 섬유, 정부조달, 에너지, 자원, 과학기술, 해양운송, 관광, 문화, 의약품, 의료기기, 화장품, 지방협력, 산업단지 등 ☞ (참고) 중국은 지방자율성이 크고 지방 간 경쟁이 높아 경제 협 력 약속사항을 대중 수출, 진출에 활용 가능
원산지 관리	원산지규정	○ 원산지 특례규정을 대중 및 대 세계 수출에 활용 - (미소기준) 비원산지 재료가 해당 품목의 세번변경기준을 충족하 지 못해도 모든 비원산지 재료가 상품 가치의 10% 이하로 사용된 경우 원산지 상품으로 인정 - (세트물품) 세트를 구성하는 비원산지 물품 가격이 전체 세트가격 의 15%이하인 경우 세트 전체를 원산지 상품으로 인정
	원산지관리	○ 역내국간 원산지인정 및 FTA 네트워을 활용하여 최적의 생산 및 공급망 구성 추진 - (누적) 상대국 물품 및 재료를 사용해 제품을 생산하는 경우 그 물품 및 재료를 역내산으로 인정 - (FTA 네트웍) 한중 양국의 FTA네트워 지역으로 생산, 공급망 재 구축
	역외가공 (OPZ)	○ 역외가공 제품의 한국산 인정 조항을 수출 확대에 활용 - 310개(HS 6단위) 역외지역 생산품목을 한국산으로 인정

출처: 산업통상자원부

기사 자료 4-1 한중 FTA 2년 '무역액 300조, 무관세 절반 차지'
주요 상품 관세 4차례에 걸쳐 낮춰

한-중 FTA(자유무역협정) 발효 2년째인 지난해 양국의 무역액이 300
조원을 돌파한 것으로 집계됐다. 한-중 FTA 영향으로 지난해 양국 무역액이 2802억6000만달러(302조3444억원)에 달한 것으로 중국 상무부가 발표했다고 24일 현지 언론 신문망이 보도했다.

가오펑(高峰) 중국 상무부 대변인은 "지난해 양국 무역액이 2016년 대비 10.9% 증가한 수치를 나타냈다"며 "양국의 무관세 무역액도 절반을 넘어섰다고 말했다"고 이 매체는 전했다. 한-중 자유무역협정은 지난 2015년 12월20일부터 정식 발효됐다. 협정 발효 이후 양국은 화학, 의류, 신발, 모자, 가전, 농수산품 등 상품의 관세를 4차례에 걸쳐 낮췄다. 가오 대변인은 한-중 자유무역협정은 양국의 기업과 국민에게 실질적인 이익을 가져다 주었다고 논평했다.

출처: 초이스경제, 2018년 05월 24일자,
    http://www.choicenews.co.kr/news/articleView.html?idxno=41685

제2절 진화하는 한중 경제협력 관계[48]

중국은 무역과 투자에 있어 한국의 제1의 경제 협력 대상국이 된 지 이미 오래 되었다. 중국은 현재 한국의 최대 교역 대상국, 최대 수출 대상국, 최대 기업투자 대상국으로 오히려 중국에 대한 경제의존을 염려하는 정도다. 對 중국 투자의 중심은 제조업이며 과거 우회 수출에서 중국의 내수시장으로 전환되었고 중간재 조달 역시 중국 현지 공장으로 이전되었다.

해외 직접투자는 한국기업의 가장 중요한 경영활동으로 제조업 매출 상위 300대 기업 중 273개 기업 조사결과, 그 중 154개 기업 (75.5%)이 중국에 투자하고 있으며 중국에 투자하지 않은 기업은 50개에 불과했다. 해외투자를 하지 않는 기업에 비해 해외투자기업(중

---

48) 삼성경제연구소(2011,4), 연구보고서 "한중 FTA 의의와 주요 쟁점"(p3~5)

국포함)이 매출과 고용에서 상대적으로 경영 성과가 훌륭한 것으로 한국은 제조 기업은 생존을 위해서라도 해외투자를 병행하고 있다.

한국은 철강, 자동차, 석유화학 등 제2·3차 산업에서 비교우위가 있고 중국은 농업 및 노동 집약형 산업에 강점을 가지고 있다. 그러나 곧 중국의 추격이 예상되고 이러한 우위는 오래가지 않을 수 있다. 따라서 한중 FTA를 활용하여 우리나라는 현재 중국시장에서 선점하고 있는 위치를 강화·유지하는 발판으로 삼아야 한다.

1) 한·중 FTA 주요 쟁점과 이슈[49]

세계 경제 환경이 변화하고 있고, 한국과 산업체질이 유사한 대만이 중국과 ECFA를 체결하여 한국으로서는 중국과의 FTA가 절박했다. 중국의 경우, 제조업 발전의 역할모델인 한국과의 FTA체결이 필요했고, 이를 통해 동북아 공동체 구축을 선도해 역내 영향력을 확보해야 할 정치적 필요성이 있었다.

그러나 민간공동연구로부터 실질적 타결에 이르기까지 장장 10여 년 (2005.07~2014.11)이 걸릴 만큼 상품, 서비스, 투자 전 분야에 걸쳐 많은 논쟁이 있었다. 양국 간 민감 품목에 대한 개방여부에 대한 이견(일괄타결 vs 점진적)까지 있었다. 그리고 산업별 양허범위 제한은 한-중 양국 모두 매년 단계적으로 관세를 낮추는 선형철폐 (linear cut)를 도입하고 있다.

공산품 분야는 한국의 경우 자동차, 석유화학, 고가 가전제품 등에서, 중국의 경우 섬유, 식품, 기계 등에서 관세 철폐를 요구할 가능성이 있었고 원산지 분야에서는 개성공단 제품의 한국산 인정 여

---

49) 삼성경제연구소(2011,4), 연구보고서 "한중 FTA 의의와 주요 쟁점"(p27~29)

부, 수산물 원산지 기준, 중국 내 다국적기업의 무임승차 방지 등의
쟁점이 있었다.

농산품 분야는 명실상부한 최대 쟁점으로 중국 측에서 강하게 농
산물 개방을 주장했으며 한국 측은 쌀은 기본적으로 양허를 제외하
고 나머지 농산품에 대해서도 양허를 축소하려는 기조가 강했다. 해
당산업의 민감성 차원에서 중국은 농업에서 비교우위가 있다고 판
단해 협상 전에 양허제외 불가를 주장하기도 했다.

투자자유화 및 인력이동 확대 역시 핵심 쟁점이라 할 만하다. 더
욱이 중국은 서비스산업 경쟁력이 약하고 서비스 시장 개방 정도가
낮아 한국이 규제 완화 및 개방 확대를 강하게 주장하였고 노동력
우위에 있는 중국은 비자면제나 자격 상호 인정 등 인적인 부문에서
자유화를 강력하게 요구하였다.

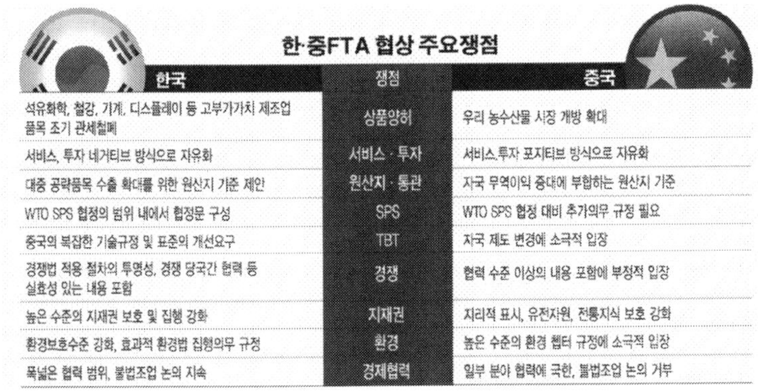

한·중FTA 협상 주요쟁점

한국	쟁점	중국
석유화학, 철강, 기계, 디스플레이 등 고부가가치 제조업 품목 조기 관세철폐	상품양허	우리 농수산물 시장 개방 확대
서비스, 투자 네거티브 방식으로 자유화	서비스 · 투자	서비스 투자 포지티브 방식으로 자유화
대중 공략품목 수출 확대를 위한 원산지 기준 제안	원산지 · 통관	자국 무역이익 증대에 부합하는 원산지 기준
WTO SPS 협정의 범위 내에서 협정문 구성	SPS	WTO SPS 협정 대비 추가의무 규정 필요
중국의 복잡한 기술규정 및 표준의 개선요구	TBT	자국 제도 변경에 소극적 입장
경쟁법 적용 절차의 투명성, 경쟁 당국간 협력 등 실효성 있는 내용 포함	경쟁	협력 수준 이상의 내용 포함에 부정적 입장
높은 수준의 지재권 보호 및 집행 강화	지재권	지리적 표시, 유전자원, 전통지식 보호 강화
환경보호수준 강화, 효과적 환경법 집행의무 규정	환경	높은 수준의 환경 챕터 규정에 소극적 입장
폭넓은 협력 범위, 불법조업 논의 지속	경제협력	일부 분야 협력에 국한, 불법조업 논의 거부

출처: 이투데이

<그림 4-1> 한중FTA 협상주요 쟁점>[50]

50) 김희준, 이투데이(2014.3.25), "한·중 정상, 연내 FTA 타결 희망…농수산물·정치적 부담 관건",
http://www.etoday.co.kr/news/section/newsview.php?idxno=889831#csidx6cf1ac5853f4d99864262d
d81c9888b,

한중 FTA의 공식명칭은 「대한민국 정부와 중화인민공화국 정부 간의 자유무역협정」이다. 협정에 있어 많은 이슈들이 있었으며 일부 이슈는 첨예하게 이해관계가 대립되기도 하였다. 본 장에서는 협정 상의 이슈보다는 상품에 대한 이슈에 초점을 두어 설명하고자 한다. 또한, 협정의 항목들도 중요한 내용들만 발췌하여 소개하고자 한다.

한중 FTA의 경우 농산물, 자동차, ISD, 금융서비스가 최대의 이 슈였다. 농산물 개방은 우리나라로서는 지리적 접근성, 중국산 농산 물의 경쟁력, 생산구조의 유사성을 고려할 때 피해를 최소화하는 것 이 가장 큰 관심사항이었다. 한국의 최대 관심 분야는 자동차와 자 동차 부품이었고, 중국 측에서도 중국 현지에서 생산하는 외제차를 한국에 수출할 수 있는 기회를 얻을 수 있다는 측면에서 관심분야였 다. 그러나 중국 측은 처음부터 자동차 부분에 있어서는 개방 불가 의 입장이었습니다. 따라서 실제 협상에서는 이 분야는 양국모두에 게 민감한 사항이다. 투자분쟁에 있어서도 한국기업으로서는 중국내 투자의 안정성을 확보하는 측면에 있어서 중요한 이슈였고, 중국입 장에서도 한국기업의 인수합병까지 시도하고 있는 상황이므로 중요 한 이슈였다. 금융서비스 부문은 개방 최소화를 원하는 중국과 금융

<표 4-3> 한중 FTA 주요이슈

이슈사안	한국 측 입장	중국 측 입장
농산물 시장 개방	농산물 피해 최소화 지리적 근접성, 소비자선호, 생산구 조의 유사성으로 인해 피해 예상	농산물 시장의 경쟁력을 바탕으로 타 분야 양허 분야를 확대하려고 하였음
자동차	자동차와 자동차 부품 개방	중국 내에서 생산하는 외제차를 한 국에 수출하는 형태로 활용
ISD	중국에 대한 투자에 대한 안전한 회수	한국기업 인수합병까지 시도하는 중국에 대한 대응 필요
금융서비스	중국 자금의 유치와 **환리스크** 헤지 를 위해 금융서비스 시장 개방	금융서비스 분야 개방 최소

시장 진출을 원하는 한국 간 이해가 엇갈리는 분야였다.

최종적으로 전체 농산물 중 품목수 기준 30%, 수입액 기준 40%를 관세철폐대상에서 제외하였다. 기체결 fta 대비 최저수준으로 합의되었고, 쌀은 한중 FTA에서 완전 제외하기로 합의, 고추와 마늘 양파 등 주요 양념채소류와 소고기, 돼지고기 사과, 감귤, 배 등(과실류) 국내 생산 농수산물을 양허제외하며 fta로 인한 시장 개방을 최소화 하였다. 왜냐하면 산업의 어느 분야보다도 국민들은 fta로 인한 농수산물의 피해에 관심을 고 있다. 산업의 민감성 차원 때문에 자동차의 경우 양국의 이해가 첨예하게 엇갈리면서 모두 양허에서 제외하는 형태로 협상이 타결되었다. 금융서비스에 대해서도 FTA 발효 후 2년 내 상호 개방하지 않기로 합의한 분야를 제외하고 모두 자유화하는 방식인 네거티브 방식으로 후속 자유화 협상을 개시하기로 하였다.

2) 한중 FTA 협정문의 구성 및 내용

협정문은 서문과 최초 규정 및 정의, 상품에 대한 내국민대우 및 시장접근, 한국 관세 양허표, 중국 관세양허표, 원산지규정 및 원산지 이행절차, 품목별 원산지 규정, 통관절차 및 무역 원활화로 구성되어 있다. 협정문 구성의 제일 앞에 위치하고 있는 서문과 상품에 대한 내국민 대우 및 시장접근, 위생 및 식물위생 관련 조치, 무역구제, 통신, 전자상거래, 투명성, 지적재산권, 분쟁해결 등과 관련된 조항은 이미 설명한 일반적 내용을 담고 있기 때문에 생략한다.

(1) 상품 양허

한중 양측 모두 합의한 목표 자유화율(품목 수 90%, 수입액 85%)을 상회하는 시장 자유화를 달성하였다. 품목 수 기준으로 중국 측은 전체 품목의 91%(7,428개)에 해당하는 품목에 대해서, 우리는 전체 92%(11,272개)에 해당하는 품목의 관세를 최장 20년 이내에 걸쳐 철폐하기로 합의하였다. 수입액 기준 중국 측은 대한국 수입 85%(1,417억 달러)에 부과되는 관세를 협정 발효 후 최장 20년 이내에 철폐하기로 합의하였다. 다만 국내 생산 주요 농수산물(수입액의 60%) 및 섬유, 베어링, 판유리, 합판 등 영세 중소제조업체 생산 품목을 관세철폐 대상에서 제외하여 관련 산업에 대한 피해를 최소화하였다.

(2) 원산지 규정 및 원산지 절차

원산지 결정에 있어서는 당사국에서 완전 생산된 경우, 원산지 재료를 가지고 당사국에서 생산된 경우, 비원산지 재료를 사용하여 당사국에서 생산되었으나 PSR[51]을 충족한 경우로 구분된다. 완전생산 상품은 당사국에서 출생하고 사육된 살아있는 동물 등 총 10가지 경우에 인정이 되고(제3.4조), 부가가치기준 판단을 위한 역내 가치 비율은 공제법으로 계산하여 원산지를 판정하고(제3.5조), 누적기준(제3.6조), 불인정공정(제3.7조), 미소기준(제3.8조), 대체가능 재료(제3.9조)을 명시하였다. 수출국에서 수입국으로 직접 운송되는 물품에 대해서만 원산지로 인정되며 제3국을 경유하는 경우와 임시

---

51) product specific rule, 교역상품의 국적을 판별하는 기준으로, 제3국에서 수입한 원료를 제외한 부가가치의 비중.

적체되는 경우 일정 조건하에 원산지를 인정받는다(제3.14조). 원산지 증명서는 수출자, 생산자 또는 그 대리인의 신청에 의해 수출당사국의 권한 있는 기관이 자국법령에 따라 발급된다(제3.15조). 수입자는 수입신고 시 서면으로 특혜관세를 신청하며, 수입신고 시 원산지 증명서를 보유하여 자국법령에 따라 제출해야한다(제3.17조). 수입물품의 원산지 여부를 결정하기 위한 검증방식으로서 간접검증 및 직접 검증(방문검증)을 도입하였고, 수입국 세관당국은 수입자에 대한 원산지 정보요청, 수출국 세관당국에 대한 원산지 검증 요청, 방문검증 실시를 할 수 있다.

(3) 통관 절차 및 무역원활화

본 장에서는 양국 간 교역되는 물품에 적용되는 세관 절차와 운송수단을 규율하고 있다. 상품 반출 시에는 전자 서류제출, 48시간 내 통관 원칙 및 부두 직통관제52)를 명시함으로써 한중 무역의 큰 걸림돌이었던 통관문제가 보다 신속하게 될 수 있도록 하는 단초를 마련하였다. 양국은 무역원활화를 위해 절차를 예측가능하고 일관성이 있고 투명성을 보장하도록 하고, 무역업자들이 물품 반출을 위해 필요한 정보를 제출할 수 있는 창구를 마련하기로 하였다(제4.3조). 지역세관의 경우에도 관세법령 이행 시 상호 비일관성의 문제를 방지하기 위해 양국은 적절한 조치를 마련하기로 하였다(제4.4조). 관세 관련 법령 등을 공식 웹사이트에 게시하고 법령 제·개정 시 공표하고 이해관계자에게 의견제출 기회를 부여하도록 하였다(제4.5조).

---

52) 컨테이너화물이 하역된 후 부두 밖의 컨테이너장치장 등으로 재운송 되지(하지) 않고 부두에서 직접 통관되거나 화주가 희망하는 목적지로 직접보세 운송함으로써 컨테이너화물이(을) 신속하게 유통되도록 하는 것

관세평가(제4.6조), 품목분류(제4.7조), 세관 협력(제4.8조), 재심 및 불복청구(제4.9조)에 있어서 WTO 관세평가 협정 및 HS협약 등을 따르도록 하였다. 수입자 및 수출자 등은 수입이전에 세관당국에 원산지, 품목분류 등에 대해서 90일 이내까지 사전심사서를 발급할 수 있도록 하였다. 또한 물품 도착 전에 전자적 방식으로 서류를 제출할 수 있도록 하였고, 도착 시로부터 48시간 이내에 통관을 원칙으로 하고, 금지 제한물품이 아닌 한 보세창고 반입 없이 즉시 반출할 수 있도록 하였다(제4.14조). 특송화물에 대해서는 중량, 가격과 관계없이 별도의 신속한 통관절차를 적용하여 단일 적하목록 제출과 서류최소화를 허용(도모)하였다(제4.15조). 양국은 원산지, 통관 및 무역원활화의 효율적인 이행을 위해 원산지소위원회와 통관소위원회로 구성되는 관세위원회를 설치하기로 합의하였다.

(4) 무역에 대한 기술장벽(TBT)

한중 FTA 협정문에서는 전기용품의 국제적인 성적서를 상호 수용하고, 시험용 샘플통관 등 업계의 TBT 애로사항이 실질적으로 해결되었다.[53] 그리고 타 FTA 협정문에서는 기재되지 않았던 소비자 제품안전, 시험인증기관 설립에 대한 협력 등이 신규로 포함되었다. 또한 지방정부가 TBT 협정 준수를 보장하기 위해서 양당사자가 합리적인 모든 조치를 다한다고 규정하여 중국 지방정부의 기술규정에 대한 투명성을 확보하였다(제6.2조). 적합성평가절차에 대한 내

---

53) 어떤 상품에 대한 표준화제도의 차이에 따라 발생할 수 있는 국가 간 상품이동에 대한 장애를 칭함. WTO '무역에 대한 기술장벽에 관한협정(Agreement on TBT)'의 전문에는 기술적 장벽을 포장, 표시, 등급표시를 포함한 기술규정 및 표준 그리고 적합판정절차가 국제무역에 불필요한 장애가 되는 것으로 암묵적인(으로) 정의를 내리고 있다.

국민 대우(제6.3조 제3항)를 규정함으로써 화장품, 의료기기 등에 대한 적합성평가절차가 개선되었다. 적합성 평가비용과 시간을 필수적인 범위 이내로 제한하도록 함으로써 비합리적 요소가 개선되었고, 적합성 평가 결과를 상호 수용할 수 있도록 기관 간 협력을 촉진하도록 규정함으로써 중복시험 등 비효율적 요소를 제거할 수 있게 되었다(제6.6조 제5항). 전기전자제품에 대해서는 국제공인 시험 성적서를 상호 수용하는 것을 촉진하도록 하였다(제6.8조 5항). 시험용 샘플 통관의 경우 통관 과정 중 시험용 샘플 억류 시 수입자에게 즉시 통보하도록 함으로서 시험용 샘플 통관 억류 문제가 개선되었다(제6.12조). 상대국의 기술규정 제·개정안에 대해서는 최소 60일의 의견 제시기간을 부여하였고, 즉시 공지하도록 의무화하면서 기술규정이 투명성을 얻게 되었다.

(5) 서비스 무역

한중 FTA의 서비스 분야는 제8장 본문과 총 3개의 부속서, 부록으로 구성되어 있다. 한중 FTA에서는 2단계 협상 방식을 채택하여 먼저 Positive 자유화 방식을 채택하여 양허 대상을 설정하고(1단계), 발효 후 2년 내 개시되는 후속협상을 통해 모든 서비스 분야의 개방을 전제로 하고 특정 분야에 대해 시장 개방을 제한하는 Negative 방식으로 전환하기로 하였다. 한중 FTA에서는 원칙적으로 모든 서비스 무역을 대상으로 하되 금융서비스, 연안운송, 항공운송서비스, 정부보조금 및 정부제공서비스에 대해서는 예외를 두었다(제8.2조). 일반적의무로서 시장접근 제한조치 도입금지(제8.3조)와 내국민대우 원칙(제8.4조)를 규정하였다. 중국은 법률, 건축 및 엔지니어링, 건설, 유통, 환경, 엔터테인먼트 분야에서 서비스시장을 개방하였다. 법률시장은 상해 자유무역지대 내에 우리 로펌의 대표사무소와 중국 로펌의 공동사업을 허용하였고, 건설에서도 중외합작 프로젝트를 수주할 수 있도록 허용하였다. (6) 금융서비스 금융서비스는 제9장 본문, 제9장 부속서로 구성하고 있다. 원칙적으로 모든 금융 서비스 공급에 영향을 미치는 당사국의 모든 조치에 적용되지만 공적퇴직연금제도, 법정사회보장제도의 일환으로 이루어지는 서비스, 공공기관 대상 금융서비스, 중앙은행, 통화관련 국가기관, 통화·환율정책을 관할하는 공공기관에 의해 수행되는 서비스는 적용되지 않도록 예외를 두었다(제9.1조) 금융서비스의 일반적 의무로 내국민대우(제9.2조), 시장접근 제한조치 도입금지(제9.3조)를 명시하였다. 투자자가 당사국을 상대로 ISD를 청구하고, 제소 당사국이 건전성 조치를 원용하여 항변하는 경우, 피청구국의 요청에 의해 양 당사국이 건전성 조치 여부를 결정하여야 한다.[54] 양 당사국은 ISD 청구가 제기된 날로부터 180일 이내에 건전성 조치여부를 결정하기 위해 노력하고[55] 그 결정에 대해서는 당사자들은 중재 결과를 수용하여야 한다. (7) 자연인의 이동 자연인의 이동 관련 내용은 협정문 제11장 본문, 제11장 부속서 및 부록으로 구성되어 있다. 부속서는 구체적인 약속, 비자 원활화, 투자 활성화를 위한 특별 약정으로 구성되고, 부록은 계약 서비스 공급자 목록이다.

협정문 제11.2조에는 상호주의를 기초로 자연인의 일시 입국을 원활하게 하고, 절차의 투명한 절차를 마련하기 위해 노력해야 한다고 규정하고 있다. 양국은 비자의 발급과 연장에 대한 절차를 원활

---

54) 김제남, 한중FTA 검증 종합 토론회 : 한중FTA 쟁점과 재협상의 필요성, 2015
55) 이기평 외, 한·중 FTA 분야별 법제이슈 분석·연구, 2015

하게 하기 위해 노력할 것을 약속하고(제11.4조), 일시 입국자에 대해서는 부속서 11-가에 규정된 요건을 충족하는 경우 일시입국을 허용해야 한다.

(6) 투자

투자는 서비스 무역과 함께 후속협상을 추진하기로 하였고 1단계에서는 투자보호조항으로 협정문을 구성하였다. 발효 후 2년 이내에 후속협상에서는 투자 자유화 및 서비스·투자 통합 유보를 작성하기로 합의하였다. 투자와 관련해서는 내국민대우(제12.3조), 최혜국대우(12.4조), 대우의 최소기준(제12.5조), 이행요건 금지원칙(제12.7조)를 규정하고 있다. 수용 및 보상에 있어서 정부는 공공목적을 위해, 비차별적인 방법으로, 적법절차를 준수하며, 지체 없이 수용 당시의 공정한 시장가격으로 보상하는 경우에 한해 투자자의 재산을 수용 또는 국유화 할 수 있다(제12.9조). 투자자는 출연금, 이익, 자본이득, 배당금, 이자, 로열티 등을 자유롭게 지체 없이 송금할 수 있도록 허용하였다(제12.10조). 투자자 국가 간 분쟁해결절차는 투자유치국 정부가 협정상 의무를 위배하여 투자자에게 손실이 발생한 경우 투자자와 투자유치국 정부 간 분쟁에 적용되는 중재절차를 규정하고 있다. 투자자는 상대국을 대상으로 상대국의 법원 또는 국제중재절차 제소 중 하나를 선택할 수 있고 중재판정은 단심제로서 확정력을 가진다. 또한 투자 분야도 서비스 분야와 함께 후속협상을 통해 네거티브 방식으로 약속했다.

(7) 경쟁

협정문을 통해 상대국 정부의 반독점행위 조사 시 우리 기업에 대한 차별적 법집행이 방지되는 등 우리기업의 보호 장치를 마련하게 되었고, 공기업에 대해서도 경쟁법상 의무가 적용되므로 중국 내에서 우리 기업과 중국 공기업 간의 공정한 경쟁이 가능해졌다. 법 제13.2조에서 반경쟁적 행위를 막기 위한 경쟁법과 경쟁당국의 유지 의무를 규정하고 있다. 또한 경쟁법 집행 과정에서 비차별적, 절차적 공정성, 투명성 등 일반 원칙이 규정되어 있다(제13.3조 및 제13.4조). 공기업 및 특별 또는 배타적 권리를 당사국으로부터 부여받은 기업도 경쟁법의 적용 대상으로 포함되었다(제13.5조). 또한 소비자보호법 관련 협력의 중요성을 인정하고 소비자 권익을 보호하기 위해 소비자 보호 관련 정보를 교환하기로 하였다(제13.6조).

(8) 경제협력

양국은 16개 관심분야(식량안보, 수산, 산림, 철강, 중소기업, 정보통신기술, 섬유, 정부조달, 에너지 및 자원, 과학기술, 해양운송, 관광, 문화, 의약품 및 의료기기, 화장품, 지방협력, 산업단지 등)에 대한 다양한 협력활동 및 양국 간 경제협력 위원회 설치에 합의하였다. 중국의 경우 시장 개방이 어려운 분야인 의약품 및 의료기기, 화장품, 관광 등을 일단 경제협력 분야에 포함하고 향후 해당 분야의 시장개방을 위한 논의의 기틀을 마련하고자 하였다.[56]

---

56) 산업통상자원부, KOTRA, 대학 FTA강좌 참고교재, 2016, p.216-222.

<표 4-4> 한중 FTA 협정문 주요 내용

대분류	장별 구분	주요 내용
일반	제1장 최초규정 및 정의	제1절 최초 규정(자유무역지대의 창설, 목적, 다른 협정과의 관계, 의무의 범위) 제2절 정의(정의)
상품 및 시장접근	제2장 상품에 관한 내국민 대우 및 시장접근	제1절 공통 규정(적용범위, 정의) 제2절 내국민대우(내국민 대우) 제3절 관세 인하 또는 철폐(관세 인하 또는 철폐, 동결) 제4절 특별 제도(상품의 일시 반입, 광고 목적가거나 견본으로 사용되는 상업적 가치가 없는 물품의 무관세 반입) 제5절 비관세조치(수입 및 수출제한, 수입허가, 행정 수수료 및 형식, 국영 무역기업, 무역 관련 비관세조치, 작업반 설치, 관세율할당 운영, 시험소 지정) 제6절 제도 규정(상품무역위원회) <부속서 2-가> 관세 인하 또는 철폐 한국관세양허표 일반 주해 중국관세양허표 일반 주해 <부록 2-가-1> 한국
	제3장 원산지 규정 및 원산지 이행 절차	제1절 원산지 규정(정의, 원산지 상품, 특정 상품의 취급, 완전하게 획득되거나 생산된 상품, 역내가치 포함비율, 누적, 최소 공정 또는 가공, 최소허용 수준, 대체가능재료, 중립재, 세트, 포장재료 및 용기, 부속품 예비부품 및 공구, 직접운송) 제2절 원산지 이행 절차(원산지 증명서, 특혜관세대우의 신청, 수입 이후 특혜관세 대우, 원산지 증명서 제출 의무 면제, 기록 유지 요건, 사소한 불일치 및 오류, 비당사국 송장, 원산지 검증, 비밀유지, 특혜관세대우의 거부, 통과 또는 보관중인 상품에 대한 경과 규정, 전자적 원산지 정보 교환 시스템, 원산지 규정에 관한 소위원회) <부속서 3-가> 품목별 원산지 규정 <부속서 3-나> 상품 목록 <부속서 3-다> 원산지 증명서
	제4장 통관 절차 및 무역원활화	정의, 적용범위 및 목적, 원활화, 품목분류, 관세협력, 재심 및 불복청구, 사전심사, 벌칙, 자동화 시스템의 사용, 위험관리, 상품의 반출, 특송화물, 통관사후심사, 비밀유지, 협의, 관세위원회

기사자료 4-2 한·중 FTA 직격탄 인천항 보따리상이 사라진다

인해 칭다오나 웨이하이행 국제여객선 출항 시간이 임박하면 지방 시외 버스터미널 규모의 인천항 제2국제여객터미널은 보따리상들로 늘 만원을 이뤘다. 보따리상들이 들고 다니는 대형 이민가방과 박스가 가뜩이나 비좁은 출국장을 가득 채운 탓에 일반 여행객이 이동에 불편을 느낄 정도였다. 관세법을 엄밀히 적용할 경우 '불법'인 보따리상의 출국 편의를 위해, 인천항 제2국제여객터미널 측이 별도의 '상인 전용' 통로까지 개설한 것은 이러

한 까닭에서였다. 이런 풍경은 한·중 자유무역협정(FTA) 체결로 곧 사라질 것으로 보인다. 한·중 양국은 지난 11월 10일 중국 베이징(北京)에서 한·중 FTA 협상 타결을 선언했다. 한·중 FTA 체결로 연간 87억달러에 해당하는 대중 수출 물품의 관세가 협정 발효 즉시 철폐되며, 458억달러에 해당하는 물품은 발효 10년 후 관세가 철폐된다. 그간 양국 간 관세 차에 의존해 수익을 내온 보따리상의 수입이 줄어드는 셈이다. '한·중 FTA 체결 시 보따리상이 가장 치명타를 입는다'는 관측은 일찍부터 있어 왔다. 일본 공산품 수입으로 인한 무역역조를 막기 위해 설정했던 '수입선 다변화정책'이 지난 1999년 폐지됐을 때도 그랬다. 당시 현해탄(玄海灘)을 오가던 한·일 간 보따리상이 순식간에 자취를 감췄다(그러나 수입선 다변화 정책으로 보따리상이 순식간에 사라졌다고 말할 수는 없다.) 인천항 일대의 보따리상은 예상보다 더 빨리 자취를 감춰 가는 중이다. 제2국제여객터미널과 차로 20분 정도 떨어진 인천시 중구 연안부두로의 제1국제여객터미널에 중국 산동성 옌타이(烟台)에서 출항한 향설란호가 이날 낮 12시30분 입항했다. 짐을 찾아 세관검사를 마치고 입국장에 들어온 사람은 중국인 단체여행객이 대다수였다. 짐 가방은 칙칙한 색의 대형 이민가방 대신 형형색색의 소형 캐리어가 주를 이뤘다. 칭다오맥주와 옌타이 장위(張裕)와인 등 면세주류를 박스째 카트에 옮겨 싣고 입국장을 나가는 사람은 2~3명에 그쳤다. 인천항 보안공사의 한 관계자는 "과거에 비해 보따리상이 많이 줄었다"고 말했다.

출처: 주간조선, 2014년 11월.24일자료에서 요약발췌,
    http://weekly.chosun.com/client/news/viw.asp?nNewsNumb=002333100017
    &ctcd=C05

제3절 한중 FTA 평가와 시사점

1) 한중 FTA 1주년 평가

(1) 상품교역 일반 평가[57]

가. 한중 FTA 발효 이후 총수출입 증감과 비중 변화

한·중 FTA 발효 이후 한국은 중국내 시장점유율 1위를 수성하였으며, 한국의 對중국 수입도 소폭 증가하였다. 2016년 1~10월 동안 중국의 수입시장에서 한국은 시장점유율 1위(10.5%)를 지켰다. 한국의 對중국 수출비중(세계 수출과 비교해서)은 전년 동기대비 큰 변동이 없고, 對중국 수입비중(세계수입과 비교해서)은 1%p 늘어났다.

나. 한중 FTA 발효 이후 수출입(품목의) 다양성 변화

한중 FTA 발효 이후 한국의 대중국 수출에서 총 품목수가 26개 증가하였고, 수입에서 총 품목수가 18개 증가하여, 품목 수량 기준으로 본 수출입(품목)이 다소 다양화 되었다.

HS 10단위 기준으로 전체품목을 분석한 결과, 한중 FTA 발효 이후 대중국) 수출품목 중 농림수산물(32개), 화학공업제품(30개), 철강금속제품(10개) 등이 늘어난 반면, 대중국 수출 중 플라스틱고무 및 가죽제품(3), 기계류(9개), 전자전기제품(27개) 등은 수출품목이 줄어들었다.[58]

---

57) 대외경제정책연구원, 오늘의 세계 경제 vol 16, no. 36 (p5~6).

58) 김영애, 한·중 농산물에 대한 경쟁력 비교 연구 : 농산물 인식도 조사를 중심으로, 배재대학교, 2017.08.

대중국 수입품목을 살펴보면 한중 FTA 발효 이후, 농림수산물에서는 수입품목수가 5개 줄었으나, 화학공업제품(20개), 기계류(22개)등 제조업 분야에서 수입 품목수가 크게 늘어나 전체적으로 수입 다양성이 개선되었다. 특히, 중국 수출입 모두에서 화학제품과 생활용품은 교역품목 다양성 개선에 큰 역할을 했다.

(2) 농축산업 평가[59]

한중 FTA 발효 이후 대중(對中) 전체 수출은 이전 동기 비해 7.8% 증가하여 동 기간 세계 수출증가율(5.5%)보다 높고, 발효 이전 5개년 평균증가율(對중 2.5%, 對세계 1.9%) 보다도 높아 한중 FTA로 인한 수출증가 효과가 입증되었다.[60]

총액기준 역시 최대치를 기록하였고, 증가율(7.8%) 또한 세계 수출증가율 보다 높다. 그러나 축임산물은 수출실적이 좋지 않았다. 반면 중국은 발효 이후 對세계 수입증감률과 발효 전 5년 평균 수입 증감률을 고려하더라도, 대한(對韓) 농축수산임업 총수출은 오히려 감소한 것으로 나타났다.

(3) 광업 · 제조업 평가[61]

한중 FTA 발효 이후, 한국의 세계 총수출 규모가 하락하는 가운데 한국의 광업 및 제조업 분야의 대중(對中) 수출규모가 전체적으로 동반 하락하였다. 한국의 대중(對中) 광업제조업 분야 수출품목 중,

---

59) 대외경제정책연구원, 오늘의 세계 경제 vol 16, no. 36 (p7).

60) 김영애, 한 · 중 농산물에 대한 경쟁력 비교 연구 : 농산물 인식도 조사를 중심으로, 배재대학교, 2017.08.

61) 대외경제정책연구원, 오늘의 세계 경제 vol 16, no. 36 (p8~12).

특히, 전자집적회로(HS 8542), 액정디바이스(HS 9013), 전화기(HS 8517) 등 전자·통신 제품 관련 중간재 수출이 감소했다. 중국경제의 중간재 부품에 대한 자급률이 높아져 가공무역 및 중간재 수입이 줄어든 것이다.

한국의 대중(對中) 투자는 제조업에 집중되어 있고, 중국 현지시장 진출 목적의 투자비중(한국의 對중국 투자의 약 80%을 차지) 또한 FTA 발효 전후(2014~16년)로 급격히 증가했으며 이는 중국에 진출한 한국기업의 중간재 부품에 대한 현지조달 비중이 높아졌다는 방증이다.

한중 FTA 양허에서 초민감품목으로 지정된 자동차(HS 8703)의 경우, 발효 후 對중국 수출실적이 저조한데 이는 국내기업들의 해외 생산 증가에 따른 수출대체와 중국기업의 경쟁력 강화에 기인한다.

그럼에도 불구하고 對중국 상위 30개 품목별로 분석해보면, 성과를 거둔 품목도 적지 않다. 중국의 대한(對韓) 상위 30개 품목(HS 4단위, 2015년 기준)의 수입증가율과 동 품목의 對세계 수입증가율을 비교·분석해 보면 총 17개 품목(57%)에 대해 한국의 對중국 수출 실적이 양호 또는 그 이상이 되는 것으로 평가된다.

(4) 전자상거래 평가[62]

한중 FTA 발효 후, 한국의 對중국 전자상거래 수출규모는 전년 동기 대비 급격히 증가한 데 반해, 수입규모는 소폭 증가하는데 그쳐, 높은 전자상거래 무역수지 흑자폭을 기록하였다.

2015년 1~3분기 對중국 전자상거래 수출액은 약 5,300억 원 규모였으나, 2016년 1~3분기에는 약 6,700억 정도 증가한(전년 동기

---

62) 대외경제정책연구원, 오늘의 세계 경제 vol 16, no. 36 (p12~13)

대비 127%) 1조 2천억 원 규모에 이른다.

2015년 1~3분기 對중국 전자상거래 수입액은 약 820억 원 규모였으나, 2016년 1~3분기에는 약 270억 정도 증가한(전년 동기대비 32.6% 증가) 1,090억 원의 규모다. 이러한 결과는 한중 FTA에서 중국 측의 특송화물 면세제도 도입(기준금액 200달러)은 실현되지 않았으나, 특송화물에 대한 특례조항 등 통관 원활화를 위한 다수의 조항을 포함시킨 노력의 성과이다.

[증가수출품목] : 화장품(165.5%), 의류 및 패션관련 상품(51%), 아동·유아용품(103.2%), 스포츠·레저용품(195.2%), 가전·전자통신기기(104.4%) 등에서 비약적 증가
[감소수출품목] : 음식료품(26.6%), 음반·비디오·악기(33%) 등
[증가수입품목] : 가전·전자·통신기기(96.2%), 아동·유아용품(124.6%), 생활용품 및 자동차용품(49.8%) 등
[감소수입품목] : 서적(23.1%)과 소프트웨어(59.5%) 등

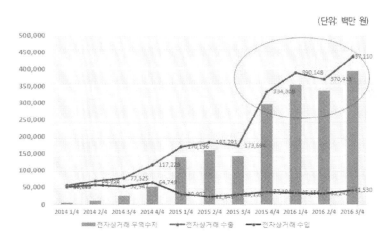

(단위: 백만 원)

출처: 통계청 및 대외경제정책연구원

<그림 4-2> 한국의 대중국 전자성거래 수출 및 수입변화[63]

(5) 서비스·투자 평가[64]

가. 서비스 일반

서비스 교역 현황을 살펴보면 2000년 이후 2015년까지 서비스교역이 큰 상승세를 보였고, 한중 FTA 협상이 개시된 2012년 이후 한국의 對중국 서비스수지 흑자폭이 커지고 있다. 2000년 對중국 서비스수입은 약 20억 달러 수준에 불과하였으나 2015년 서비스수입은 약 205억 달러로 10배 이상 성장하였으며, 對중국 서비스지급액도 2000년에는 약 26억 달러 에 머물렀으나 2015년에는 152억 달러로 증가했다. 2012년 이후 한국의 對중국 서비스수지는 흑자행진을 이어가고 있고, 특히 한중 FTA가 타결된 2014년에는 약 79억 달러 규모의 흑자를 기록하여 최고치를 경신하였다.

가공서비스의 경우에는 적자 폰이 크지만 여행·운송, 지적재산권 사용료 등에서 흑자를 기록하였고, 특히 여행방면의 흑자가 서비스수지 흑자를 견인한 것으로 추정한다. 여행수지의 경우 2011년까지 적자였으나 그 이후 흑자세로 돌아서서, FTA가 타결된 2014년에는 72억 달러 흑자 최고치를 기록하였으며, 2015년에도 그 수준을 유지하고 있다. 특기할 만 한 것은 우려스러운 협상 쟁점 중 하나였던 지적재산권 방면에서 증가를 거듭, 2015년에는 16억 달러 흑자를 달성했다. 향후 네거티브 방식 후속협상을 통해 서비스 시장의 추가 개방을 추진할 계획이다.

---

63) 대외경제정책연구원, 오늘의 세계 경제 vol 16, no. 36 (p12)
64) 대외경제정책연구원, 오늘의 세계 경제 vol 16, no. 36 (p13~17)

나. 대한(對韓) 투자 평가

중국의 對한국 투자는 2009년 이후 가파르게 증가세를 보이는 가운데 한중 FTA 발효를 기점으로 최고치를 경신하였으며, 건당 신고금액 또한 급속히 증가하는 모습을 보였다. 중국의 對한국 투자는 2004년 약 12억 달러 유입을 정점으로 하락세를 보이다가 글로벌 금융위기(2008년) 이후 다시 증가하였으며 한중 FTA가 발효되는 2015년 약 20억 달러 유입으로 최고치를 경신하였다. 중국으로부터의 투자 신고건수는 전반적으로 크게 증가하지는 않았으나, 2009년 이후 신고금액이 급격히 증가하면서 그 결과 건당 신고금액이 가파르게 상승하고 있다.

산업별로 중국의 對한국 투자를 살펴보면, 중국의 對한국 투자는 서비스업에 집중되어 있으나 2013년 이후 제조업에 대한 투자가 지속적으로 늘어나고 있으며, 농축산물이나 및 광물 등 제1차 산업에 대한 투자는 드물다. 2014년 중국의 對한국 서비스업에 대한 투자액은 약 10.4억(87.8%) 달러였고, 2015년에 약 17.4억(88.1%) 달러로 최고치를 경신하였으며, 2016년 1~10월까지 약 9억(54.3%) 달러 정도 투자되고 있다.

최근 5년(2012~16년) 산업통상자원부에서 제공하는 외국인투자기업 정보에 의하면, 등록된 중국기업은 도소매(유통), 부동산임대, 비즈니스서비스 등에 집중적으로 분포 되어있다. 중국의 한국 제조업에 대한 투자는 2004년 한 해 약 11억 달러 정도 유입되었으나, 그 이후 투자실적이 저조하다가 최근 3년 지속적으로 증가하고 있으며, 한중 FTA 발효 이후 2016년 1~10월까지 약 7억 달러(42.5%)가 흘러들어 오고 있다.[65]

---

65) 대외경제정책연구원, 오늘의 세계 경제 vol 16, no. 36

요약하면 중국의 對한국 투자는 2009년 이후 신고금액 기준과 건당 신고금액 기준 모두에서 빠르게 증가하고 있으며, 중국은 한국의 서비스업 분야에 대한 투자를 활발히 진행하고 있다.

다. 대중(對中) 투자

한국의 對중국 투자는 신규법인 수·신고건수가 2006년을 기축으로 하락세가 지속되고 있는 반면 신고금액은 2009년 이후 빠르게 증가하여 2012년 한중 FTA 협상 개시 후 다소 감소하였으나 안정되고 있는 추세다. 對중국 투자건수는 2000년대 중반까지 증가하는 추세를 보였으며, 2006년 신규법인수와 신고건수가 각각 2,293건과 4,708건에 달한 이후 2016년 현재까지 계속적으로 감소하는 양태를 보이고 있다.

비록 신고건수가 2006년 이후 감소세로 돌아섰으나 건당 신고금액은 전체적으로 증가하는 추세이며, 2012년 한국의 對중국 건당 신고금액이 약 35억 달러를 기록한 이후 현재 약 25억 달러 규모의 높은 수준이다.

투자 양상을 살펴보면 한국의 對중국 투자는 2000년 초중반까지 수출 증대 목적에 집중된 반면, 2000년대부터 현지 진출 의도를 가진 투자가 급격하게 늘어났으며, 설립 형태로는 신설법인에 대한 투자가 높고 그 추세 또한 지속되고 있다. 한국의 對중국 투자는 2000년에 수출증대 목적의 투자가 50%에 이르렀으나 그 후 지속적으로 하락하였고, 2000년대 중반 중국 내수시장을 목표로 한 현지 진출 목적의 투자 비중이 급격하게 증가하여, 한·중 FTA 협상 발효 전후로는 80%대 수준을 유지하는 것으로 보인다.

산업별로는 한국의 對중국 투자는 중국의 對한국 투자와 반대로 제조업에 치우쳐 있는데, 2009년 이후 약 30억 달러 이상 규모가 제조업에서 꾸준히 발생하고 있으나 2016년에는 다소 줄어드는 모습을 보였다. 한국의 對중국 투자는 2000년 초부터 제조업 중심으로 지속적인 증가세를 유지하다가 2007년을 기점으로 소폭 하락하였으나, 2009년 이후 다시 늘어나서 한·중 FTA 협상 개시해인 2012년에는 약 51억 달러 규모 제조업 투자가 있었다. 한국의 對중국 서비스 투자는 2007~08년 동안 약 21억 달러 정도였으나 이후 하락 하였고, 2016년에는 최근 3년(2013~15년) 평균 대비 서비스 투자에 약 1.5억 달러 정도 증가한 것으로 집계되었다.

즉, 한국의 對중국 투자는 2009년 이후 신규법인수·신고건수가 지속적으로 하락하였으나 건당 신고건수는 증가하고 있으며, 대부분의 한국기업의 對중국 투자가 제조업 분야에 집중되어 있다. 중국의 내수시장 선점을 목표로 기존법인지분을 인수하기보다는 법인을 신설하는 방법으로 이루어지는 것이 특징적이다.

2) 한·중 FTA 1주년 시사점[66]

첫째, 서비스·투자 방면의 후속협상을 준비해야 한다. 한국이 서비스 교역에서의 강점이 한중 FTA를 통해 증명된 이상, 서비스·투자 후속 협상이 절실하며 이미 2015년 3월 통상장관회담에서 한·중 양국 간의 서비스·투자 확대를 위해 2단계 서비스투자 협상을 연내 열기로 하였으나 이후 진행되지 않았다. 중국은 한중 FTA 체결 이후 뉴질랜드를 비롯 다른 나라와는 높은 수준으로 서비스시장

---

66) 대외경제정책연구원, 오늘의 세계 경제 vol 16, no. 36 (p17~18)

을 개방한바, 한국도 한중 FTA의 서비스·투자 개방 수준을 끌어올리릴 필요가 있다. 동시에 투자자 보호 강화 방안도 추구 되어야 한다.

둘째, 전자상거래 시장 선점하고 전자상거래 관련 인프라를 확충하며 규제를 완화하도록 중국에 촉구하여야 한다. 비관세장벽에 따른 통상 불협화음에 대비하여야 한다. 전 산업에 걸친 중국 측 비관세장벽 조치에 대한 우려의 목소리가 크다. 분쟁이 생길 시, 이를 해결할 방안을 준비하고 양국 통상 당국 간의 별도의 채널을 통한 쌍방의 협력을 공고히 해야 한다.

셋째, 한중 FTA 활용률 높이고 그 과정에 대한 꾸준한 모니터링 필요하다. 산업 당사자의 노력은 물론이고 분야별 위원회, 그룹 활동을 개최하여 충실한 이행을 위한 양국 간의 노력 역시 중요하다. 특히 높은 수준의 지적재산권 보호, 환경에 관한 국제협약 준수가 이루어지고 있는지 지속적으로 들여다보아야 한다. 불법어업과 같은 정치·외교적으로 민감한 사안에 대해서는 원만한 해결을 위해 외교적 대화가 필요하다.

넷째, 경제협력에 관한 양국의 이해도모와 상호협력에 관한 실체적 노력이 요구된다. 인프라, 플랜트 등 상호 기업의 제3국 공동 진출 협력 등 양국 정상간 합의사항 이행을 촉구해야 한다.

다섯째, 향후 관세율 하락에 따른 산업별 경쟁이 극심해질 것이므로 수출상품의 부가가치 극대화를 통해 국내 경제성장에 실질적으로 공헌할 수 있도록 영리한 한중 FTA 활용방안을 연구해야 한다. 단기적인 양적 수출확대 전략보다는 제품차별화와 생산성 향상을 통한 질적인 노력이 수반되는 중장기적 정책이 요구된다.

기사자료 4-3 한중 FTA, 1조 달러 中서비스시장 공략 위해 홍콩 수준 개방 요구해야

한·중 자유무역협정(FTA) 후속 협상과 관련, 중국에 서비스 부문에 대해선 홍콩 수준으로 개방을 요구해야 한다는 주장이 제기됐다. 중국 경제가 질적 성장을 목표로 내수 중심 경제구조로 전환 중이고, 정부 차원에서 대외개방을 확대하고 서비스산업 육성정책을 강화함에 따라 서비스업의 뚜렷한 성장세가 기대되기 때문이다.

전국경제인연합회는 중국경영연구소와 공동으로 3일 서울 여의도 전경련회관에서 '한·중 FTA 후속협상 이슈 점검 좌담회'를 개최하고 향후 협상의 실질적 진전을 위해 이슈별 쟁점 및 투자기업의 애로사항과 정부전략에 대해 논의했다.

배상근 전경련 전무는 개회사를 통해 "제조업 분야에서 우리나라와 중국은 과거 협력자에서 경쟁자로 변모한 만큼 이제 한중 협력의 열쇠는 제조업이 아닌 서비스업에 있다"고 강조했다. 중국은 2015년 서비스산업 성장률(8.3%)이 국내총생산(GDP)성장률(6.9%)을 넘어섰고, 2020년 중국 서비스교역 총액은 1조 달러에 이를 전망이다.

주제발표를 맡은 왕윤종 대외경제정책연구원 초빙연구위원은 "한·중FTA 추가협상에서 서비스무역 자유화에 소극적인 중국에게 홍콩과 체결한 CEPA 중국·홍콩 포괄적 경제동반자 협정 수준의 개방을 요구해야한다"고 주장했다. 중국·홍콩 CEPA는 FTA격인 협정으로 지금까지 중국이 체결한 대외경제협력 협정 가운데 개방의 폭이 가장 넓다.

왕 연구위원은 또한 "우리의 대중국 진출 전략업종과 중국의 민감분야가 겹치는 경우 중국 자유무역시범구(FTZ) 중국 내 자유무역시범구의 우선 개방을 요청하고, 점진적 확대를 목표로 설정해야한다"고 강조했다. 다만 "대부분의 경우 한국의 개방 수준이 높지만 회계·중의학·운송 등 일부 우리가 수세인 업종도 존재하므로, 중국 측의 개방 요구에 대해서도 대응방안을 모색해야한다"고 당부했다.

한재진 현대경제연구원 박사는 "사드 갈등으로 우리 기업이 피해를 볼 때 한중 FTA 투자보호규정은 아무런 역할을 하지 못했다"면서 "후속협상에서는 한국 관광상품 판매 금지 등의 사례가 재발하지 않도록 조치를 마련하고, 롯데마트 영업정지 등의 사안에 대해서도 투자자·국가 분

쟁해결제도(ISDS) 적용 범위에서 법제적 개선이 필요하다"고 밝혔다.

정일환 하나투어 중국글로벌사업본부 본부지원총괄팀장은 "관광서비스는 이미 개방되었지만 한·중 간 개방 수준이 불균형한 대표적인 업종"이라며 "한국 내 중국 기업과 달리 중국 내 한국 기업은 중국 내 중국인 대상 아웃바운드 영업이 불가하며 패키지·호텔·입장권·항공권·외화송금 등 모든 것이 제한되어있다"고 밝혔다.

이에 정 팀장은 "한중 FTA 협정문 중 '아웃바운드 관광협력'에 대한 좀 더 구체화된 양허협상이 필요하다"고 주장했다.

박진우 한국무역협회 통상사업단 과장은 "2015년 양국 FTA로 중국의 시장이 개방됐음에도 인허가 문제 등 실제로는 중국 내 보이지 않는 규제가 많고, 지방 정부별로 이행이 달라 시장 개방 실효성이 낮다"면서 "추가 개방뿐만 아니라 협상결과가 실제로 반영되도록 협상이행 담보 조치가 반드시 마련되어야 한다"고 강조했다.

박승찬 중국경영연구소 소장은 향후 한중FTA 후속협상에 대해 "우리 정부는 관광·문화·의료·법률 시장개방 확대 등을 추진할 것으로 보이나, 중국이 민감해하는 부분이라 결코 쉽지는 않을 전망"이라고 말했다. 이에 따라 "정보기술(IT)서비스 등 과거 한중FTA 체결 당시 촉박한 일정 탓에 차기 협상의제로 넘긴 아젠다를 단계적으로 검토하는 것이 현실적인 대안이 될 수 있다"고 조언했다

출처: 파이낸셜뉴스, 2018년 05월 03일자,
    http://www.fnnews.com/news/201805031039427849

제4절 소결

본 장에서는 FTA에서 빠져서는 안 되는 농산물 세이프가드(ASG), 중국내 비관세장벽 철폐문제, 상품의 관세철폐방식, 원산지 결정기준(PSR) 등을 추가적으로 향후 좀 더 자료를 조사하여 파악할 필요가 있다. 또한 본 단원의 기술 순서도 한중 협정문의 순서대

로 기술하여 항목별 중요도에 따라 (관세양허→원산지규정 등) 추가
자료의 활용과 보완이 필요하다.

토의과제

1. 한중 FTA 개요에 대하여 토의하시오.
2. 한중 FTA 주요 쟁점과 이슈에 대하여 토의하시오.
3. 한중 FTA 평가와 시사점에 대하여 토의하시오.

참고문헌

권혁기-더 팩트(2017.9.29), "[TF프리즘] 도 넘은 중국 방송사의 베끼기...'
프로듀스 101'도 표절", http://news.tf.co.kr/read/entertain/1703156.htm

구경우-연합뉴스(2016.12.8), "[한중FTA 발효 1년] 거침없는 中의 '산업굴
기'...韓, 수출효과는커녕 안방마저 내줄 판",
http://www.sedaily.com/NewsView/1L5AMLY7Q6/

김아람-연합뉴스(2015.11.30), "한중 FTA로 중국 저가 농수산물 유입 '비상'",
http://www.yonhapnews.co.kr/bulletin/2015/11/30/0200000000AKR20
151130101500030.HTML

김지윤-헤럴드경제(2017.10.6), "한류 막아라' 안간힘 쓰던 中...뒤에서는 베
끼기 '뻔뻔'", http://news.heraldcorp.com/view.php?ud=20171006000085

김희준-이투데이(2014.3.25) "한·중 정상, 연내 FTA 타결 희망...농수산물·
정치적 부담 관건", http://www.etoday.co.kr/news/section/newsview.php?
idxno=889831#csidx6cf1ac5853f4d99864262dd81c9888b

민경실·제현정-한국무역협회 국제무역연구원(2016.12), Trade Focus vol 48
"한중 FTA 1주년 평가와 시사점"
file:///C:/Users/zhao/Downloads/TF48.%20%ED%95%9C%EC%A4%
91%20FTA%201%EC%A3%BC%EB%85%84%20%ED%8F%89%E
A%B0%80%EC%99%80%20%EC%8B%9C%EC%82%AC%EC%A0
%90.pdf

박번순·김희년·권혁재·박찬수-삼성경제연구소 연구보고서(2011.4),
"한중 FTA 의의와 주요쟁점",
file:///C:/Users/zhao/Downloads/20110402%20(1).pdf

김영애, 한·중 농산물에 대한 경쟁력 비교 연구 : 농산물 인식도 조사를
중심으로, 배재대학교, 2017.08

산자부-한국경제매거진(2017.10), 함께하는 FTA vol 65

산자부-한국경제매거진(2017.9), 함께하는 FTA vol 64

산자부-한국경제매거진(2017.3), 함께하는 FTA vol 58

산자부-한국경제매거진(2014.12), 함께하는 FTA vol 31

산자부(2015), 한·중 FTA 상세 설명 자료

http://www.fta.go.kr/webmodule/_PSD_FTA/cn/doc/1_description.pdf

산자부(2014), 한·중 FTA 상세 설명 자료

http://www.fta.go.kr/webmodule/_PSD_FTA/cn/doc/1_description.pdf

이규원·이주원·정민철-대외경제정책 연구원, 오늘의 세계경제(2016.12) vol 16-no.36

"한·중 FTA 발효 1년의 평가와 시사점",

file:///C:/Users/zhao/Downloads/%EC%98%A4%EC%84%B8%EA%B 2%BD-%EC%A0%9C16-36%ED%98%B8%20(1).pdf

제5장

한중 FTA와
귀금속 무역 네트워크
Korea-China FTA and
Jewelry Trade Network[*]

This chapter analyzes the trading structure of the HS 71 (precious metals) in a specific year, reflecting the flow of the world precious metals trade network and the complexity of the trade structure through a free trade agreement (FTA)Especially, we can grasp the status and change of network trade center of HS 71 (precious metal) according to Korea-China FTA by focusing on China and mainly focusing on network centrality analysis.

In particular, the degree of exports of HS 71 (pearls, precious stones, semi-precious stones, precious metals and their products, imitation jewelery, coins) to the export markets of the United States, Belgium and the United Kingdom in 2003 and Switzerland, Hong Kong, The influence gradually changed. The degree of consolidation of HS 71 (imports and exports) has changed from Switzerland, Belgium and India in 2003 to Switzerland, the United Kingdom, the United States, India and China in 2014.In addition, export trade Closeness was highest in India, Germany and the UK in 2003, followed by China, Germany and Thailand in 2014.The import trade Closeness network centrality changed from China, the United States and France in 2003 to China, the United States and India in 2014.

In addition, HS 71 (exported trade network) betweenness center changed to USA, Switzerland and China in USA, Germany, and UK in 2003.In 2003, the US, Germany, and the United Kingdom changed to the US, Italy and Canada in 2014.HS According to the aggregation of the precious metal trade network in Chapter 71, the rank of Korea in terms of degree of connection, Closeness, and betweenness center is falling, but China is generally in the upper group and confirmed. In addition, these network centrality ranks will help to develop active policy and to develop countermeasures and marketing strategies.

---

* Modification and addition from Lee, Kyung-Min, and Chun-Su Lee, "A Study on the Precious Metal Trade Network of HS 71, Using Social Network Analysis," *Korean Trade Insurance Review*, Vol. 17, No. 3, 2016, 123-145.

Section 1 General

1) Background

Trade around the world is increasingly promoting mutual trade in many areas such as services, investment, intellectual property rights, government procurement, and electronic commerce in the FTA, which is dominated by existing commodity trading. The profitability of the FTA depends on the industrial competitiveness of the reciprocal countries. The Korea-China FTA took effect on December 20, 2015 and an additional 2-step tariff reduction was implemented. The government expects to have a positive effect as the free trade agreement with China, which is Korea's largest trading partner, becomes effective and the price competitiveness of Korean companies is strengthened and China's entry into the service market is realized. However, it is expected that there will be a large temperature difference in the parts industry. In particular, the domestic precious metal industry, which manufactures precious metal products through the Korea-China FTA, poses a great concern (Lee, Kyung-min, 2016). In addition, high-value-added industries with the highest level of handicraft technology can be encroached into the floods of low-priced products in China, and exports to the Chinese precious metals can be discriminated against in terms of price competitiveness due to high tariffs.

HS According to the export / import trend of Chapter 71, Korea depends on importing most of the gems including gold, which is the raw material of precious metals. The shortage and lack of natural resources in Korea can be somewhat disadvantageous in terms of price competitiveness in the world market. However, this can be overcome by expanding the market into a high-value-added industry that places great value on the processing of precious metals.

Due to the Korea-China FTA, the size of exports and imports of Korean and Chinese precious metals may change not only in the Parties but also in the global export and import rankings. Therefore, in order to apply the FTA to the export / import business, the understanding of "origin standard" and "customs concession" should be given priority. In this regard, should check the Korean and Chinese tariffs for Schedule 71. Most jewels, including gold, which is the raw material of precious metals, depend on imports, so they must cope with the big frame of origin standards through manufacturing and design. All FTA agreements concluded by Korea have adopted HS 4 or 6 unit change criteria. However, in the case of category 71, the standard for full production, 2 units, and 4 units and 6 units are adopted.

2) Main contents

According to Euromonitor data in China, gold is more than 60% of the year, gold is more than 10%, platinum and silver are the next rankings, based on the quality jewelery raw materials. Gold has traditionally been a representative color of the Chinese imperial family, and it has been shown to be attractive for cash and easy to cash, which is preferred by Chinese people for gold (KOTRA, 2018). This chapter is a basic study for market research which is a preliminary start of trading of precious metals. It aims to provide basic data for establishing the advancement plan for export of precious metals for the years 2003, 2010 and 2014, which are the time of the conclusion of important FTAs. First of all, it is necessary to clarify the global network structure of the precious metal trade and identify and analyze it through appropriate social network analysis. The analysis and visualization of network centrality in terms of ground level focuses on the significant differences between 2003 and 2014.

Article 5-1 Korean abandoned 'Korea abandoned' in Korea-China FTA

The domestic jewelry industry is facing a crisis. This is because the Korea-China FTA, which came into effect at the end of last year, is expected to become 'extreme poisoning'. According to the Korea Precious Metals Jewelry Manufacturers' Association, the main products of Korean jewelery products, 'Jewelery ornaments' (HS Code No. 7113) and' Gold and silver ware and their parts' (HS Code 7114) % Of import tariffs from China were completely eliminated.

On the other hand, the tariff rate of 25～35% of the same items exported from Korea to China is to be abolished equally for 10～15 years or excluded from the concession items. Although tariffs on Chinese products imported into Korea are immediately abolished, the tariffs on the Chinese side, which apply to the export of Korean products to China, will be abolished only after 10 years.

According to the actual Korea-China FTA agreement, Korea's bancassurance standards are fully open to 34 items except for custom-made ornaments and gold-silverware products, while China's bancassurance standards exclude 9 items from the bancassurance standards. Of the total number of items for 15 years, and for one item for 10 years. The Korea-China FTA concluded that the jewelry industry in Korea was a 'discarded card'.

Recently, the Chinese jewelery market is rapidly expanding. Yano Economic Research Institute, China's jewelry market in 2013 was $ 52.7 billion, up 5% from the year 2012, ranking second in the world after the US ($ 59.4 billion). Given that the global jewelery market is worth $ 206.2 billion by 2013, it accounts for 25%.

Chinese jewelery products are also expanding in domestic market. According to the Korea Trade-Investment Promotion Agency's import and export statistics, imports of "personal belongings" and "gold and silver handicrafts and their parts" totaled $ 326 million last year. Although slightly smaller than $ 375 million in 2014, the weight has grown 13% from 2014. It is said that the amount has been reduced only by external environment requirements such as exchange rate. Chow Tai Fook, a jeweler with more than 2000 stores in China, recently announced his intention to join the Korean Jewelery Industry Association in order to enter the domestic market.

Lee Jae-jae, chairman of the Korea Jewelery Industry Association, said, "It is true that domestic jewelry technology is still five years ahead of China. However, as the Chinese government invests heavily in the jewelry market, He added, "It should be noted that the Taiwanese jewelery market has been inundated since China and Taiwan strengthened bilateral cooperation." (Source, Summary of Excerpts from Weekly Trade 2016.01.29.)

Section 2 Theoretical Background

1) World precious metals trade

According to a report by the Japan Yano Economic Research Institute on the world precious metal market, the global market size in 2014 was estimated to total 209.7 billion dollars (about 243.1 trillion won). It was 1.9% higher than in 2013, and other Asian precious metals, including China, Japan and Korea, were 23.4% higher than the US $ 76.6 billion in Europe and North America.

The total precious metal market increased 66.4% compared to 2009, and the Asian market is growing rapidly in terms of market size, with China showing a rapid growth of 102.7%. There are various reasons behind the remarkable growth of China, but the most prominent strengths are labor and capital, support for the development of the precious metals special zone of the Chinese government, one-to-one roads made after the last letter of the land silk road economic belt and the sea silk road, Of construction. The expansion of national cooperation and the will of the Chinese government to actively promote economic, financial, human and cultural exchanges have meant the expansion of economic territory and active free trade negotiations have played a major role. In this chapter, the present status of the precious metal industry was identified in order to establish a bridgehead for continuous economic growth in Korea, the second year of the Korea-China FTA. As an index of the precious metal trade, HS Code, which is a classification code for goods classified as a foreign trade product, was used in accordance with the international uniform product classification system.

The goods that are traded all over the world are classified as one item number (HS Code) for one item in accordance with the International Uniform Product Classification System (HS) established by the World Customs Organization (WCO) Up to 6 digits must be used internationally, and the remaining seats can be used in each country for customs and statistical purposes. If the HS code is incorrectly classified, high tariffs may be levied, concession tariffs may be rejected, and customs tariffs may be incurred. HS Code Classification System HS Code 71 includes coins, precious metals and their products, precious stones, semi-precious stones, imitation jewelery, and pearls.

Looking at the trade statistics of Korea Customs Service, the exports and import trends of the HS 71 class precious metals trade in Korea over the past decade show that exports are decreasing by 2015 and that imports and exports cross each other in 2014. First, export and import trade trends by item (HS Chapter 71) and by year (2006~2015) are as shown in Figure 1. As of 2015, trade deficit decreased by 467,456 thousand dollars compared with the 2014 trade balance, resulting in a deficit of 274,452 thousand dollars. China is the largest competitor in the Republic of Korea due to its geographical nature, while HS 71 is a deficit of $ 34,348 thousand compared to the previous year (Figure 2).

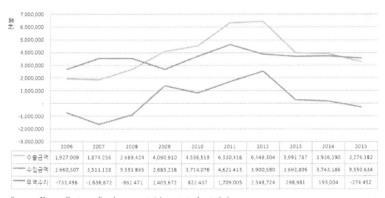

	2006	2007	2008	2009	2010	2011	2012	2013	2014	2015
수출금액	1,927,009	1,874,256	2,669,424	4,090,910	4,536,513	6,330,418	6,449,304	3,991,787	3,936,190	3,276,182
수입금액	2,660,507	3,511,128	3,531,895	2,685,238	3,714,076	4,621,413	3,900,580	3,692,806	3,743,186	3,550,634
무역수지	-733,498	-1,636,872	-862,471	1,405,672	822,437	1,709,005	2,548,724	298,981	193,004	-274,452

Source: Korea Customs Service export / import trade statistics

<Figure 1> Trend of export / import trade in Korea HS 71

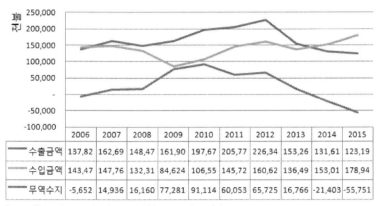

	2006	2007	2008	2009	2010	2011	2012	2013	2014	2015
수출금액	137,82	162,69	148,47	161,90	197,67	205,77	226,34	153,26	131,61	123,19
수입금액	143,47	147,76	132,31	84,624	106,55	145,72	160,62	136,49	153,01	178,94
무역수지	-5,652	14,936	16,160	77,281	91,114	60,053	65,725	16,766	-21,403	-55,751

Source: Korea Customs Service export / import trade statistics

<Figure 2> Korea-China HS Chapter 71 Export / import trade trend

2) Korea-China FTA and HS Chapter 71

With the entry of the Korea-China FTA in December 2015, Chinese precious metals based on low production costs can encroach on our market, which can accelerate the hollowing of the manufacturing sector. However, in terms of the domestic precious metal industry, the Free Trade Agreement makes it possible for some of the domestic market to be eroded due to Chinese products, but it is favorable for opening up the Chinese market where precious metal products with domestic competitiveness are available. Of course, exports alone can not be the perfect solution to activate the domestic precious metal industry. However, if various efforts and exports are combined to defend the domestic market, Korea's precious metal industry will be able to secure a higher competitiveness in the future.

The crux of the free trade agreement is to take advantage of tariffs and to be competitive in the market with price competitiveness. Therefore, in order to benefit from the FTA, it is essential that the "origin standard" and the "tariff concession" meet. If the customs duties are applied, it is possible to obtain price competitiveness as much as the tariff part of the importing country if a Korean precious metal company exports the products produced in the country to the country where the free trade agreement with Korea is concluded. In order to receive exclusive tariff preferences between such Parties, they must demonstrate that the goods being traded are produced in the Party to the Convention. China is HS (Seventh) No. 7113, and No. 7114 is the revision standard (CTH) of 4 units.

'Origin' means the nationality of the exported or imported goods, in the case of precious metal products, means the country where the manufacture and processing are carried out. There are various types of regulations to prove origin of origin as follows: 'Complete production standard', 'tariff change standard', 'value added standard' and 'processing process standard' as follows. In order to supplement each standard, there are supplementary standards such as 'intermediate rules', 'micro standards', 'cumulative standards', and 'process rules not originating in origin'.

Singapore, Chile and EFTA do not have as much impact on Korea's precious metal industry as the United States or ASEAN countries in comparing the FTA countries' origin criteria, but they are also exporting and importing to these countries and diversifying export channels .

China has applied the standard tax rate of 20~35%, or 10 years and 15 years of equality has been abolished. In Korea, it is made of 7113.11-0000 kinds of silver at the standard rate of 8% (whether or not other precious metals are plated or coated) 10 years of equal abolition, 7113.20-1000 platinum plated, five years of equal abolition, the rest was completely eliminated.

Korea opened its bracelets and broaches, precious and semi-precious stones and imitation rings, precious metal articles, platinum precious metals and gold precious metals at the same time as the FTA was fermented. The jewelers decided to open jewelry, such as diamonds, rubies and sapphires, and unprocessed cultured pearls equally (Korea-China FTA Agreement). The silver and gold bars, which are the raw materials of the precious metal products, are opened immediately after fermentation, and palladium, rhodium and platinum are five years old, and gold and silver ballet, Respectively. In China, gold precious metals (excluding diamonds) and imitation precious metals were equally opened for 10 years after the FTA came into effect, and precious gold and silver precious metals (with or without diamonds) loaded with diamonds were equally opened for 15 years. However, it has been concluded that the standard tax rate of 35% is levied even if the FTA is put into effect by excluding platinum-based precious metals, platinum, silver and gold articles, pearl products, precious and semi-precious stones, Korea - China FTA Agreement).

3) Literature Review of Precious Metal Trade and Social Network Analysis

Kim Hyun-Ok (2016) analyzed the export and import status of precious metals in Korea and suggested a marketing strategy to spread the value of Korean precious metal products through reproduction of Korean Wave. Son Yong-Jung (2015) analyzed the results of the FTA rules of origin regulation. In addition, the study analyzed the rigor of the rules of origin in each free trade agreement. In addition, according to the study by Kim Seung-Jin (2015), a comparative analysis of value-added trade before and after the free trade agreement showed that the creation of an additional standard trade by the formation of the Korea-China FTA was increased and most of it was created by China .

The structural characteristics of the social network analysis means that the network with the characteristics of a narrow world, Pareto law, spreads to the global level and penetrates the network into all areas of society (Lee, Kyung-Min, 2016). Typical specialized software are NetMiner developed in Korea and UCINET and Pajek in overseas. Fagiolo, Reyes & Schiavo (2009) viewed linkages between countries as symmetric and weighted trade networks that can be added by the trade flows of the export / import averages rather than by the amount of trade flows (Kim, 2013).

Im Byeong-Hak (2012) conducted an analysis of final goods and intermediary trade networks in North America and Latin America, confirming that trade networks are different. We identified the network centrality of trade between North America and Latin America and identified the network core and surrounding countries. Kim Sung-Guk (2013) analyzed the effect of the betweenness centrality by analyzing the fisheries trade network through social network analysis and predicted that Korea will prepare for intense competition in international competition in the future. Park Ji-Moon et al. (2015) used the analysis of the degree of centrality and betweenness centrality through the analysis of trade network centrality to measure the influence of mutual centrality between a network-centered country and its neighboring countries Respectively.

Article 5-2 "Korean luxury brand to rub the market"

Overseas luxury jewelery brands have grown rapidly since entering the Korean market. We will look at the success strategies of these brands that are leading trends in the high-end market and the world of high-end investment.

There are three major groups that hold the world luxury market. The largest scale is the Louis Vuitton Moe Hennessy (LVMH) group in France. In 1876, after the merger of France 'Louis Vuitton Fashion House' and 'Mohe Hennessy', he took over the world's luxury brand. Chaumet, Bvlgari, De Beers, and Fred.

The Swiss-based Richemont Group has grown tremendously with jewelery and watches. Headed by Johannes Rupert from South Africa, this brand has exclusive watch brands such as Cartier and Van Cleef Arpels, as well as high-end watch brands such as Piaget, Vacheron Constantin, IWC and Yegur Kultur. The careers led by François Henripino (who changed his mission from PPR to Careing in 2013) are more famous for the Gucci group. It owns the French boucheron as a jewelry brand, and has become a jeweler by acquiring Italy's Pomelato, Dodo, and Kirin of Hong Kong in turn. Yong Sung-Won Yoon Sungwon Professor, Jewelry Department, Hanyang University Graduate School of Engineering (Jewelery Consultant) writes "Jewel, tempts the world" through "Chopard in Switzerland, Tiffany in the United States, Graff in England, Houses.". These global luxury groups and jewelery brands are eyeing Europe and emerging Asian markets. We will focus on Korea as a strategic battleground for overseas luxury brands. Korea Economic Magazine, February 11, 2016, "The Korean Market Rumble Luxury Brand" (excerpt from the summary at http://magazine. hankyung.com/apps/news?mode=sub_view&nkey=2016020500129084472)

Section 3 Analysis of social network analysis and centrality

1) Social network analysis method

Kim, Yong-hak (2011) defined social network network theory as a theory that extends the description of the analysis object from independent property to relational property. Social network analysis assumes that individual behavioral entities are interdependent. It is mainly used to derive the structural patterns and network characteristics between entities.[68] However, traditional statistical techniques analyze the assumption that individuals of individual actions are mutually independent.

---

68) The concept of social network theory, that is, the concept of centrality of network analysis method, and the formulas related to it, refer to the book of Kim Yong-Hak, Social Network Theory』, Park Yeong-Sa (2011) and Son Dong Won, 「Social Network Analysis」 and Gyeongmunsa (2002).

In this chapter, we use UN Comtrade statistical data to identify the FTA statistical information, export / import statistics trends, and network structure provided by the KCS. These data are commonly used in international trade and are internationally uniform product classification, providing export / import / re-export / import data between countries by HS (Harmonized System) unit. However, since there is no mention of the re-export / import weight or amount, it is somewhat difficult to use the data as export data. The statistics used in this chapter are based on HS Code 71 (precious metals). In the centrality analysis, the countries that play the role of nodes are based on the year before the entry into force of the Korea-China FTA, which is the year before the entry into force of the Korea-China FTA, And selected as nodes for all countries that export and import precious metals.

<Table 1> Number of nodes subject to export / import criteria

(unit: number)

	2003(year)	2010(year)	2014(year)
HS 71(export)	236	237	238
HS 71(import)	227	233	240

<Table 2> Number of links subject to export / import criteria

(unit: number)

	2003(year)	2010(year)	2014(year)	Total
HS 71(export)	55,696	56,169	56,644	168,509
HS 71(import)	51,529	54,289	57,600	163,418

As a weight of Link 71 Category HS, the amount of export and deposit (KRW thousand) between countries was used, and a Link List was constructed through a matrix structure. Matrix structure is a way to place precious metals trade nations in the source node and the target node and place the export amount or the import amount at the intersection of row and column.

2) Analysis of the centrality of precious metal trade

(1) degree centrality analysis

In the precious metal trade network analysis, the degree centrality which is the regional centrality index was used. Degree centrality, which indicates network cohesion, is useful for determining the size and proportion of precious metals by measuring the number of connections or relationships that a particular entity makes directly with other entities within the social system (Kim Won-Jin, 2010).

The degree centrality used in this chapter is the connected intensity of one node i of the network. It is called neighboring nodes where one node is directly connected. In this case, Link value) is called the degree of the node. The method of measuring the density of a node by degree is expressed by the link ratio existing among the possible links in the network. First, the simple and intuitive degree centrality increases the connectivity centrality as the number of directly connected neighbors increases. You can also measure the magnitude of direct influence. If the number of directly connected neighbors is a directional network, the In / Out Degree Centrality is measured (Kim, Seon-Guk, 2010).

In this chapter, Spring Map is used as a visualization method to estimate the movement of trade networks and influence of neighboring countries and central countries. Node Layout was applied to Kamada & Kawai. The Kamada & Kawai method is suitable for grasping the structure by optimizing each node pair to have the most ideal distance by arranging all node pairs to be proportional to the shortest path distance between them (Lee, Kyung-Min, 2016).

- Degree centrality analysis of precious metal export network

As a result of the centrality analysis of export trade, the degree centrality was ranked in order of USA, Belgium, Israel, Hong Kong and India in 2003. The Republic of Korea and China had almost equal positions in 14th and 15th respectively, but the gap between Korea and China has been widened due to the rapid growth of China since 2010. This growth marked a remarkable gap between the two countries in 2014. In addition, Switzerland and Hong Kong continue to grow steadily, ahead of the US, the world's top exports by 2014. On the other hand, the export trend of precious metals in Korea is on the decline, and the price competitiveness of China imported by the Korea-China FTA concluded in this period can predict a sharp decline in the export industry of precious metals in Korea.

	# of Links	Density
2003년	5,638	0.102
2010년	6,779	0.121
2014년	6,950	0.123

The relationship of trade networks between countries can also be observed through density. It is also an indication of how close the network is to the network. World precious metals HS Chapter 71 The density of export trade shows that trade with more and more countries is increasingly active and density indicators are gradually increasing (Lee, Kyung-Min, 2016).

<Table 4> World precious metals HS
Chapter 71 Degree centrality analysis of export trade

(Unit: thousand dollars)

NO	2003(year)		2010년(year)		2014년(year)	
	Country	Degree	Country	Degree	Country	Degree
1	USA	64,816,229	USA	219,248,456	Switzerland	389,229,490
2	Belgium	54,355,657	India	137,561,712	China, Hong Kong SAR	347,703,391
3	United Kingdom	52,377,670	United Arab Emirates	134,650,313	USA	270,420,343
4	Israel	51,055,766	China, Hong Kong SAR	133,739,757	China	266,666,799
5	China, Hong Kong SAR	48,517,540	United Kingdom	127,404,765	United Kingdom	226,288,119
6	India	45,385,689	Belgium	83,398,515	India	171,744,913
7	Switzerland	24,155,579	Canada	79,970,326	United Arab Emirates	168,291,341
8	South Africa	22,531,387	Israel	71,471,458	Belgium	98,379,927
9	Italy	21,878,707	Germany	64,910,498	Israel	89,099,198

10	Australia	18,405,578	Switzerland	61,331,951	Canada	86,715,982
11	Russian Federation	17,072,582	Australia	60,355,554	Germany	59,741,929
12	Canada	16,260,719	China	53,162,544	South Africa	59,304,288
13	Germany	15,263,404	South Africa	49,802,817	Italy	56,911,951
14	Rep. of Korea	14,320,169	Japan	49,767,516	Australia	56,516,152
15	China	14,022,770	Thailand	49,372,002	Russian Federation	49,979,637
16	Botswana	12,677,063	Italy	46,745,818	Japan	43,048,590
17	Thailand	10,741,805	Mexico	38,808,665	Thailand	42,529,342
18	Peru	9,956,937	Peru	33,842,161	Singapore	34,408,199
19	United Arab Emirates	9,526,447	Singapore	32,146,774	Mexico	32,986,283
20	Japan	9,169,620	Russian Federation	30,864,395	Turkey	32,559,559
21	France	8,283,411	Rep. of Korea	19,209,198	France	30,462,229
22	Singapore	7,465,690	France	18,553,486	Botswana	28,543,670
23	Mexico	4,538,277	Turkey	15,883,873	Peru	25,649,346
24	Ghana	3,630,917	Ghana	14,276,210	Indonesia	19,612,588
25	Turkey	3,448,359	Botswana	13,856,895	Rep. of Korea	16,539,139
26	Malaysia	3,337,170	Other Asia, nes	13,087,305	Brazil	12,131,292
27	Colombia	3,033,388	Viet Nam	11,998,660	Malaysia	11,518,984
28	Brazil	2,444,803	Malaysia	11,213,940	Other Asia, nes	10,075,488
29	Mali	2,410,500	Colombia	9,809,625	Spain	9,596,033
30	United Rep. of Tanzania	2,091,830	Argentina	9,568,194	Argentina	8,732,199
평균	2,586,634		7,825,028		12,177,517	
표준편차	9,028,696		25,543,767		47,753,458	
최소	0		0		0	
최대	64,816,229		219,248,456		389,229,490	

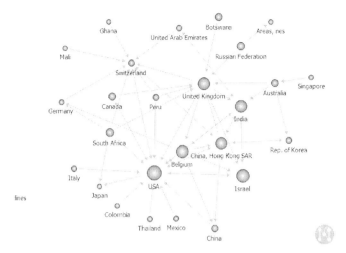

<Figure 3> The World Precious Metals of 2003 Chapter 71
The centrality structure of export trade

<Figure 4> HS 2014 World Precious Metals Chapter 71
The centrality structure of export trade

- Degree centrality analysis of precious metal import network

As a result of the centrality analysis of imported trade, degree centrality was ranked in the order of Switzerland, Belgium, India, South Africa, Israel, and Britain in 2003. Switzerland, India, the United Arab Emirates, South Africa and the United States in 2010. While Switzerland continues to be No. 1 in 2014, the degree of centrality of our country's precious metal import network is on the decline.

<Table 5> World precious metals HS Chapter 71 Density analysis of import trade

	# of Links	Density
2003(year)	6,407	0.125
2010(year)	7,956	0.147
2014(year)	8,183	0.152

<Table 6> World precious metals HS Chapter 71 Analysis of degree centrality of import trade

(Unit: thousand dollars)

NO	2003(year)		2010(year)		2014(year)	
	Country	Degree	Country	Degree	Country	Degree
1	Switzerland	62912780	Switzerland	239621198	Switzerland	298920242
2	Belgium	55317667	India	171569544	United Kingdom	193371671
3	India	52557597	United Arab Emirates	117937206	USA	188914248
4	South Africa	51610330	South Africa	110778162	India	186938217
5	Israel	45972411	USA	110042047	China	138098316
6	United Kingdom	45351326	Belgium	87912112	Belgium	132270001

7	USA	39408285	China, Hong Kong SAR	87542712	South Africa	127910743
8	China, Hong Kong SAR	34896905	Canada	70183446	United Arab Emirates	113935217
9	Australia	24379832	China	64005611	Canada	84792173
10	China	22121273	United Kingdom	61499886	China, Hong Kong SAR	82125228
11	Russian Federation	19759510	Israel	60768642	Israel	76177057
12	Italy	19439462	Australia	54314901	Rep. of Korea	64717665
13	Canada	17168568	Japan	53775681	Russian Federation	61313490
14	United Arab Emirates	14004358	Germany	45202975	Myanmar	53799254
15	Germany	12534511	Russian Federation	44082280	Italy	53657380
16	Thailand	12532343	Mexico	36156352	Australia	53636266
17	Rep. of Korea	10272263	Thailand	32219472	Germany	52443117
18	Japan	10012894	Italy	29217615	France	51840522
19	France	9581306	France	24054094	Japan	46238084
20	Botswana	7766822	Singapore	18022725	Thailand	41449476
21	Peru	7447339	Rep. of Korea	17701587	Mexico	31344049
22	Indonesia	6673504	Peru	15608279	Singapore	30082170
23	Singapore	4972723	Malaysia	14544897	Peru	26100869
24	Areas, nes	3918710	Indonesia	14438166	Botswana	23249882
25	Malaysia	3866178	Viet Nam	11935032	Turkey	21894541
AVE.	2,934,391		7,772,658		11,252,615	
S.D	9,554,852		26,131,685		35,119,473	
MIN.	0		0		0	
MAX.	62,912,780		239,621,198		298,920,242	

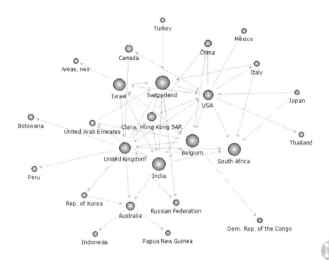

<Figure 5> HS of World Precious Metals in 2003 Chapter 71
The centrality structure of import trade

<Figure 6> HS 2014 World Precious Metals Chapter 71
The centrality structure of import trade

(2) Closeness centrality analysis

Closeness centrality is the distance from other nodes, the higher the centrality of the node. A node with a high closeness centrality can impact or receive the other node as soon as possible (Kim, Sung-Guk, 2013). In addition, the shorter the distance of the node, the higher the centrality. Therefore, the reciprocal of the connection distance with all the nodes in the network is taken. For directional networks, In / Out Closeness Centrality is measured (Lee, Kyung-Min, 2016).

- Analysis of closeness centrality of precious metal export network

As a result of the centrality analysis of export trade, the closeness centrality was ranked in order of India, Germany, UK, Italy and France in 2003. However, in China, which ranked 8th, the closeness centrality of the precious metal export network surged in 2010. It can be judged that China has the fastest adaptability to adapt to and prepare for the international environment at the earliest stage in trade with HS Chapter 71 of the world precious metals.

<Table 7> World precious metals HS Chapter 71 Analysis of
closeness centrality of export trade

(Unit: thousand dollars)

NO	2003(year)		2010(year)		2014(year)	
	Country	closeness	Country	closeness	Country	closeness
1	India	0.794	China	0.837	China	0.875
2	Germany	0.786	India	0.797	Germany	0.803
3	United Kingdom	0.773	France	0.779	Thailand	0.803
4	Italy	0.773	Thailand	0.776	France	0.801
5	France	0.761	Italy	0.766	India	0.787
6	Thailand	0.751	United Kingdom	0.761	Italy	0.775
7	Switzerland	0.730	USA	0.754	Switzerland	0.769
8	China	0.725	China, Hong Kong SAR	0.752	USA	0.769
9	USA	0.712	Switzerland	0.747	United Kingdom	0.765
10	China, Hong Kong SAR	0.691	Germany	0.738	China, Hong Kong SAR	0.760
11	Spain	0.668	Spain	0.707	Spain	0.731
12	Belgium	0.658	Belgium	0.680	Brazil	0.710
13	Rep. of Korea	0.655	Rep. of Korea	0.672	Netherlands	0.701
14	Indonesia	0.653	Turkey	0.672	Belgium	0.693
15	Austria	0.639	Austria	0.661	Denmark	0.675
16	Brazil	0.637	Israel	0.657	Turkey	0.671
17	Czech Rep.	0.633	Canada	0.656	United Arab Emirates	0.669
18	Philippines	0.627	Netherlands	0.645	Rep. of Korea	0.668
19	South Africa	0.625	Indonesia	0.640	Canada	0.662
20	Turkey	0.625	Czech Rep.	0.631	Austria	0.657
AVE.	0.330		0.350		0.317	
S.D	0.261		0.267		0.283	
MIN.	0		0		0	
MAX.	0.794		0.837		0.875	

- Closeness centrality analysis of precious metal import network

World Precious Metals HS Chapter 71 Analysis of the centrality of import trade reveals that the closeness centrality of the network is consistently dominant in China. In addition, the United States is located in the closeness centrality of the precious metal import network.

<Table 8> World precious metals HS Chapter 71 Analysis of closeness centrality of import trade

(Unit: thousand dollars)

NO	2003(year)		2010(year)		2014(year)	
	Country	closeness	Country	closeness	Country	closeness
1	China	0.650	China	0.674	China	0.615
2	USA	0.632	USA	0.643	USA	0.591
3	France	0.594	China, Hong Kong SAR	0.626	India	0.575
4	China, Hong Kong SAR	0.594	India	0.622	China, Hong Kong SAR	0.572
5	Thailand	0.591	France	0.609	United Kingdom	0.554
6	Italy	0.591	Thailand	0.606	France	0.551
7	Germany	0.588	United Kingdom	0.606	Thailand	0.551
8	India	0.588	Switzerland	0.596	Italy	0.547
9	United Kingdom	0.588	Germany	0.593	Germany	0.541
10	Switzerland	0.557	Italy	0.593	Switzerland	0.531
11	Other Asia, nes	0.542	Turkey	0.543	Spain	0.516
12	Rep. of Korea	0.532	Other Asia, nes	0.540	Turkey	0.501
13	Japan	0.522	Spain	0.538	Rep. of Korea	0.499
14	Indonesia	0.516	Canada	0.538	Indonesia	0.499
15	Spain	0.511	Rep. of Korea	0.535	Japan	0.496
AVE.	0.383		0.389		0.359	
S.D	0.081		0.080		0.069	
MIN.	0		0		0.214	
MAX.	0.650		0.674		0.615	

(3) betweenness centrality analysis

Betweenness centrality differs from degree centrality, in which the weight of a link connected to a node is evaluated as degree. It does not reflect the weight of the network link, but utilizes only the connection line connecting the node and the node. betweenness centrality is an index showing the degree of the role of information and influence between actors (nodes) and other actors (nodes) as intermediaries (brokers) as a link in the transmission process. Central structure analysis is an analysis that finds which node is the most important node and how much concentration of network structure is concentrated on a few important nodes (Kim, Sung-Guk, 2013).

betweenness centrality increases as the number of nodes in the shortest path between nodes increases. A node with a high degree of betweenness and centrality controls the flow of information. When this node (or object) is removed, it affects the entire network connection and the flow of information, and the frequency of inter-node connection between other nodes.

- Analysis of betweenness centrality of precious metal export network

In the year 2014, the United States, which is the largest global precious metal market, has the highest result as a result of the analysis of the "betweenness centrality" of the export trade of the world precious metal HS Chapter 71 (jewelery, goldsmiths, Secondly, Switzerland, which is a luxury brand, has steadily increased the betweenness centrality of its precious metal export network, and China is located next to the network betweenness centrality.

<Table 9> World precious metals HS Chapter 71 Analysis of betweenness and centrality of export trade

(Unit: thousand dollars)

NO	2003(year)		2010(year)		2014(year)	
	Country	betweenness	Country	betweenness	Country	betweenness
1	USA	0.071	USA	0.047	USA	0.046
2	Germany	0.055	China	0.042	Switzerland	0.038
3	United Kingdom	0.047	France	0.039	China	0.037
4	France	0.047	Switzerland	0.038	Germany	0.031
5	Switzerland	0.036	India	0.035	France	0.027
6	Italy	0.034	United Kingdom	0.035	China, Hong Kong SAR	0.024
7	India	0.025	Italy	0.034	Italy	0.023
8	China, Hong Kong SAR	0.023	China, Hong Kong SAR	0.029	United Kingdom	0.021
9	Belgium	0.021	Germany	0.025	United Arab Emirates	0.020
10	Spain	0.021	Spain	0.020	Thailand	0.019
11	Thailand	0.020	Thailand	0.018	Spain	0.016
12	Canada	0.017	Belgium	0.015	India	0.015
13	China	0.015	Canada	0.014	New Zealand	0.014
14	Australia	0.013	New Zealand	0.012	Canada	0.014
15	South Africa	0.010	Turkey	0.011	Belgium	0.011
16	Denmark	0.009	Other Asia, nes	0.011	Turkey	0.010
17	Indonesia	0.008	United Arab Emirates	0.011	Australia	0.010
18	Singapore	0.008	South Africa	0.010	Denmark	0.009

19	United Arab Emirates	0.008	Australia	0.010	Netherlands	0.008
20	Austria	0.007	Rep. of Korea	0.009	Israel	0.007
21	Israel	0.007	Israel	0.008	South Africa	0.006
22	Saudi Arabia	0.007	Netherlands	0.008	Poland	0.005
23	Japan	0.007	Japan	0.008	Singapore	0.005
24	Netherlands	0.007	Denmark	0.007	Rep. of Korea	0.005
25	Turkey	0.007	Egypt	0.007	Brazil	0.005
26	Philippines	0.006	Singapore	0.007	Sweden	0.005
27	Greece	0.006	Portugal	0.006	Austria	0.004
28	New Zealand	0.006	Austria	0.005	Fiji	0.004
29	Rep. of Korea	0.006	Indonesia	0.004	Mexico	0.003
30	Other Asia, nes	0.006	Brazil	0.004	Greece	0.003
AVE.	0.003		0.003		0.002	
S.D	0.009		0.007		0.006	
MIN.	-		-		-	
MAX.	0.071		0.047		0.046	

- Analysis of betweenness centrality of precious metal import network

World precious metals HS Chapter 71 Analysis of betweenness and centrality of import trade shows that the largest US precious metal market is the highest. The betweenness centrality of the precious metal import network in the order of USA, Italy, Canada, UAE and France Germany in 2014 is high.

<Table 10> World precious metals HS Chapter 71 Analysis of
betweenness and centrality of import trade

(Unit: thousand dollars)

NO	2003(year)		2010(year)		2014(year)	
	Country	betweenness	Country	betweenness	Country	betweenness
1	USA	0.076	USA	0.050	USA	0.040
2	Germany	0.047	Germany	0.040	Italy	0.029
3	United Kingdom	0.040	China	0.033	Canada	0.028
4	France	0.037	France	0.032	United Arab Emirates	0.027
5	Thailand	0.033	Switzerland	0.031	France	0.026
6	Canada	0.032	United Kingdom	0.028	Germany	0.023
7	Italy	0.032	United Arab Emirates	0.028	Thailand	0.022
8	Switzerland	0.031	China, Hong Kong SAR	0.026	China	0.022
9	China, Hong Kong SAR	0.027	Canada	0.026	China, Hong Kong SAR	0.021
10	India	0.024	Italy	0.025	Switzerland	0.018
11	Belgium	0.024	Thailand	0.022	United Kingdom	0.017
12	United Arab Emirates	0.022	India	0.017	Netherlands	0.017
13	Spain	0.020	South Africa	0.016	India	0.016
14	South Africa	0.016	Belgium	0.015	Spain	0.014
15	Australia	0.015	Japan	0.014	Australia	0.013
16	China	0.015	Spain	0.013	Japan	0.013
17	Austria	0.011	Australia	0.013	South Africa	0.012
18	Rep. of Korea	0.011	Austria	0.013	Other Asia, nes	0.010
19	Japan	0.010	Singapore	0.012	Czech Rep.	0.009
20	Denmark	0.009	Rep. of Korea	0.010	Belgium	0.008
21	Netherlands	0.009	Turkey	0.009	Rep. of Korea	0.008
22	Other Asia, nes	0.008	Denmark	0.008	Austria	0.008
23	Turkey	0.008	Netherlands	0.008	Turkey	0.007

24	Singapore	0.008	Other Asia, nes	0.007	Singapore	0.006
25	Brazil	0.006	Czech Rep.	0.006	New Zealand	0.006
AVE.	0.003		0.003		0.002	
S.D	0.009		0.007		0.006	
MIN.	0.000		0.000		0.000	
MAX.	0.076		0.050		0.040	

Article 5-3 Hankyung Business, Shiny Sensibility and Asset Value, Investment in Jewelry

Super Rich Reinforced Diamond

As financial market anxieties and crisis stories have been constantly raised, interest in high-value-added assets has increased. In order to buy women's favor, they have recently been listed as a 'jeweler of money' in the 'money-making jewelery' and a rich man's major financial techist.

World jewelry market led by two wagons in USA and China

The jewelery market is growing, leaning on the love of super-rich gems. The global jewelry market is being reorganized around the G2 (US and China), which dominates the world's wealth. Japan and other Asian markets and European markets have been stagnant, but the economic recovery has helped the United States to expand its jewelry market and the 'big hands' of China, which has put up with the emerging wealthy, stand out. According to the Japan Yano Economic Research Institute and the Wolok Jewelery Industry Research Institute, the size of China 's jewelry market surged from $ 24.3 billion in 2008 to $ 52.7 billion in 2013, more than doubling in five years.

In the United States, the world's leading jewelery market, sales are steadily rising to $ 52 billion in 2011, $ 55 billion in 2012, and $ 59.4

billion in 2013. Wolgok Jewelry Industry Research Institute said, "Despite the European economic slowdown and Japan's long-term economic downturn, despite the shrinking market for jewelery, the US and Chinese markets have been on the rise, Up 17 percent from the previous year. "

Source: Hankyung Business, Shiny Sensibility and Asset Value, Investment in Jewelery, Excerpt from 5th Anniversary of February 5, 2016
http://news.naver.com/main/read.nhn?mode=LSD&mid=sec&sid1=101&oid=050&aid=0000039920

Section 4 Sub-Conclusion

Despite the fact that the added value of domestic and international importance of precious metals has been emphasized in the 71st period, there have been few theoretical studies on various policies and strategies in the existing studies based on empirical analysis. In addition, for example, overseas, it has fostered high-end brands such as Tiffany (Tiffany) and Swarovski (Swarovski), and has a solid position in the precious metal industry as a high value-added industry. Therefore, Korea also expects to reorganize the world precious metal market by FTA, and it is necessary to further study the basic and empirical studies on various precious metal industry fields of HS 71, HS 7113 and HS 7114. According to KOTRA 's high quality jewelry market trend report, ring among traditional wedding traditions has played a leading role. According to the

Chinese government, the number of registered marriages in China is about 11 million pairs each year. Therefore, Korea-China FTA needs to be actively sought to solve the problem of the possibility of export market growth to China and the problem of high chances of Korean consumers increasing their foreign direct investment and increasing their preference diversity.

In this chapter, we can conclude that the ranking of the degree of closeness, betweenness and centrality in Korea is declining, but China is generally located in the upper group.

The degree centrality of the export trade of HS Chapter 71 (imitation jewelery, precious metals and their products, semi-precious stones, precious stones, pearls, coins) in accordance with the centrality analysis in this chapter is the highest in the United States, Belgium, In 2014, followed by Switzerland, Hong Kong, the United States and China. The degree centrality of import trade has changed from Switzerland, Belgium and India in 2003 to Switzerland, the United Kingdom, the United States, India and China in 2014. The closeness to export trade was in the order of India, Germany, and UK in 2003, followed by China, Germany and Thailand in 2014. The import trade closeness network centrality changed from China, the US and France in 2003 to China, the United States and India in 2014. The trade betweenness centrality changed from the United States, Germany and the United Kingdom in 2003 to the United States, Switzerland and China in 2014, and import trade between countries changed from the US, Germany and the UK in 2003 to the United States, Italy and Canada in 2014.

Based on the results of the previous network analysis, it is expected that the global companies of the precious metals will enter the market based on the brand, design, and high-quality low price. Also, low-priced products from China and ASEAN are expected to expand. If the free trade agreement does not receive the customs free treatment and the individual consumption tax is abolished, it is possible to eradicate the domestic market in every item from high to low price. In the worst case, the domestic precious metal market may become overcrowded, intensifying competition, deteriorating profitability, deteriorating profitability, and the hollowing out of the precious metals industry. In particular, with regard to China, all precious metals imported from ASEAN countries under the FTA between China and ASEAN have no tariffs. Considering that the US-centered TPP and the China-centered RCEP are pitting the Pacific Rim, the RCEP negotiations will eliminate tariffs on China from the same level as Korea It is considered necessary.

Finally, this chapter focuses on exploring the trade situation of trade goods in the basic research field of trade. Therefore, it is necessary to understand the practical and practical ways to develop the precious metal market such as marketing strategy using the network structure of precious metal trade, It seems that policy alternatives need to be further developed. For example, in terms of competition and distribution trends, in the case of Chinese high-end jewelery, according to the 2013 Chinese jewelery industry 100-strong brand announced by the Chinese jewelry ancestor network, The top five companies are ZHOU DA FU, ZHOU DA SHENG, ZHOU SHENG SHENG, LAO FENG XIANG, and XIE RUI LIN. (KOTRA, 2018). It is necessary to actively take action.

As a limitation of this chapter, the size and variation of the amount of export / import between countries are large because of the method of exporting and importing the world. Therefore, it is necessary to derive the standardization factor that can standardize the extraction result value. In order to analyze the precise effect of the Korea-China FTA, which took effect on December 20, 2015, the three years after the minimum fermentation should be compared. However, this chapter provided basic data for analyzing the world precious metal trade network (analyzing the export and import trends in Korea before the fermentation) rather than the impact analysis. Therefore, it is necessary to conduct a detailed comparative study before and after the FTA, based on the FTAs of various countries.

Finally, in order to enhance the closer links between the FTAs, it is necessary to consider the types of concessions (Article 10, Unit 1) and the type of concessions (the concessions are largely conceded in Korea, while China intends not to break down the barriers) It is necessary to compare the performance (PSR) and the import / export performance of each company. These products account for 0.97% of the total imports and exports in Korea by 2013, of which export is about 55%. Of these, No. 7108 accounts for half, followed by Nos. 7106, 7112, 7110, 7113, 7104, and 7115.

Subject of discussion

1. Discuss world precious metal trade.
2. Discuss the Korea−China FTA and HS Chapter 71.
3. Discuss the network centrality analysis of precious metals trade.

References

Kim, Sung-Guk, "A Study on the Analysis of Fisheries Trade Network Using Social Network," Maritime Business』, 2013, Korean Society of Ocean Business.

Kim, Yong-Hak, 『Social Network Theory』, Park Young-sa, 2011.

Kim, Won-Jung and Jung, Young - Mi, "An Analysis on the Status of Collaborative Research among Asian Countries to Promote International Cooperation in Science and Technology", Journal of the Korean Society for Information Management, Vol.27, No.3, 2010.

Kim, Hyun-Ok, "A Study on Marketing Strategy of Chinese Jewelery in Response to the Korea-China FTA", Dongshin University, Master's thesis, 2016.

Trade News, 'abandoned' Korean Jewelery Industry in Korea-China FTA, dated 01.01.2010.

Park Ji-Moon, Kim Sung-Guk, Kim Han-ho, "A Study on Oyster Trade Network Using Social Network", Journal of the Korean Trade Association, Vol. Korea Trade Association, 2015.

Ministry of Commerce, Industry and Energy 『Korea - China FTA Agreement』.

Son, Dong-Won, 『Social Network Analysis』.

Sohn, Yong-Jung, "A Study on the Strictness of Korean FTA Rules", Journal of Korea Trade and Investment Review, Vol. 16, No. 2, Korea Trade Insurance Association, 2015.

"The Korea-China FTA," Journal of the Korean Northeast Asian Economic Association, Vol. 27, No. 4, Korea Northeast Asian Economic Association, 2015.

Yano Economic Research Institute, 2014 World Jewelry Market Size, 2014.

Lee, Kyung-Min, "A Study on Precious Metal Trade Network Using Social Network", Pukyong National University, Master's thesis, 2016.

Lee, Kyung-Min, and Chun-Su Lee, "A Study on the Precious Metal Trade Network of HS 71, Using Social Network Analysis," *Korean Trade*

Insurance Review, Vol. 17, No. 3, 2016, 123-145.

Im, Byeong-Hak, "A Study on the Analysis of Core-Peripheral States Based on Final Goods and Intermediate Trade Network of North, Central and South American Countries", *Ivoryo America,* Vol. 14, No.1, Central and South America, 2012.

Hankyung BUSINESS, Shiny Sensibility and Asset Value, Investment in Jewelery Expands, Feb. 2016. Date.

Fagiolo, G. J. Reyes & S. Schiavo, "World-trade web: Topological Properties, Dynamics, and Evolution", *Physical Review*, 79(3), 2009, 36-115.

Raja, K. & J. Reyes, "The Architecture of Globalization: A Network Approach to International Economic Integration", *Journal of International Business Studies*, 38(4), 2007, 565-620.

KOTRA, China Xian Trade Center, China Fashion Jewelry Market Trend, 2018.

부록 5-1

세계 주얼리
시장의 규모 [중국]

야노 경제 연구소에 따르면, 2016년 중국의 주얼리 시장은 451억 달러(한화 약 50조 4,128억원)를 기록하여 세계 2위의 자리를 지켰다. 중국의 주얼리 시장은 2013년 부패척결 정책 시행 이후 2015년에 급락했으나, 2016년 전년대비 0.4% 증가로 돌아서며 전 세계 주얼리 시장의 22.4%를 차지하였다.

연도별 중국 주얼리
시장규모 변화

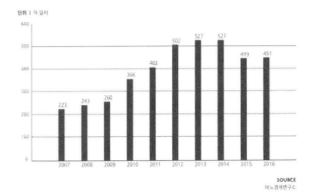

SOURCE
야노경제연구소

중국 고급 주얼리 품목별 비중

(단위: %)

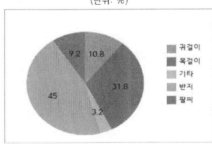

자료원: 유로모니터

제 6 장

한미 FTA 협정의
이슈 및 특징

본 장에서는 한미 FTA 협정의 이슈 및 특징에 대하여 협정상의 이슈와 주요 상품 분야별 이슈에 대하여 살펴본다. 또한 한미 FTA 협정문의 구성 및 내용에 대하여 다음을 중심으로 살펴본다. (1) 상품에 대한 내국민대우 및 시장접근, (2) 농업 관련, (3) 섬유 및 의류, (4) 의약품 및 의료기기, (5) 원산지 규정 및 원산지 절차, (6) 관세 행정 및 무역 원활화, (7) 무역에 대한 기술장벽(TBT), (8) 무역구제, (9) 투자, (10) 국경 간 서비스 무역, (11) 통신과 정부조달, (12) 지적재산권, (13) 제도 규정 및 분쟁해결 마지막으로 한미 FTA 재협상과 관련된 쟁점 및 대응방안에 대하여 살펴본다.

제1절 한미 FTA 개요[69]

　한국 경제의 무역의존도는 GDP 대비 68%다. 한국 수출에서 중국과 미국은 각각 25%, 12%를 차지한다.[70] 대외 무역이 국내총생산(GDP)에서 점유하는 비율이 2004년 70.2%, 2005년 69.3%에 달했고 여기에 서비스교역을 포함하면 그 비율은 더욱 높아진다. 즉, 수출에 타격을 받으면 국가경제운용이 매우 힘든 상황이라 볼 수 있다. 한국의 산업경쟁력은 미국, 일본 등의 선진국을 따라잡지 못한 상황에서 신흥경제국 중국, 인도 등의 국가에 맹추격을 받고 있는 상황이다. 성장 잠재력의 하락과 한미 간 통상 마찰이 증가하는 상황에서 한국의 경쟁력이 약화될 것이라는 어두운 전망이 나오기 시작했고, 이를 해결하기 위해 정부는 한미 FTA 체결의 필요성을 느꼈다. 미국 역시 농산물과 서비스 분야의 수출 증대와 무역투자로 인한 이익 확대, 한국시장 접근확대를 통한 동북아 시장 진출확대의

---

69) 산업통상자원부, KOTRA, 대학 FTA강좌 참고교재, 2016, pp.121-125.

70) http://biz.chosun.com/site/data/html_dir/2018/07/08/2018070800310.html

발판 마련 등의 공동 이익을 들어 14개월간의 긴 협상을 마치고 한미 FTA를 2007년 4월 2일 최종 타결하였다. 한미 FTA 논의 당시 광우병 파동으로 인한 국민들의 정서와 맞물려 상당한 이슈를 불러 일으켰으나, 한국정부에서 인정한 4대 선결조건 안에 미국산 쇠고기 수입 재개가 포함됨에 따라 논란 속에 협상은 마무리되었다.

또한 2010년 12월 추가 협상이 마무리 되었으며, 이 추가 협상에서 자동차 관련 부품업종이 최대 수혜업종으로 꼽히고 있으며 관계 업종에서 한미 FTA 협상타결로 세계 최대 자동차시장인 미국에서의 불확실성이 해소됨으로써 2015년 기준 수출 50만 대, 현지생산 45만 대로 전망되는 한국 자동차의 미국시장 판매확대와 경쟁력 향상에 긍정적인 영향을 미칠 것으로 기대된다. 특히 부품관세의 즉시 철폐로 부품수출 중소기업의 수출확대에 기여하고, 현지 완성차 공장의 경쟁력 향상에도 도움이 될 것이다. 더불어 자동차관련 협회는 미국 소비자들에게 한국산차의 브랜드이미지를 상승시킬 수 있는 기회가 될 것으로 기대되는 만큼 한미 FTA가 조기에 발효될 수 있도록 비준이 속히 완료되기를 기대한다고 밝혔다. 이 외의 의약품 허가 특허 연계 등의 항목에서도 기존 18개월이던 이행 의무를 36개월로 상향 조정하는 등의 발전적 합의의 노력이 보인다.

한미 FTA는 초기부터 타 FTA에 비해 비교적 안정적으로 정착하며 높은 수준의 활용률을 기록하고 있다. 2014년 조사한 FTA 특혜 관세 혜택품목의 수출액 중에서 혜택을 받기 위해 원산지증명서를 발급한 것으로 조사된 품목의 수출액 비중으로 추정치를 계산한 수출 활용률 분석에서도 수출활용률은 76.2%로, 발효 1년차인 2012년 FTA 전체 수출활용률(69.0%)보다 높은 편으로 나타났다. 또한, 대기업 외 중소, 중견 기업에서도 전년대비 0.6%의 증가추세를 보이

<표 6-1> 한미 FTA 추가협상 합의문서

품목		적용	기존협정	추가협상
자동차	승용차	미국	*관세 2.5% -3000CC 이하 즉시철폐 -3000CC 초과 3년 철폐	*발효 후 4년간 유지 후 관세철폐
		한국	*관세 8%, 즉시철폐	*발효즉시 4% 인하 *4년간 유지 후 철폐
	전기차	미국	*관세 2.5%, 10년 철폐	*5년간 균등철폐
		한국	*관세 8%, 10년 철폐	*발효즉시 4% 인하 *4년간 균등철폐
	픽업트럭	미국	*관세 25%, 10년 철폐	*10년 철폐 유지 단, 발효 8년차부터 균등철폐
	세이프가드	공통	-	*한, EU FTA 세이프가드의 6개 절차요소 반영한 자동차 세이프가드 도입
	안전기준	한국	*6,500대 미만 제작사에 한해 미국과 한국기준 중 선택적 사용	*제작사별 25,000대 까지 미국기준 충족 시 완성 동등성 인정
냉동돼지고기		한국	*관세 25%, 2014.1.1.일 까지 관세 균등 철폐 -12년 발효가정 관세철폐일정: 16.7%(12년), 1.3%(13년), 0%(14년)	*냉동기타 목살, 갈비살(25%)에 대해 12년부터 관세 감축하여 16.1.1.일 관세 철폐
의약품 허가특허 연계		한국	*18개월 간 연계의무에 관한 분쟁을 제소할 수 없도록 함	*36개월 간 이행의무 자체를 유예

자료: 산업통상자원부

고 있으며, 동일년도 한미 교역규모는 전년 대비 11.6% 증가(수출 13.3%, 수입 9.1%) 이를 다시 혜택 품목과 비 혜택품목으로 분류할 경우 혜택품목의 교역규모는 전년 대비 6.7% 증가하였으며, 비 혜택품목은 15.6% 증가라는 수치를 기록하며 특히, 수출품으로는 완성품 소비재인 자동차부품(7.2%), 자동차(20.2%)·무선통신기기(9.9%)등의 수요가 급속히 증가하였고, 수입품으로는 식물성물질(136.3%), 곡류(8.6%), 반도체제조용 장비(29.3%) 등의 증가로 초기의 우려를 불식시키는 성장세를 보이고 있다.

<표 6-2> 한미 FTA 수출활용률(%)

	발효 1년차 (2012년)	발효 2년차 (2013년)	발효 3년차 (2014년)	전년대비 증감폭(%)
전체	69.4	77.0	76.2	△0.8
대기업	75.9	85.1	85.3	0.2
중소·중견 기업	63.7	69.8	69.2	△0.6

출처: 관세청

한-미 FTA는 한-아세안 FTA, 한-인도, 한-싱가포르 FTA와는 달리 원산지 증명서를 수출자와 수입자가 자율발급하여 FTA 적용이 가능하도록 발급 기준을 완화하였기 때문에 우리나라와 미국과의 무역규모 등과 관련하여 FTA 활용률에 대한 기대가 높았다.

발효 1년차인 2012년 수출활용률은 69.4%, 2년차에는 77.0%, 3년차에는 76.2%로 FTA 활용률의 증가 추세를 확인 하였으며 수입 활용률보다 수출활용률이 더 높게 나타났다.

<표 6-3> 한미 FTA 교역현황

구분	발효 1년차 (12)			발효 2년차 (13)			발효 3년차 (14)		
	수출	수입	교역	수출	수입	교역	수출	수입	교역
총 교역량	5,479 (△1.3)	5,196 (△0.9)	10,675 (△1.1)	5,596 (2.1)	5,156 (△0.8)	10,752 (0.7)	5,727 (2.3)	5,255 (1.9)	10,982 (2.1)
미국 교역량	585 (4.1)	433 (△2.9)	1,018 (1.1)	621 (6.0)	415 (△4.2)	1,036 (1.7)	703 (13.3)	453 (9.1)	1,156 (11.6)
FTA 혜택	224 (12.8)	210 (1.9)	434 (7.2)	239 (6.4)	226 (6.9)	465 (7.1)	249 (4.3)	247 (9.0)	496 (6.7)
FTA 비혜택	361 (△0.6)	223 (△6.8)	584 (△3.0)	382 (5.8)	189 (△14.9)	571 (△2.2)	454 (19.0)	206 (9.1)	660 (15.6)

출처: 관세청

FTA 체결로 인한 가장 큰 기대효과 중 하나인 투자유치 부분에 있어서도 한미 FTA는 괄목할 만한 성과를 이룩해냈다. 투자유치국

중 EU(65.0억), 미국(36.1억), 일본(24.9억 달러), 싱가포르(16.7억 달러) 수치를 기록하며 한국의 제2 투자 유치국인 미국은 2012~2013년 유럽 금융위기의 여파로 인한 투자 감소 이후 전년 대비 2.4% 증가하며 다시 상승세를 이어가고 있다.

<표 6-4> 한미 FTA 품목별 수출

(상위 5개 품목, 백만불, (%)는 전년대비 증감율)

구분	2012	%	2013	%	2014	%	혜택여부
총계	58,525	4.1	62,052	6.0	70,285	13.3	
자동차	10,633	21.2	12,487	15.3	15,006	20.2	비혜택
무선통신기기	5,710	△38.2	7,555	32.3	8,300	9.9	비혜택
자동차부품	5,642	12.4	6,163	9.2	6,607	7.2	혜택
석유제품	2,896	11.9	3,507	21.1	3,064	△12.6	혜택
반도체	2,611	△4.2	2,912	11.5	2,886	△0.9	비혜택

자료: 무역협회(KITA), MTI 3단위

대미 수출 10대 품목을 살펴보면 무선통신기기와 자동차 및 자동차 부분품의 수출비중이 집중 되어있다. 그리고 2011년 대비하여 2014년에 전체 수출금액의 증가를 감안하면 10대 품목 중에서도 상위품목인 자동차, 전기기기, 기계류의 수출 교역량이 큰 폭으로 증가한 것을 확인할 수 있다.

특히, 자동차의 경우에는 완성차 뿐만 아니라 자동차 부품을 중심으로 크게 증가하였다. 자동차 부품은 한-미 FTA로 인하여 관세가 즉시철폐 되었고 현대차의 미국 현지 생산증가와 미국 자동차 업계의 글로벌 소싱 증가, 그리고 미국의 내수시장 확대도 주요한 수출 증가의 요인으로 작용하였다 또한, 자동차 및 자동차 부품의 수출증가로 인하여 국내의 자동차 관련 업계의 원재료 및 부분품 등의 수입증가의 효과를 가져왔다.(조홍석. 2016). 그러나 2018년 7월 현재 트럼프 행정부는 자동차에 대한 관세를 손보기위해 중국과 유럽연합에 시그널을 주고 있는 상황이다. 따라서 자동차에 관한 관세는 향후 어떻게 진행될지 큰 관심사항이다.

<표 6-5> 한미 FTA 품목별 수입

(상위 5개 품목, 백만불, (%)는 전년대비 증감율)

구분	2012	%	2013	%	2014	%	혜택여부
총계	43,341	△2.8	41,512	△4.2	45,283	9.1	
반도체	4,477	10.7	4,017	△10.3	3,991	△0.6	비혜택
반도체 제조용 장비	2,711	△1.8	1,957	△27.8	2,531	29.3	비혜택
항공기 및 부품	3,145	10.1	2,705	△14.0	1,967	△27.3	비혜택
식물성물질	1,821	△15.4	815	△55.3	1,926	136.3	혜택
곡류	1,376	△22.1	1,537	11.7	1,670	8.6	혜택

자료: 무역협회(KITA), MTI 3단위

대미 10대 수입품목을 살펴보면 수출보다 수입의 비중이 더 고르게 분포되어 있다. 반도체, 반도체 제조장비, 항공기 및 부품, 식물성물질, 곡류 의 순서로 수입비중이 높으며, 그 수입량 또한 FTA 이후 증가폭이 높은 것을 확인 할 수 있다. 특히, 곡류의 경우에는 FTA 체결시 우려했던 것과는 달리 교역량이 소폭 증가하는 것을 확인할 수 있다.

<표 6-6> 미국의 한국 투자 현황(신고기준)

(단위: 백만달러, 전년동기대비 %)

구분		발효 1년차		발효 2년차		발효 3년차	
		2012	%	2013	%	2014	%
투자규모		3,674	54.9	3,525	△4.1	3,609	2.4
산업별	제조업	1,804	65.2	1,187	△34.2	526	△55.6
	서비스업	1,354	6.2	2,339	72.8	2,984	27.6
	기타	517	9,679.7	0.0	△100.0	99	98,624.8

출처: 산업통상자원부

기사 6-1 현대硏 "미중 무역분쟁 지속…수출 시장 다변화·내수 확대로 대응"

현대경제연구원은 미중 무역전쟁의 본질은 첨단기술과 세계 경제 패권을 장악하기 위한 양국 간 전방위적인 힘겨루기로, 미중 무역분쟁으로 한국 교역과 경제에 심각한 악영향이 우려된다고 밝혔다. 주변국과 협력을 강화해 보호무역주의에 공동으로 대응하는 한편 장기적으로 수출 시장을 다변화하고 내수 시장을 확대해야 한다는 분석이다.

현대경제연구원은 8일 발표한 '무역 전쟁이 중국의 대미 수출에 미치는 영향과 시사점' 보고서에서 중국에 대한 미국의 관세율이 25% 상승하면 해당 중국산 제품의 대미 수출은 23.4% 감소할 것으로 예상된다며 이같이 밝혔다.

미중 간 무역전쟁에 따라 한국 경제는 큰 타격을 입을 것으로 우려된다. 한국 경제의 무역 의존도는 GDP 대비 68%로, 특히 한국 수출에서 중국은 25%, 미국은 12%를 차지하고 있다. 수출이 감소하면 경제성장률 하락도 불가피하다.

앞서 도널드 트럼프 미국 행정부는 6일 오후 1시부터 818개 품목, 340억달러(약 38조원) 규모의 중국 상품에 25%의 고율 관세를 부과하기 시작했다. 트럼프 대통령은 전날 지식재산권 침해와 무역 적자 등을 이유로 관세 부과를 예고한 500억달러 규모의 중국 상품 중 340억달러 상품에 관세를 먼저 부과하고 나머지 160억달러 물량에 대해서는 2주 이내 관세를 부과할 것이라고 밝혔다. 미중 무역전쟁이 본격화되고 있는 셈이다.

현대경제연구원은 "세계 경제의 일등 국가로 발돋움하려는 중국과 이를 견제하려는 미국 간 무역 분쟁은 때로 소강 국면을 보이겠지만 지속될 것으로 예상한다"고 진단했다. 미중 무역분쟁이 장기간 이어질 것으로 예상되는 만큼 피해가 예상되는 한국도 대응해야 한다는 것이다.

보고서를 작성한 정민 연구위원은 "정부는 우선 무역분쟁 이슈에 따른 금융시장 급변동을 방지하기 위해 대내외 시장불안 요인을 잘 관리하고, 국가 차원의 통상 교섭 능력을 확충해야 한다"고 조언했다. 무역분쟁에 따른 직접적인 피해가 예상되는 수출 기업에 대해서는 "현지 기업과 기술 제휴를 통해 네트워크를 구축하고 파트너십을 강화해 피해를 최소화하는 것이 중요하다"고 말했다.

출처 조선비즈, 2018.0708일자에서 발췌,
　　　http://biz.chosun.com/site/data/html_dir/2018/07/08/2018070800310.html#csi
　　　dx96a553496222b9b946a6605546a1ec9

제2절 한미 FTA 이슈[71]

한미 FTA의 공식명칭은 「대한민국과 미합중국 간의 자유무역협정」이다. 한미 FTA는 최종타결 시까지 국내에서는 광우병 파동에 의한 국민 반대, 미국 측에서는 자동차와 쇠고기 분야에 대한 재협상 요구로 인해서 상당한 진통을 겪은 FTA라고 할 수 있다.

1) 협정의 이슈

(1) 협정상의 이슈

한미 FTA는 우리나라가 체결한 FTA 중에서 가장 논란이 많았던 FTA이었다. 이것은 한미 FTA의 최초 협상타결은 2007년 4월, 추가

---

71) 산업통상자원부, KOTRA, 대학 FTA강좌 참고교재, 2016, pp.201-212.

협상 타결이 2012년 12월, 발효는 2012년 3월에 이루어진 것만 보아도 알 수 있다. 한미 FTA의 주요 이슈로는 FTA의 경제적 효과 문제, 쇠고기시장 개방 문제, ISD 문제 등 다수가 있었다. 첫 번째는 한미 FTA의 경제적 효과 분석에 관한 이슈였다. 국책연구기관에서 발표된 한미 FTA의 경제적 효과가 반대 측에서 발표한 경제적 효과에 비해 과장되었다는 주장이 제기된 것이다. FTA의 거시경제 효과는 어떤 경제이론 모형에 근거를 두고 추정하느냐에 따라 효과가 달라진다. 가령, 상품의 수출입 변화 효과만을 추정하느냐, 서비스와 투자를 포함하느냐, 생산성 향상도 포함하느냐에 따라 달라질 수 있다. 따라서 반대 측은 효과가 적은 모형을 찬성 측은 효과가 큰 모형을 이용할 것이다. 둘째는 농업(특히, 축산업)이나 서비스 등과 같이 경쟁력이 상대적으로 취약한 부문에 대해서 시장을 개방하였다는 논란이 제기되었다. 값싼 미국산 수입고기가 들어오면 국내 축산농가가 타격을 입을 것이라는 것을 예상할 수 있다. 그러나 소비자의 선택의 폭은 넓어지고 생산자는 고품질의 한우브랜드 생산을 통해 미국산 쇠고기와의 경쟁에서 불리하지 않음이 입증되고 있다. 그리고 당시 한국의 대내적 여건상 잠재성장률 저하로 인해 신성장동력과 경제·사회 시스템의 선진화 계기가 필요한 때였다. 특히, 서비스부문의 효율성과 생산성의 획기적인 개선이 필요한 때였다는 것을 감안해야 할 것이다. 셋째는 한·미 FTA에서 야당이나 NGO들이 독소조항으로 간주한 ISD 조항이 주요 이슈로 등장하였다. ISD(투자자국가소송제도)는, 우리 정부가 투자부문의 기본원칙(가령, 차별대우금지, 임원국적제한금지, 이행요건 부과금지, 최소기준대우, 직·간접수용)을 위반하여 외국 투자자에게 심각한 손해를 입히는 규제를 취하였을 경우 외국 투자자는 우리 정부를 상대로 민간국제기구에 소송을 제기할 수 있는 제도이다(한미 FTA 11조). 당시 반대 측은 공공정책에 영향을 미치는 심각한 규정으로 간주하였으나 한국의 투자기업 또한 동일한 수혜를 누릴 수 있으며, 극단적인 경우 우리 정부가 금전으로 보상을 해 준 후 규제를 계속 취할 수 있는 안전장치가 있다. 그러므로 논란이 있었지만 사실상 투자자 보호수단으로 필요한 FTA 구성요소인 셈이다. 한미 FTA는 많은 논란이 있었지만 무역수지 증대와 외국인 투자 유치에도 긍정적으로 작용한 것으로 보인다. 한미 FTA 발효 직후 무역협회가 조사한 결과를 보면, 2012년 3~7월 동안 우리나라의 대 세계 무역수지는 10.1억 달러 감소한 반면, 대미 무역수지는 16.8억 달러 증가하였다. 미국의 대한 투자도 FTA 발효를 계기로 증가 추세로 전환되었다. FTA 발효전인 2012년 1분기 미국의 대한 투자는 전년 동기 대비 8.7% 감소하였지만 2분기에는 전년 대비 28.9%나 증가한 것을 보아도 알 수 있다.

<표 6-8> 한미 FTA 협상과정 이슈

이슈	세부 내용
FTA 효과성	• 한미 FTA의 긍정적 효과가 기대된다는 전망 • 자동차 산업 등을 중심으로 경쟁력을 확보할 것으로 기대됨 • 기대효과가 과대평가되어 있으며 충분한 공론화 과정이 미흡했다는 주장이 제기됨
산업간 불균형 성장	• 개방경제 진입으로 인하여 우리 산업들의 경쟁력 강화의 기회가 된다는 기대감 존재 • 농업, 서비스, 지재권 등 우리나라가 상대적으로 취약한 산업에 대한 정책적 보호 방안 미비하다는 지적 • 일부 산업만 혜택을 받는 산업간 양극화가 심화될 것이라는 우려감 존재
협상의 지위	• 미국의 추가협상 요구에 따른 2차 협상에서 기본적인 협정문에는 큰 변화가 없었음 • 북한과의 긴장상태가 지속되는 상황 속에서 미국과의 대등한 협상은 애초에 불가능한 협상이고, 자동차와 쇠고기 재협상은 불리한 협상이었다는 전망
이익균형	• 자동차 산업 중심의 이익은 확보되었으나, ISD등으로 제기된 투자자보호협정은 그 균형이 떨어진다는 입장이 존재하였음.

(2) 주요 상품 분야별 이슈

최종 협정문에서 나타난 상품분야 양허내용에 대해서도 섬유, 자동차 모두 우리나라가 비교우위에 있는 품목이므로 향후 수출증가가 예상된다는 측면에서 긍정적으로 평가하였다. 또한, 농업분야는 소비자의 선택권이 확대된다는 점 그리고 의약품 분야는 선진의료기술로 인한 소비자 후생이 증가할 것이라는 점이 주로 언론을 통해 언급되면서 소비자 이익이 커질 것으로 예상했다. 반면, 부정적 입장에서는 섬유산업의 구조상 수출증대 효과는 미미할 것이라는 점, 오히려 미국산 자동차의 수입이 급증할 것이라는 예상, 미국산 쌀수입에 의해 국내 쌀 재배 농가에 대한 피해가 우려된다는 점 그리고 의료서비스와 지적재산권 시장 개방으로 인한 피해를 우려하는

<표 6-9> 한미 FTA 주요 분야별 이슈

이슈	세부 내용

〈섬유 분야〉
• 對미 수출품의 97%
  (품목수 기준)의 관세
  즉시 철폐
	• 미국의 원산지규정 완화로 對미 수출증가 전망(섬유 세이프가드 도입)
	• 국내 섬유업계 대부분이 중국산 원사를 사용하기 때문에 관세
	  철폐 효과가 절감될 우려감이 존재

〈자동차 분야〉
• 자동차 배기가스 규제 철
  폐, 특별소비세와 자동차
  세율 개선 약속(10.5%의
  관세철폐 효과)
	• 자동차 분야는 대표적 수혜업종으로서 미국 관세 즉시 철폐로
	  유리할 것으로 전망
	• 관세철폐 효과로 오히려 미국산 수입차 물량이 더욱 많아질
	  것이라는 우려감이 동시에 제기

〈농업 분야〉
• 관세를 추가적으로
  부과하여 국내시장
  보호할 수 있는 농산
  물 세이프가드 조치
• 민감 품목 양허 제외,
  현행관세 유지, 계절
  관세 도입 등 예외적
  조치 확보
	• 관세 철폐로 인해 가격인하 효과가 발생하는 등 소비자들로 하여
	  금 보다 낮은 가격으로 폭넓은 소비자선택이 가능해진다는 전망
	• 특혜관세로 미국시장에서 중국·일본 등에 비해 수출경쟁력
	  을 가질 수 있게 된다는 전망
	• 저렴한 수입산 농산품에 비해 국내 농산품이 가격경쟁력을 잃
	  을 수도 있다는 우려감이 제기되었음
	• 미국산 수입쌀로 인해 국내 쌀시장의 침체 및 농산물 생산성
	  이 저하된다는 우려감이 제기되었음

내용이 주로 제시되었다.

2) 한미 FTA 협정문의 구성 및 내용

한미 FTA 협정문[72]은 다른 FTA에 비해서 본문에서 장(chapter)의 구분도 세부적으로 되어있고, 개별 장별로 부속서, 부록, 서한이 붙어 있어 타 FTA 협정문에 비해서 많은 양으로 구성되어 있다. 협정문의 본문은 상품/시장접근, 통관절차, 지적재산권, 원산지규정, 부속서(상품양허안, 원산지 기준) 그리고 추가협상합의문(서한교환)으로 구성된다.

(1) 상품에 대한 내국민대우 및 시장접근

제2조에서는 내국민대우 및 수출입 제한 금지조치에 대해서 규정하고 있다. 먼저 당사국은 1994년 GATT 제3조 및 주해에 따라 타방 당사국의 상품에 대해 내국민대우를 부여하고(제2.2조) 1994년 GATT 제11조 및 주해에 따른 경우를 제외하고는 타방 당사국의 상품 수입, 수출 및 판매에 대해 금지 또는 제한 부과가 금지된다(제2.8조). 다만 일시반입 상품에 대한 면세 조항이 포함되어 원산지에 관계없이 ①언론매체 또는 텔레비전을 위한 장비, 소프트웨어 그리고 방송 및 영화 촬영 장비를 포함하는 전문장비, ②전시 또는 시연을 위한 상품, ③상품용 견본품과 광고용 필름 및 기록물 그리고 ④ 스포츠용으로 반입되는 상품의 경우 무관세 일시반입이 포함된다(제2.5조). 또는 수리 또는 개조 후 재반입되는 상품에 대해서는 면

---

72) http://www.fta.go.kr/us/doc/1/

세가 적용된다(제2.6조). 상품양허 중 승용차가 가장 민감한 사항이었는데 미국의 경우 한미FTA 협정 이행 1년차부터 이행 4년차까지 기준관세율 2.5%를 적용하다가, 이행 5년차 1월 1일에 관세를 완전 철폐하기로 하였다. 우리나라의 경우 한미 FTA 협정이 발효되는 날에 현행 기준관세율 8%를 4%로 인하하여 이행 4년차까지 동 관세율을 적용하다가 이행 5년차 1월 1일에 관세를 완전히 철폐한다. 또한 우리측 민감 수산물 및 임산물에 대한 관세의 장기 철폐, 비선형 관세철폐, 관세율할당(TRQ) 등을 도입하여 유연성을 확보하였다.

(2) 농업 관련

일반적으로 농산물은 일반 상품과 달리 수급조절이 어렵고 상대적으로 취약한 경영구조를 가지고 있기 때문에 민감한 품목이다. 따라서 우리나라는 쌀을 양허의 예외 품목으로 설정하고 쇠고기, 돼지고기, 인삼, 고추, 마늘, 양파 등에 대해서는 물량을 기준으로 특별세이프가드 조치를 도입하였다. 우리 농산물 중에서 국내 영향이 미미하거나 이미 수요량의 대부분을 수입에 의존하고 있는 품목은 즉시 관세를 철폐하기로 하였는데, 전체 품목수 기준으로 37.8%, 수입액 기준 55.3%가 이에 해당된다. 민감도가 낮은 품목은 즉시 철폐에서 10년까지 철폐기간을 차별화하여 양허하였고, 주요 민감품목에 대해서는 양허제외, 관세율 할당, 현행관세 유지, 계절관세 도입, 세번 분리, 농업 긴급수입제한조치 등 예외적 취급을 확보하였다. 쌀 및 쌀 관련 제품(벼, 메현미, 찰현미, 멥쌀, 찹쌀, 쇄미, 쌀가루 등 16개 세번)은 양허가 제외되는 품목으로 지정되었다. 오렌지와 포도, 감자 등은 출하기에 따라 성출하기와 비출하기로 구분하여 현행관세를 유지하거나 계절관세를 부과하여 수입량을 조절하는 조치를 취하였고, 사과와 배, 쇠고기는 15년 이상 장기양허 대상으로 지정하였다.

<표 6-10> 농산물 양허협상 결과

양허유형	주요 품목
양허제외	쌀
현행관세 유지, 수입쿼터	오렌지(성출하기), 식용대두, 식용감자, 탈자전지분유, 연유, 천연꿀
계절관세	포도(성출하기 17년, 비출하기 5년), 스낵용 감자(출하기 7년 유예 후 8년, 비출하기 즉시 철폐)
장기철폐, 세 번 분리	사과(후지20년, 기타 10년), 배(동양배 20년, 기타 10년)
장기철폐, 세이프가드	쇠고기(15년), 돼지고기(냉장 2개, 1년), 고추마늘양파(15년), 인삼(18년), 보리(15년), 맥주맥·맥아(15년), 전분(10~15년)
15년	호두(미탈각), 밤, 감귤, 송이버섯, 표고버섯, 필터담배
12년	닭고기(냉동가슴살, 날개), 냉동양파, 수박, 보조사료
10년	복숭아, 감, 단감, 감귤쥬스 앞담배, 자두
6~9년	신선 딸기(9년), 맥주 아이스크림 살구 팝콘용옥수수 아이스크림(7년), 돼지고기(2014.1.1 기타), 호주(탈각), 옥수수유(6년)
5년 이내	완두콩 감자(냉동) 토마토주스 오렌지주스 위스키 브랜디(5년), 해조류(3년), 아보카도 레몬(2년)
즉시 철폐	오렌즈 쥬스(냉동), 산동물, 화훼류, 커피, 포도주, 밀, 사료용 옥수수, 채유용 대두, 아몬드

출처 : 농림부(2007), 한미 FTA 농업부문 협상결과 대응방안, 공적자설명자료.

한국 측은 탈전지 분유 및 연유, 오렌지 등 19개 품목을 대상으로 관세율할당(TRQ)을 확보하였고, 미국 측은 낙농품을 대상으로 관세율할당을 적용하였다. 쇠고기, 돼지고기, 인삼 등 30개 품목에 대해 수입이 일정 물량 이상으로 급증하는 경우 농업 긴급수입제한조치를 통해 관세를 추가로 부과하여 국내시장을 보호할 수 있는 조치를 확보하였다. 미국 측은 대비 수출 농산물 중 품목수 기준 58.7%, 대미수출액 기준으로 82.%에 대해서 관세를 즉시 철폐키로 합의하였고, 민감품목인 낙농품, 설탕, 쇠고기 등에 대해 10년 이상 관세철폐 또는 TRQ를 설정하였다.

(3) 섬유 및 의류

한미 FTA 협상에서 우리가 농산물에 취약점이 있었다면 미국은 섬유 및 의류부문이 민감한 품목이었다. 미국은 섬유 및 의류상품을 개방하되 엄격한 원산지기준을 도입하였고, 우리나라가 농업에 대한 특별세이프가드를 요청한 것과 유사하게 섬유 및 의류산업의 피해에 대해서 비교적 완화된 조건하에 발동될 수 있는 섬유 및 의류부문 세이프가드를 도입하였다. 미국은 섬유 및 의류와 관련하여 미국의 양허수준은 즉시철폐 비율이 수입액 기준 61%, 품목수 기준 87%에 해당된다. 섬유 및 의류분야에도 긴급조치 제도를 도입하였는데 관세 인하 또는 철폐의 결과 섬유·의류 제품 수입의 절대적 또는 상대적 급증이나 심각한 피해 또는 그러한 실제적 우려가 야기되는 경우 피해의 방지·구제 및 구조조정의 원활화를 위해 필요한 한도 및 기간 내에서 관세 감축의 정지 또는 MFN 실행관세율까지 관세율을 인상할 수 있다. 다만 긴급조치로부터 발생할 것으로 기대되는 추가적인 관세액과 동등한 양허 형태로 보상을 제공해야 한다.

(4) 의약품 및 의료기기

양국은 보건의료 제도의 차이를 존중하고, 혁신의 중요성을 인식하여 의약품에 대한 접근의 중요성을 인식한다. 구체적으로 본 협정을 통해 ①양질의 보건의료 제공을 위한 의약품 및 의료기기에 대한 충분한 접근의 중요성, ②고비용 의료지출 절감에 있어 특허 및 복제의약품과 의료기기의 중요성, ③의약품·의료기기 개발을 위한 정부의 적절한 지원, 지적재산권 보호, 혁신에 대한 그 밖의 유인의 중요성, ④투명하고 책임 있는 절차를 통한 의약품 의료기기의 혁신과 이에 대한 시의적절하고 비용부담 가능한 접근 촉진 필요성, ⑤의약품 의료기기 제조자 또는 공급자, 보건의료 제공자에 의한 전 세계적인 차원의 윤리적 관행의 중요성 그리고 ⑥의약품 의료기기의 안전성 유효성 증진을 위한 양 당사국 규제당국을 포함한 양국 간 협정의 중요성을 인정한다. 특히 의약품 의료기기의 가격산정 급여 및 규제에 관련된 법규정 및 절차의 신속한 공개와 상기 관련 도입 예정 조치를 사전에 공표하여 이해관계자 및 타방 당사국에게 의견 제시를 위한 합리적 기회를 제공해야 한다(제5.3조). 이를 위하여 의약품 및 의료기기 위원회를 설립하여 이행 점검 및 지원, 관련 사항 논의 및 상호 이해 촉진 그리고 협력 노력을 위한 기회 모색의 기능을 수행한다(제5.7조). 한미 FTA의 경우 특허약과 복제약 간 비차별 원칙을 적용하고 특허약의 가치 인정 등을 규정하고 독립적 이의신청 절차를 마련하였다. 또한 의약품 관련 규정 공개, 의견수렴 절차 및 과정 명확화 등 절차적 투명성 제고 방안을 규정하였고, 제약회사가 병원 등을 상대로 비윤리적인 로비활동을 펼치는 것을 금지하는 의무 규정을 부속서에 명시하였다.[73]

(5) 원산지 규정 및 원산지 절차

원산지는 완전생산기준, 직접운송원칙 등 FTA 특혜원산지 판정의 일반기준은 협정문에서 개별 품목에 대한 "품목별 원산지 기준"

---

73) 대학교 강의용 FTA 표준 교재 "FTA 이해", 기획재정부, p.181

은 부속서에서 규정하고 있다. 부속서의 품목별 원산지 기준은 약 5,000여 개에 이르는 개별 품목의 생산과정, 교역패턴, 글로벌 아웃소싱 환경을 고려하여 원산지 기준을 규정하고 있다. 협정 제6.1조 및 제6.22조에는 전적으로 당사국 영역에서 획득되거나 생산된 제품의 경우 완전생산 기준을 적용하여 특혜 원산지를 결정한다(제6.1조 가호 및 다호). 품목별 특성에 따라 비원산지 재료를 사용하여 상품을 생산한 결과 부속서 4-가 또는 부속서 6-가의 세 번 변경을 거친 경우 세변변경기준에 의해 원산지를 결정하고, 생산과정에서 부속서 4-가 또는 부속서 6-가의 역내가치 포함 비율을 충족할 경우 부가가치 기준에 의해서 원산지를 인정한다(제6.1조 나호). 역내 부가가치 계산 방법에서 생산자인기업이 공제법과 직접법을 선택적으로 사용할 수 있도록 하고, 단 자동차 및 자동차 부품에는 직접법/공제법과 순원가법을 기업이 선택적으로 사용할 수 있도록 규정하였다. 비원산지 재료가 해당 품목의 세번변경기준을 충족하지 못하더라도 모든 비원산지 재료가치가 제품의 조정가치의 10% 미만으로 사용된 경우에는 원산지 상품으로 인정된다. 당사국 수입자는 원산지증명서 또는 동 상품이 원산지 상품이라는 수입자의 인지에 의해 특혜관세 신청이 가능하다. 원산지 증명서의 경우 수출자, 생산자 또는 수입자가 자율적으로 발급 가능하며, 일정한 양식으로 이루어질 필요가 없다(제6.15조 및 제6.16조). 미화 1,000불 이하의 상업용 또는 비상업용 소액물품에 대해서는 원산지 증명서류 제출을 생략할 수 있다. 수입국 세관당국은 수출국의 수출자 또는 생산자에 대한 서면조사 또는 방문조사를 통해 원산지의 적정 여부를 확인할 수 있다. 개성공단 제품이 한국산과 동일한 특혜관세를 부여받을 수 있도록 "한반도역외가공지역위원회"에서 일정 기준하에 역외가공지역을 지정할 수 있는 별도 부속서를 채택하였다.

(6) 관세 행정 및 무역 원활화

효율적인 물품반출을 통한 양국 간 무역원활화를 위해 간소화된 통관절차를 채택하도록 규정하였다. 간소화된 통관 절차란 가능한 한 도에서 상품 도착 후 48시간 내 반출, 상품 도착 전 사전신고, 부두 직통관 및 최종 세액결정전 화물반출 승인 등을 의미한다(제7.2조). DHL과 FEDEX 등 특급운송수단을 이용하여 배달되는 상용서류나 샘플 등 특성화물의 경우 통관서류 최소화, 단일 적하목록 제출 허용 등 통관 절차를 대폭 간소화하고, 원칙적으로 통관서류 제출 후 4시간 이내에 국내반출이 허용된다(제7.7조). 미화 200불 이하의 특송화물의 경우 관세 및 세금을 부과하지 않고 공식적 반입서류도 요구하지 않는다. 양국은 통관제도 개선, 관련 법 위반 단속 관련 정보교환, 세관기술지원, 공동훈련 프로그램, 세관분석기법의 교환 등 관세행정 전반에 걸친 양국 세관당국 간 상호 협력을 규정하였다(제7.5조).

(7) 무역에 대한 기술장벽(TBT)

무역에 대한 기술장벽 조항은 양국 간 상품 무역에 직간접적으로 영향을 미칠 수 있는 중앙행정기관의 모든 표준 기술규정 적합성 평가절차의 준비 및 채택 적용과 관련된 내용을 담고 있다. 각 당사국이 상대국 영역의 적합성 평가기관을 인정 또는 승인하거나 면허를 부여하거나 달리 인정하는 경우 자국 영역의 적합성 평가기관과 차별하지 않도록 한다(제9.5조 제3항). 표준 기술규정 적합성 평가절차 관련 법령 등을 제·개정하는 경우 국내의 이해관계자 외에 상대국

이해관계자도 비차별적으로 참여할 수 있도록 허용하여야 한다(제 9.6조). 무역에 관한 기술장벽 위원회를 설립하여 표준, 기술규정 및 적합성 평가절차에 관련하여 제기되는 사안을 처리하고, 절차의 개발 개선에 대한 협력 증진 등의 업무를 담당한다(제9.8조).

(8) 무역구제

한미 FTA로 인한 관세 인하 또는 철폐의 결과로서 원산지 상품 수입의 절대적 또는 상대적 급증이 국내 산업에 대한 심각한 피해 또는 그러한 우려를 야기하는 실질적인 원인일 경우 관세 감축의 정지 또는 MFN 실행관세율까지 관세율을 인상할 수 있다(제10.1조 및 제10.2조). 또한 농산물 등 부패하기 쉬운 상품의 피해 등 지연되면 회복하기 어려운 손상이 초래될 중대한 상황에서 조기에 조치를 취하고 최대 200일까지 할 수 있는 잠정조치를 허용하였다(제10.3 조). 긴급수입제한조치 적용 후 30일 이내에 조치를 적용한 당사국은 상대국에게 보상 관련 협의 기회를 제공하고, 합의 도출 실패 시 동등한 무역효과를 가지는 양허적용 정지가 가능하다(제10.4조). 양국은 무역구제위원회를 설치하여 반덤핑, 보조금 및 상계조치와 긴급수입제한조치 문제를 포함한 무역구제 사안을 다룬다(제10.8조).

(9) 투자

외국인투자자에 대해서 내국민대우(동종 상황하에서 내국민과 동등한 대우를 부여할 의무)와 최혜국대우(동종 상황하에서 다른 협정에서 이 협정보다 유리한 혜택을 부여하는 경우 이 협정의 당사국에게 자동적으로 그러한 추가적 혜택을 부여)하는 조치를 취하여야 한다(제11.3조, 제11.4조). 또한 외국인 투자자에 대하여 국제관습법상 인정되는 공정하고 공평한 대우 및 충분한 보호와 안전을 보장하는 것으로서 일반적으로 적법 절차의 원칙과 국제관습법에 따라 요구되는 수준의 경찰의 보호(최소기준대우)를 실시해야 한다(11.5조). 출자금, 이윤, 자본이득, 배당, 이자, 로열티 등을 자유롭게, 그리고 지체 없이 송금할 수 있도록 허용해야 한다(제11.7조). 투자자-국가 간 분쟁해결절차는 투자유치국 정부가 협정 제11장 Section A(투자) 상의 의무, 투자계약 또는 투자인가를 위배하여 투자자에게 손실이 발생하는 경우, 투자자가 투자유치국 정부를 상대로 국제중재를 요청할 수 있다. 국제중재는 3인으로 구성된 중재판정부에서 심리하고 ICSID, UNCITRAL, ICC 절차 중 하나를 운용해야 한다. 국제중재 판정은 단심제로서 확정력을 가지고, 판정은 금전적 손해와 적용 가능한 이윤 및 재산권의 복구만으로 한정되며 당사국의 해당 조치를 취소할 수는 없다.

(10) 국경 간 서비스 무역

양국은 서비스 무역에 있어서 내국민대우와 최혜국대우(동종의 상황에서 제3국의 서비스 공급자에게 부여하는 것보다 불리하지 않은 대우를 상대국 서비스 공급자에게 부여하는 것) 그리고 서비스 공급자의 수 제한, 서비스 거래 또는 자산의 총액 제한, 서비스 영업의 총수 또는 서비스 총 산출량의 제한, 고용인의 총 수 제한, 사업자의 법적 형태를 제한하는 시장접근 제한조치 도입을 할 수 없다(제12.2조, 제12.3조, 제12.4조). 국경 간 서비스 공급의 조건으로 국내 사무실 구비 혹은 거주를 요구하는 것을 금지한다(제12.5조). 서비스 관계 법규의 입법·개정 추진 시 합리적인 사전예고 기간을 제공하고, 이해관계자의 의견제출 기회를 보장하는 동시에 질의에 응답하기 위한 적절한 메커니즘을 설립 유지할 의무가 있다(제12.8조). 특정 국가 또는 비당사국에서 습득한 교육이나 경험, 자격·면허를 인정할 수 있으며, 당사국에게는 이와 같은 상호인정을 위한 기회를 부여할 의무와 자격 상호인정 현황에 대한 정보 교환의 의무가 있다(제12.9조). 그 외에 전문직 서비스 진출 확대를 위한 체계 구축을 위해 부속서 12-가를 채택하여 우선 엔지니어링, 건축, 수의 등 3개 서비스 분야를 중심으로 협정 발효 1년 이내에 논의를 개시하기로 한다. 후속 협상을 통해서 3개 분야 전문직 자격 상호인정이 타결될 경우 해당 분야 종사자들의 미국 시장 진출이 가능할 수 있다. 또한 금융서비스에 대해서는 다른 조항에서 규정하고 있는데 다른 서비스 무역에 비해 허용범위가 작다는 특징이 있다. 금융서비스에 있어서는 무역의 허용범위를 국제거래에 관련된 보험 및 보험 관련 서비스와 금융기관의 업무를 지원하기 위한 금융 부수 서비스에 한정하여 개방하기로 합의하였다(제13.5조 및 부속서 13-가).

(11) 통신과 정부조달

상대국 사업자가 공중통신망 및 서비스에 합리적이고 비차별적으로 접근하고 이용할 수 있도록 보장해야 하며, 공공서비스의 책임성 확보 또는 공중통신망 및 서비스의 기술적 무결성을 보호하기 위해 필요한 경우 상대국 사업자의 접근 및 이용에 대해 일정한 조건을 부여할 수 있다(제14.2조). 공중통신사업자가 상대국의 사업자에게 상호접속, 번호이동, 동등다이얼을 비차별적으로 제공하도록 의무를 부과할 수 있다(제14.3조). 한미 FTA협정 발효 2년 후부터는 KT 및 SKT를 제외한 나머지 기간통신사업자에 대하여 미국투자자 및 통신사업자는 국내에 법인을 설립하거나 투자나 지분취득을 할 수 있게 되었고, 미국 투자가에 의해 100% 통제되는 해당 법인은 국내 기간통신 업무를 제공할 수 있게 된다. 과거에는 외국인이 100% 소유하는 통신사업자가 국내 법제도상 불가능했지만 한미 FTA를 통해서 가능하게 되었다27). 한미 FTA 정부조달 챕터는 양허표에 명시된 각 당사국 중앙정부기관에 적용되며, 지방정부 및 공기업은 정부조달 양허 대상에서 제외되었다. 상품 서비스 조달의 양허 하한선을 미국의 경우 10만 불, 한국은 1억 원으로 설정하였다. 건설서비스의 경우 500만 SDR을 양허하한선으로 설정하였다. 계약대상가액 산정, 입찰절차, 공급자자격심사 등 현행 정부조달협정의 조달 절차를 적용한다(제17.3조).

(12) 지적재산권

한미 FTA 지적재산권은 협정문 제18조에 규정되어 있는데 저작권 및 저작인접권 보호기간을 사후 또는 발행 이후 50년에서 70년으로 연장하되 연장 의무는 협정 발효 후 2년간 유예되었다(제18.4조 제4항). 저작자 실연자 음반제작자의 권리 행사와 관련한 기술적 보호 조치 우회 행위 등에 대해서는 위반 시 민형사상 구제절차를 제공한다. 최근 FTA 협상이 WTO의 TRIPS 협정을 보다 강화한 내용으로 합의되면서 FTA를 통해 선진국들은 지적재산권 보호를 강화하려는 움직임을 보이고 있다. 한미 FTA를 통해 도입한 저작권보호기간 연장, 시판허가 기간 보상 특허기간 연장, 자료 독점 등의 규정은 기존 국내법규를 통해 이미 도입되어 있는 제도들이다. 하지만 구체적 요건 및 적용범위가 미묘한 차이가 있어 앞으로 법 적용에 있어서 통상 분쟁이 발생할 소지가 크다. 따라서 법적용에 있어서 협정문의 내용을 재검토하고 분쟁을 미연에 방지하는 것이 필요하다.[74]

(13) 제도 규정 및 분쟁해결[75]

협정의 적용대상이 되는 사안에 대해 의사소통을 원활히 하기 위한 접촉선을 지정한다(제22.1조). 분쟁해결 절차의 행정적 지원을 담당하기 위한 부서로 우리는 외교통상부, 미국은 상무부를 지정하였다(제22.5조). 양국 간 통상장관을 의장으로 공동위원회를 설치하여 협정의 이행을 감독하고 협정 운용에 필요한 조치를 취하며, 필요시 협정 개정 여부를 검토한다. 국가 대 국가 간 분쟁해결절차는 당사국간 협의 공동위원회 회부, 패널 심리, 패널 설치, 패널의 판정, 패널 판정의 이행 순으로 진행한다. 동 협정상 분쟁해결절차와 WTO 분쟁해결절차 모두 해당되는 경우 제소국은 선택이 가능하다(제22.7조). 패널 판정 불이행 시 동등한 효과를 갖는 협정상 혜택의 정지 또는 금전적 보상이 가능하다(제22.13조). 그리고 부속서에서 자동차와 관련된 분쟁의 경우 신속한 분쟁해결절차 및 강화된 구제조치를 허용한다(부속서 22-가). 이 외에도 협정의 기본정신 및 원칙에 대해 기술한 서문, 협정의 의미를 명확히 하기 위한 최초 규정 및 정의, 위생 및 식물위생 조치의 적용 문제, 전자상거래, 노동, 환경, 투명성 등과 관련된 규정이 있다.

---

74) 대학교 강의용 FTA 표준 교재 "FTA 이해", 기획재정부, p.249

75) http://easylaw.go.kr/CSP/CnpClsMain.laf?csmSeq=640&ccfNo=7&cciNo=2&cnpClsNo=1

제3절 최근 한미 FTA의 쟁점 (재협상 관련)76)

미국의 45대 대통령 도널드 트럼프가 취임한 후 한미 FTA 재협상론이 대두되었다. 최근 한미 FTA 협상에서의 가장 중요한 쟁점은 바로 '재협상' 일 것이다. 트럼프 대통령은 취임 이후 다양한 채널로 무역적자 문제를 부각시켜 주요 교역상대국을 전 방위적으로 압박하고 있다. 특히 최근 미국정부의 최고위급에서도 한미 FTA 재협상에 대한 압박 수위를 높이고 있다. 그러므로 미국의 대한국 무역적자에 대한 세밀한 분석과 우리 산업들이 대응책 마련할 필요성이 증가하고 있다.

<표 6-11> 미국의 한미 FTA 재협상 관련 발언

날짜	발언주체	배경	발언 수위
2016.7.21	도널드 트럼프 대선후보	공화당 대선후보 수락연설	KORUS FTA = job killing deal
2016.8.3	도널드 트럼프 대선후보	버지니아 유세	KORUS FTA = job killing deal, disaster
2017.2.1	테리 밀러 헤리티지 재단 국제무역연구소장	헤리티지재단-무역협회 공동개최 세미나 발언	partial improvement or update
2017.4.18	마이크 펜스 부통령	AMCHAM 연설	review, reform
2017.4.25	윌버 로스 상무장관	WSJ 인터뷰	reopen
2017.4.27	도널드 트럼프 대통령	로이터 인터뷰	renegotiate, termination
2017.5.11	도널드 트럼프 대통령	이코노미스트 인터뷰	we've informed them that we'll negotiate
2017.6.30	도널드 트럼프 대통령	한미정상회담	rough deal

미국이 문제 삼는 대한국 무역적자는 양국 교역구조의 상보성과

---

76) KIET 산업경제 이슈 21호(2017.6.5) 한·미 FTA 재협상과 우리의 대응 방향

미국의 산업경쟁력 부진에 기인한다. 양국의 교역구조는 상당히 보완적이며, 최근 미국의 대한국 무역적자 확대는 자동차 등 일부 품목의 수입 증가 때문이다(KIET, 산업경제 이슈 21호, 2017.6.5). 관세인하와 무역수지의 상관관계는 크지 않으나 대한국 무역적자 확대는 미국의 수출경쟁력 저하와 관련이 있다. 이러한 상황 하에 우리는 재협상을 대비하여 역진하지 않는 업종별 대응전략을 준비할 필요가 있다.

제4절 소결 (한미 FTA 협정 재협상 논의 쟁점 및 대응방안)

한미 FTA 발효 이후 미국의 대한국 무역적자는 증가하는 추세를 보이고 있다. 즉, 2011년 133억 달러에서 2015년에는 283억 달러로 증가하여 역대 최대의 규모를 경신하였다. 2016년에는 277억 달러를 기록하였다. 또한 FTA 발효 전후, 5년 동안의 평균을 비교해보아도 발효 전 120억 달러에서 발효 후에는 237억 달러로 적자의 폭이 약 두 배가 증가하였다.[77]

최근 미국정부의 최고위급 층에서도 한미 FTA 재협상을 위한 압박 수위를 높이고 있기 때문에 미국의 대한국 무역적자에 관한 세밀한 분석과 재협상에 대한 우리나라 산업의 적극적 대응책 마련이 시급한 상황이다.

미국이 한미 FTA를 다시 논의하고자 한다면 미국의 무역대표부

---

[77] http://www.keri.org/web/www/search?category=TOTAL&kwd=%ED%95%9C%EB%AF%B8+FTA& reSrchFlag=false&pageNum=1&pageSize=3&detailSearch=false&srchFd=null&xwd=&sort=d&date= null&detailRange=all&preKwd=%ED%95%9C%EB%AF%B8+FTA 한국경제연구원, 한미 FTA 재협상 전망과 대응방안 (송원근, 2017)

는 특별공동위원회 개최를 요구하여야 하고, 미 의회는 청문 과정을 거쳐야만 한다. 따라서 재협상 논의가 시작되려면 다소 시간이 걸린다. 가장 좋은 우리의 전략은 미국이 제기하고 있는 통상 문제를 해결하고자 노력하고 그와 함께 이러한 문제들이 한미 FTA와 관련이 없다는 점을 이해시켜 재협상 단계까지 가지 않게 하는 것이다.[78] 이를 위해서는 미국이 한미 FTA를 통한 재협상이 큰 이득이 없을 것이라는 것을 인지시켜야 한다. 한미 FTA가 끝난다면 미국 손실이 더 클 것이라는 전망도 있다. FTA 관세 절감 혜택이 축소한다면 양국 모두의 수출입 규모가 감소할 것이며, 미국은 제조업이나 특히 농산물 분야에서 수출 감소폭이 더 클 것이다. 또한 우리 측 서비스 시장의 개방 철회로 인하여 법률, 방송 등의 분야에 진출한 미국기업들은 시장을 철수하거나 지분 매각이 필요하게 되는 등 다양한 문제를 야기 시킬 것이다. <표 6-12>에서 보 있듯이 공산품 분야에서 한미 FTA 종료 시에 양측 모두 수출이 감소하지만 미국 측 감소폭이 한국보다 더 크기 때문에 연간 대미무역수지 흑자가 약 2.6억불 증가할 것으로 전망하고 있다.[79]

<표 6-12> FTA 종료 시 대 미국 공산품 수출입 전망

	현행(2016년)	FTA 종료시	변동액
對美수출(억불)	655.7	642.5	13.2 감소(2.0%)
對韓수출 (억불)	364.4	348.6	15.8 감소(4.3%)
對美수지 흑자규모 (억불)	291.2	293.8	2.6 증가

<출처: 대외경제정책연구원>

---

78) http://www.keri.org/web/www/search?category=TOTAL&kwd=%ED%95%9C%EB%AF%B8+FTA& reSrchFlag=false&pageNum=1&pageSize=3&detailSearch=false&srchFd=null&xwd=&sort=d&date= null&detailRange=all&preKwd=%ED%95%9C%EB%AF%B8+FTA 한국경제연구원, 한미 FTA 재협상 전망과 대응방안 (송원근, 2017)

79) http://www.kiep.go.kr/sub/view.do?bbsId=pressRel&nttId=196287 대외경제정책연구원 보도자료 (김영귀, 2017)

그리고 농산물의 경우에도 한국은 약 0.2억불, 미국은 연간 약 7.7억불의 관세절감 혜택이 사라질 것이라 추정하고 있다.[80]

<표 6-13> 주요 농산물 관세율 현황

구분	쇠고기	돼지고기 (냉동)	오렌지	치즈	호두	아몬드
MFN세율	40%	25%	50%	36%	0~45%	3~8%
한—미 FTA 특혜세율(2016)	26.6%	0%	0% (TRQ, 계절)	0% (TRQ)	5%	0%
주요 경쟁국	호주 뉴질랜드	EU, 캐나다	EU, 호주	EU 뉴질랜드	칠레, EU, 캐나다	호주, EU

주: 한국 농산물 자유화율: (한-미) 97.9%, (한-EU) 97.2%, (한-호) 88.6%, (한-캐) 85.7%, (한-뉴) 85.6%
<출처: 대외경제정책연구원>

또한, 한미는 산업 구조가 보완적이며 교역관계 또한 보완성이 크다. 미국의 대외경쟁력이 낮은 산업 품목들을 한국은 수출하기 때문에, 이러한 점도 주장하여 한미 FTA 재협상을 막아야한다.[81] 또한 우리나라 기업의 해외직접투자와 미국의 대한국 수입은 상당한 부분이 연관되어 있기 때문에, 이것은 미국 내의 일자리를 감소시키는 것이 아니라 오히려 창출에 기여하고 있음을 인지시켜 미국의 통상압력에 대응할 필요가 있다.[82]

---

80) http://www.kiep.go.kr/sub/view.do?bbsId=pressRel&nttId=196287 대외경제정책연구원 보도자료 (김영귀, 2017)

81) http://www.keri.org/web/www/search?category=TOTAL&kwd=%ED%95%9C%EB%AF%B8+FTA& reSrchFlag=false&pageNum=1&pageSize=3&detailSearch=false&srchFd=null&wd=&sort=d&date= null&detailRange=all&preKwd=%ED%95%9C%EB%AF%B8+FTA 한국경제연구원, 한미 FTA 재협상 전망과 대응방안 (송원근, 2017)

82) http://www.kiet.re.kr/kiet_web/?sub_num=12&state=view&idx=53503 KIET 산업연구원 (김바우, 김정현 2017)

1. 한미 FTA 협정의 이슈에 대하여 토의하시오.
2. 한미 FTA 협정문의 구성 및 내용에 대하여 토의하시오.
3. 최근 재협상 관련 한미 FTA의 쟁점에 대하여 토의하시오.

참고문헌

김영귀, 대외경제정책연구원 보도자료 (2017)

    http://www.kiep.go.kr/sub/view.do?bbsId=pressRel&nttId=196287

류주한, 동아비지니스리뷰 (2017), DBR, 요동치는 美·中·日·러 불확실성에 맞설 무기는 '혁신과 도전'

    http://dbr.donga.com/article/view/1206/article_no/7961

문종철, KIET (2016), 트럼프 경제정책의 영향과 대응 방향, 2016

    http://www.kiet.re.kr/kiet_web/?sub_num=12&state=view&idx=52895

송원근, 한국경제연구원 (2017), 한미 FTA 재협상 전망과 대응방안

    http://www.keri.org/web/www/search?category=TOTAL&kwd=%ED%9 5%9C%EB%AF%B8+FTA&reSrchFlag=false&pageNum=1&pageSize=3 &detailSearch=false&srchFd=null&xwd=&sort=d&date=null&detailRang e=all&preKwd=%ED%95%9C%EB%AF%B8+FTA

조홍석, 한미 FTA에 따른 무역전환효과 및 무역창출효과 분석, 부경대학교 대학원, 2016.

최성근, 현대경제연구원 (2015), 한-EU, 한미 FTA의 성과 비교 분석

    http://www.hri.co.kr/board/reportView.asp

홍준표 외 3인, 현대경제연구원 (2017), 한미정상회담의 주요 의제와 시사점

    http://www.hri.co.kr/board/reportView.asp

KITA 뉴시스 제공

    http://www.kita.net/newsBoard/domesticNews/view_kita.jsp?sNo=44334

한·미 FTA 홈페이지 http://www.fta.go.kr/us/info/1/

한·미 FTA 홈페이지 협정문http://www.fta.go.kr/us/doc/1/

기획재정부 FTA 국내대책본부(2008.7) 한미 FTA 관련 주요 내용 및 국내 보완대책

기획재정부 2007년도 경제백서

KOTRA Global Market Report(17-011) 미국이 바라본 한미 FTA 발효 5주년 효과 및 활용사례

정책브리핑 홈페이지

    http://www.korea.kr/special/policyFocusView.do?newsId=148652120&p

kgId=49500359

국회도서관(2009.2) 한미FTA 한눈에 보기

기획재정부 자유무역협정 국내대책본부(2008.7) 한·미 FTA 보완대책 이 렇게 준비 했습니다

정부관계부처합동 한미자유무역협정체결지원위원회(2007.4) 한미FTA 협상 결과와 대응방향

국회 외교통상통일위원회(2008.11) 대한민국과 미합중국 간의 자유무역협 정 비준동의안 검토보고서

한국농업경영인중앙연합회(2007.7.6) 한미 FTA 국내보완대책과 문제점

국회예산정책처(2010.10.1) 한미 FTA 보완대책 현황 및 쟁점

재정경제부(2007.6.28) 한미자유무역협정 체결에 따른 국내보완대책

한·미 FTA 홈페이지 https://www.fta.go.kr/main/apply/sup/2/

관계부처합동(2012.1) 한·미 FTA 비준에 따른 추가 보완대책

외교통상부 기획재정부(2011.6) 한미 주요 쟁점과 대응

외교통상부 통상교섭본부(2011.1) 쉽게 풀어쓴 소위 "한·미 FTA 독소조항 주장"에 대한 반론

KIET 산업경제 이슈 21호(2017.6.5) 한·미 FTA 재협상과 우리의 대응 방향

제 7 장

한미 FTA 협정에 따른 섬유류 수출과 교역성과

Textile exports and
trade performance according to
the Korea-US FTA agreement[*]

The textile industry is a field that has developed from a labor-intensive industry to a high value-added industry in the past. In particular, low-cost, low-quality textile industry has given competitiveness to developing countries, and it is important to maximize the competitiveness for export to advanced countries through high value-added and halo effect from the FTA conclusion. Since the conclusion of the Korea-US FTA, the textile industry has been recognized as an important beneficiary of the FTA. However, in terms of the trade performance of textile products between the two countries over the past two years, the benefits received by the textile industry are small compared to other industries.

In this chapter, the proliferation of free trade agreements in accordance with changes in the international trade environment, and the statistics and statuses related to the textile industry in Korea will be examined first. In more detail, we examine the goods subject to the Korea-US FTA Textile Agreement in relation to the export status of the textile industry in the United States and analyze the trade performance through the export status of the textile industry in the United States. Finally, in order to analyze Korea - US FTA trade performance, we will discuss the tariff concessions, trade performance, comparison of export performance with major competitors, and export performance of each industry.

In conclusion, the Korean data on textile products under the Korea-US FTA is no longer a beneficial item. Through this, it will be possible to utilize this chapter as a basic material for the related industries in Korea to achieve actual trade performance so as to draw up practical and policy implications that will help the textile industry after the conclusion of the KORUS FTA.

---

* This article has been modified and added from A Study on the Trade Performance of the Korea - US FTA Agreement - Focusing on the Export of the US – Japan, Journal of Customs, Vol. 16, No. 1, 2015, 107-127.

Section 1 General

1) Background

The textile industry, which started as a basic industry for garments, shares the same trend with the long history of human life. In 1863, as the US cotton production grew rapidly before President Lincoln declared the emancipation of slaves, the demand for slaves to work in the South increased rapidly and the cotton industry quickly developed. In the mid-18th century, the British Industrial Revolution also began with the cotton industry, which in turn led to the development of coal, iron ore and machinery. The textile industry was one of the leading industries that led economic growth based on cheap labor in the early stage of economic development of Korea in the 1960s~1970s. Today, not only in garment procurement but also in various industrial fields such as mechanical parts, building insulation, furniture, household goods, sanitary goods, etc., by utilizing advanced functional materials.

As such, textile and related industries are the foundation of human life, while the world powers, centered on the United States and Europe, are developing into high value-added industries represented by commercial use of automobiles, aircraft, advanced machinery and semiconductors. But they have put a high level of protection barriers to protect the textile industry based on their economic strength. Most free trade agreements (FTAs) are largely composed of items such as goods, services, investment, intellectual property rights, and government procurement. Since the entry into force of the Korea-US FTA on March 15, 2012, Korea's exports have been steadily increasing, but the overall performance of the Korea-US FTA can not be determined solely through commodity trading. It is necessary to study the effect of other open sectors such as services, investment, intellectual property rights, and government procurement on our economy (Lee, Suk-dong, 2015).

2) Major developments

Since the conclusion of the Korea-US FTA, the textile industry has been recognized as an important beneficiary of the FTA. However, in terms of the trade performance of textile products between the two countries over the past two years, the textile industry has less benefit than other industries. Therefore, in this chapter, only the trade performance in the field of textile trade is described. In this chapter, the proliferation of free trade agreements in accordance with the changes in international trade environment and the statistics related to the textile industry in Korea were considered first. In addition, we surveyed the products subject to the Korea - US FTA Textile Agreement with regard to the export status of the textile industry in the United States and grasped the export status of the textile industry in the United States. Finally, in order to analyze the Korea - US FTA trade performance, we analyzed tariff concessions, trade performance, export performance with major competitors, and export performance by industry. It is the purpose of this chapter to identify practical implications and to provide basic research data on relevant Korean industries to achieve actual trade performance.

Article 7-1: Concerns about Decline in Daegu Textile and Machinery Industry Production Negotiations

The negotiations on the amendment of the Korea-US Free Trade Agreement (FTA) will affect Daegu's mainstay machinery and textiles industries, which will require diversification and product differentiation. Daegu Gyeongbuk Research Institute (DaeKyung Research Institute) announced on the 7th that the results of this study are as follows. After the Korea-US FTA came into effect, the proportion of US trade in Daegu increased, which could adversely affect the local machinery and textile industry as a result of the revised negotiations.

Daekyung Research Institute explained that the increase in the proportion of US parts produced in the United States and the imposition of customs duties on US automobile parts could lead to a 9th drop in production. It also predicted that the business will be affected by the related industries. It predicted damages from automobile parts, steel primary products, electric devices, plastic products, and road transport services.

Especially, when tariffs are imposed or safeguard is triggered, Daegu has pointed out that the decrease in textile industry production is the top among the cities and provinces nationwide. The associated wholesale and retail trade, financial institutions, and restaurants are also affected. Daekyung has suggested that it is necessary to diversify the market of machine products and differentiate textile products.

Daegu Institute of Economic Analysis, Daegyung Researcher, said, "Daegu should expand exports of machinery and automobile parts to the Asian and Latin American markets such as China, Japan, India and Vietnam as well as the United States." "We need to differentiate our products with technology development and lead the export industry, especially by cultivating high-tech industrial fibers such as carbon fiber."

Source: The World Daily,
    http://www.segye.com/newsView/20180207000494, dated
    February 7, 2018.

Section 2 International Trade Environment

1) Proliferation of FTAs

(1) Expansion of FTA trade portion

The basic purpose of concluding an FTA is to secure economic stability by securing stable overseas markets, expanding economic territory through trade expansion, and promoting consumer welfare.

The DDA negotiations since the launch of the World Trade Organization (WTO), the world economy has been continuing discussions with sectors such as the tariff rate cut in the multilateral trade negotiations that started with the agreement of the 4th WTO Ministerial Conference in Doha, Qatar in 2001, The EU, China and other countries have complicated the dynamics of the dynamics, and are facing difficulties in reaching a deal.

At a time when multilateral tariff cuts are difficult to achieve due to the deadlock, the spread of regionalism is accelerating, and the regional economic blockade for expanding the domestic trade market is intensifying rapidly. This phenomenon opened the era of the FTA domino (Baldwin, 1993) with the beginning of the global regionalism in various forms such as FTA, EPA, CEPA and the introduction of EU in 1992 and NAFTA in 1994.

According to the WTO report (2014), there are now about 380 RTAs in the world, including free trade agreements (FTAs). Its share is over 50% of world trade volume. As of April 2014, Korea is also trying to incorporate a new global trade order by enacting 9 FTA agreements with 48 countries. According to the WTO World Trade Statistics, Korea has entered the world's 15th largest economy with a nominal GDP of $ 1,635.5 billion in 2011. In addition, it has recorded $ 1 trillion in trade for three consecutive years from 2011 to 2013, . However, in recent years, the importance of measuring domestic value added (TiVA) trade statistics has risen in lieu of the conventional method of exporting final goods.

Since then, it has been striving to enter into free trade agreements with more countries.

However, it is not easy for an agreement, called so-called spaghetti bowl effect, to fully enjoy FTA benefits entirely due to complicated rules of origin, direct principle, compliance with processing principles in the region and the burden of postmarketing verification of the other country. Trade creation effect and trade diversion effect by the conclusion of the FTA The first person who presented the theory on the FTA effect was Jacob Viner (1950), who concluded the FTA by importing and using the products of the contracting country which has comparative advantage over the domestic product The effect of the trade transfer on imports of certain goods imported from non-pharmacies by customs-cut contracting states is explained by Jacob Viner, The customs Union Issue, 1950. However, (CBS, Jang Ha-joon interview, November 7, 2011).

In order to enjoy the market, pre-market overseas market preemption will be important.

<Table 7-1> Share of FTAs in Korea

(% of trade, as of 2013)

	Agreement entry (15 cases, 52 countries)	Concluded (1 cases, 6 countries)	Negotiation progress (4 cases, 17 countries)	Creating conditions (4 cases, 16 countries)
country	Chile, Singapore, EFTA, ASEAN, India, the EU, Peru, the United States, Turkey, Australia,	Central America (6 countries)	Korea-China-Japan, RCEP Ecuador, Israel	Mexico, GCC Mercosur, EAEU

	Canada, China, New Zealand, Vietnam, Columbia			
%	67.8	0.4	8.2	11.3
Cumulative %	67.8	68.2	76.4	87.7

· Central America: Panama, Costa Rica, Guatemala, Honduras, El Sabadar, Nicaragua

· Regional Comprehensive Economic Partnership (RCEP): ASEAN, Korea, China, Japan, India, New Zealand, Australia

· Gulf Cooperation Council (GCC): Saudi Arabia, Kuwait, UAE, Bahrain, Oman, Qatar

· Mercosur (negotiating countries): Brazil, Argentina, Paraguay, Uruguay

· EAEU: Russia, Kazakhstan, Belarus, Kyrgyzstan, Armenia

Source: Monthly FTA statistics, Korea Customs Service FTA Executive Planning Office (2018.5)

WTO Framework The WTO is an international organization that absorbs the existing General Agreement on Tariffs and Trade (GATT), establishes a global trade order, and monitors the implementation of the Uruguay Round (UR) Agreement. Launched in January 1995, every two years, the ministerial councils of all member countries will be held to discuss mutual trade issues. As of March 2, 2013, there are 159 WTO members.

Under the 1-item tax rate structure, all member countries apply a single tariff rate on imported goods, and use anti-dumping or safeguards as trade control measures. However, the one-item multi-rate structure under the FTA regime applies different country-specific origin standards and tariff rates for the same imported goods. Exact preferential tariffs are confirmed through postmarket verification of origin. Despite the intention of free trade, in most FTA agreements, Anti Dumping, Countervailing Duties and Safeguard are imposed in order to protect the domestic industry, which is recognized as an exception in the WTO, The Act on the Exemption of Customs Tariff Act for the Implementation of the FTA (hereinafter referred to as the Special Act on the FTA) also provides for anti-dumping, countervailing duty and emergency tariffs.

(2) Management of FTA origin

It is important for companies to thoroughly understand and respond to professional and complex negotiations on the management of origin (Lee, Jung-Yong, 2009: 204). In addition, it is important to ensure accurate origin control in order to continue the transaction based on the trust with the importer of the other country. An FTA is a series of management of a certain period of data in preparation for the post-verification of origin, such as the basis for determining the origin of the exported goods, issuing the Certificate of Origin (C / O), compliance with the principle of territoriality and direct transport Throughout the procedure. In all FTA arrangements, the importer is liable in principle for the loss of monetary loss of the exporter's country of origin or error, except in the case of compensation using the claim clause in the trade contract.

In Korea, importers are always exposed to the risk of potential loss due to post-taxation during the period of tariff exemption (5 years) for imported goods that have been subject to FTA preferential tariffs.

First, issue a certificate of origin. In the case of adopting the agency issuance method in the agreement, if the product produced by the exporter meets the HS 6 unit product specific rules specified in the agreement, issue the C / O by attaching the manufacture process and BOM to the Origin Verification Questionnaire I will apply. At this time, if the exporter does not have a self-production facility, it shall submit an additional declaration of origin for the finished product from the article supplier in addition to the above documents. If the raw material is a KR product, obtain a "Certificate of Origin (Comprehensive)" from the supplier. If the country of origin is unknown or non-originating materials, submit a copy of the tax invoice or transaction statement. Certificates of origin are issued to ASEAN, Singapore, India and Peru (self-issued from 2016.8). In the case of the autonomous issuance method, the exporter himself / herself issues the C / O in the same way, but there is some difference between the agreements.

For the verification of the FTA proofs of origin, the relevant documents are kept for 5 years (ASEAN is more than 3 years) in all the FTA agreements concluded by Korea at present, and 5 years . Meanwhile, the rate of FTA utilization of Korean exporters in '13 was 66.9%, an increase of 4.2% from the previous year. FTAs with the EU (80.8%) and the US (76.1%) showed high utilization rates, while ASEAN (38.7%) and India (42.9%) showed low utilization rates.

<Table 7-2> Import / Utilization Rate by FTA Agreement of Korea Customs Service (Feb.25, 2014). Import and export trends with FTA Contracting Parties in 2013, reconstruction of press release

(unit : %)

Agreemnets		'08	'09	'10	'11	'12	'13	'14	'15	'16	'17	'18.4
chile	Export	97.1	-	85.5	-	75.4	78.9	80.5	80.7	78.6	77.6	86.3
('04.4)	Import	80.0	82.4	94.3	95.8	97.9	98.5	98.3	98.8	99.3	99.5	99.0
EFTA	Export	-	-	-	-	84.9	80.3	79.6	80.4	80.4	82.2	84.5
('06.9)	Import	40.7	39.7	43.6	55.7	61.9	41.8	41.6	43.7	56.8	60.0	60.7
ASEAN	Export	3.5	13.8	29.0	33.1	34.8	36.4	37.0	42.5	46.0	47.8	49.8
('07.6)	Import	63.1	53.0	68.1	73.8	72.5	74.1	73.8	75.4	78.3	79.2	70.1
India	Export			17.7	35.8	36.5	43.2	56.3	62.4	65.8	67.5	70.6
('10.1)	Import			45.8	53.6	53.9	61.4	67.0	73.1	56.0	61.5	62.8
EU	Export				65.7	84.0	85.6	85.3	85.3	84.8	85.5	85.7
('11.7)	Import				47.1	67.6	68.6	66.8	71.0	72.1	76.3	74.6
Peru	Export				60.7	77.8	91.9	90.5	83.6	83.4	78.2	80.9
('11.8)	Import				53.2	92.0	97.9	89.2	90.6	77.5	82.1	36.9
US	**Export**					**69.4**	**77.0**	**76.2**	**79.1**	**75.6**	**86.1**	**86.8**
('12.3)	**Import**					**63.7**	**68.3**	**66.0**	**67.5**	**70.7**	**70.6**	**64.4**
Turkey	Export						69.4	72.7	79.1	80.4	71.9	78.6
('13.5)	Import						69.4	64.4	69.1	65.9	63.4	67.9
Australia	수출								69.7	77.4	80.1	85.0
('14.12)	수입								63.5	79.2	85.0	67.7
Canada	Export								79.9	89.1	93.4	94.5
('15.1)	Import								61.2	75.1	83.6	82.4
China	**Export**								**8.2**	**33.9**	**49.7**	**57.3**
('15.12)	**Import**								**11.2**	**57.9**	**68.5**	**70.0**
New Zealand ('15.12)	Export								5.8	31.8	35.3	37.6
	Import								43.7	87.3	86.5	86.4
Columbia	Export									17.4	49.8	62.0
('16.7)	Import									66.4	87.2	86.1
Total	Export					**61.9**	**67.3**	**69.0**	**71.9**	**72.2**	**70.0**	**73.8**
	Import					**65.4**	**69.3**	**68.0**	**70.2**	**73.1**	**74.0**	**70.2**

Note:
1. FTA import / export utilization rate is calculated in earnest from '12
- Chile and EFTA export utilization rate is calculated through data of the other countries exchanged through implementation, and it is difficult to calculate the utilization rate of the year in which data are not exchanged
- Prior to 2010, ASEAN's import and export utilization rate is in 4 countries (Indonesia, Vietnam, Philippines, Thailand).
2. Incorporation rate includes income for which the tax code is tax pending (00)
3. The middle, new, and covenant agreements are included in the total import and export utilization statistics from '17.
Source: Monthly FTA Statistics, Korea Customs Service FTA Executive Planning Office (2018,5)

According to the Korea Customs Service's Regulatory Impact Analysis (2012), the cost of preparing for the application of an approved exporter as a source of origin is estimated to be at least KRW 7.4 billion as of June 2012, based on 4,944 certified companies It is estimated at 10 million won up to 8.4 billion won (1.49 million won~1.69 million won per company). In addition, the cost of certification inspection by the customs authorities is estimated to be at least 2.48 billion won, up to 4.88 billion won (from 590,000 won to 980,000 won per company) (Kim, Jin-Seop, 2012).

In case the government supports the employment creation business of domestic small and medium export companies and hires 'origin agent' as a part of the maintenance cost of the administration cost in preparation for post-verification of origin, the Ministry of Employment and Labor And supports KRW 10,800,000 a year. In addition, in accordance with Article 106-8 of the Restriction of Special Taxation Act, the VAT on the issuance of the certificate of origin of an FTA for a limited period until December 31, 2013 was deleted as part of the revision of the Act on January 1, 2014,, And it is considered as a field that needs continuous support for the increase of FTA preferential export use.

<Table 7-3> According to Size of Korean Companies Export Import Utilization

		Chile	EFTA	ASEAN	India	EU	peru	us	Turkey	Austalia	Canada	China	New Zealand	Columbia	Total
export	MNCs	96.6	96.1	63.3	81.2	89.1	97.2	95.4	80.8	96.9	99.3	69.8	34.8	83.5	84.6
export	SMCs	63.4	72.6	40.3	57.5	81.2	44.8	75.5	75.9	57.3	68.4	48.4	38.5	31.5	61.7
export	Total	86.3	84.5	49.8	70.6	85.7	80.9	86.8	78.6	85.0	94.5	57.3	37.6	62.0	73.8
import	Mncs	99.6	33.9	62.0	44.5	59.9	97.3	37.9	64.6	55.5	73.4	62.8	50.6	78.1	54.6
import	SMCs	98.8	65.9	72.5	68.8	78.0	35.6	76.5	68.4	70.1	85.0	71.3	91.6	88.6	74.3
import	Total	99.0	60.7	70.1	62.8	74.6	36.9	64.4	67.9	67.7	82.4	70.0	86.4	86.1	70.2

① (Export utilization rate) Export declaration form C / O Issued exports / Preferential items Exports subject to tariffs
② (Import utilization rate) Actual preferential imports / customs imports
③ The cumulative export (import / export) rate is based on the date of confirmation of the trade statistics (post-C / O issuance, post-

Source: Monthly FTA statistics, Korea Customs Service FTA Executive Planning Office (2018.5)

Table <7-3> shows export utilization rate by company size as of April 2018. As can be seen on the chart, SMEs have difficulty in managing their origin properly due to lack of professional manpower and lack of funds.

The world is now concluding a FTA, a bilateral trade agreement. The world is already trading at more than 50% of the world's trade volume with RTA, and Korea has FTA agreements with 15 agreements and 52 countries (as of October 4, 2018). Now the FTA is a new world trade order that can not be avoided. It is in urgent need to shift the recognition that exporters themselves accept the costs of adapting to such a trade environment as an investment concept.

2) Korea's textile industry statistics

(1) Trend of major fiber production in the world

World textile production in 2016 increased by 1.6% year on year to 89,844 thousand tons

And synthetic fiber output increased by 2.8% over the previous year. On the other hand, the production of natural fibers decreased by 1.4%. Synthetic fiber production increased by 2.9% to 59,686,000 tons and cellulose production increased by 2.1% to 5,296,000 tons.

On the other hand, the production of natural fibers increased 1.1% and 4.4%

While cotton production decreased by 1.6%. Overall, chemical fibers have continued to increase since 2012, but natural fibers continue to decline. Natural fibers are seen as a natural phenomenon due to low productivity and reduced cultivation area. Increasing production of chemical fiber is believed to be due to the expansion of industrial fiber production and development of various functional materials.

<Table 7-4> Trend of major fiber production in the world

(Based on weight: thousand tons,%)

Year	Chemical fiber			Natural fiber				Total
	Synthetic	cellulose	Sub-total	cotton	wool	silk	Sub-total	
2012	51,389 (9.6)	4,022 (8.9)	55,411 (9.5)	23,563 (△1.0)	1,166 (4.4)	153 (15.9)	25,125 (0.3)	80,536 (6.5)
2013	54,606 (6.3)	4,846 (20.5)	59,452 (7.3)	23,880 (1.3)	1,163 (△0.3)	160 (4..6)	25,449 (1.3)	84,901 (5.4)
2014	55,885 (2.3)	5,014 (3.5)	60,899 (2.4)	24,338 (1.9)	1,144 (△1.6)	178 (11.3)	25,901 (1.8)	86,800 (2.2)
2015	58,016 (3.8)	5,187 (3.5)	63,203 (3.8)	23,600 (△3.0)	1,157 (1.1)	202 (13.5)	25,211 (△2.7)	88,414 (1.9)
2016	59,686 (2.9)	5,296 (2.1)	64,982 (2.8)	23,234 (△1.6)	1,170 (1.1)	210 (4.0)	24,862 (△1.4)	89,844 (1.6)
ratio	66.4	5.9	72.3	25.9	1.3	0.2	27.7	100

Notes: 1. Cellulose contains Cupra, Acetate Tow excluded, Synthetic cellulose excludes Olefin
2. ( ) indicates the year-on-year rate of change
※ Cellulose = viscose rayon, persimmon, regenerated fiber
Source: Korea Chemical Fiber Association, www.kcfa.or.kr, Statistics

(2) World textile export and import ranking

<Table 7-5> shows the export status of textiles & clothing by major countries in the world. As of 2012, Korea's exports of textiles accounted for US $ 13.9 billion (8th in the world), accounting for 2.0% of global textile exports, but by 2016, US $ 12.1 billion (15th in the world) It accounts for 1.7% of exports and its share is gradually decreasing. Among textiles exports in 2016, textiles accounted for 3.5 percent of the world's top 10 billion dollars (seventh place), while clothing accounted for 0.5 percent of the top 20 billion dollars (31st in the world).

<Table 7-5> Textile and Apparel Exports by Major Countries

(Unit: million dollars, % year-on-year)

NO.	country	2012	2013	2014	2015	2016	
							%
	World	698,060	755,087	794,737	744,122	726,302	△2.4	100
1	China	255,253	284,154	298,425	283,635	262,924	△7.3	36.2
2	India	29,276	32,959	36,082	35,543	34,177	△3.8	4.7
3	Italia	35,333	37,209	39,135	32,994	33,425	1.3	4.6
4	Vietnam	18,337	21,761	25,504	27,576	30,756	11.5	4.2
5	Germany	32,005	33,554	35,258	30,209	30,655	1.5	4.2
6	Bangladesh	21,226	25,152	26,945	28,229	30,424	7.8	4.2
7	Turkey	25,344	27,542	29,184	26,073	25,960	△0.4	3.6
8	Hongkong	33,119	32,636	30,295	27,523	23,589	△14.3	3.2
9	US	19,086	19,795	20,463	20,055	18,552	△7.5	2.6
10	Spain	13,986	15,934	17,066	15,683	16,954	8.1	2.3
11	France	15,693	16,558	17,303	15,453	15,567	0.7	2.1
12	Belgium	13,861	14,735	15,301	13,924	14,397	3.4	2.0
13	Netherlands	12,955	13,846	14,718	12,635	13,156	4.1	1.8
14	Pakistan	12,919	13,890	14,068	13,255	12,783	△3.6	1.8
15	Korea	13,880	14,143	14,157	12,763	12,092	△5.3	1.7

Note: EU includes intra-regional trade and China includes Macau.
Source: Korea Textile Industry Association Textile Fashion Statistics (2018; WTO statistics Database)

n the other hand, as of 2012, Korea's textile imports accounted for US $ 11.1 billion (seventh in the world), accounting for 1.5% of global textile imports, but by 2016, US $ 13.8 billion Accounting for 1.8% of the world's textile imports, slightly increasing.

Among textiles imports in 2016, textiles accounted for 1.8% of textile imports (1.7%), followed by clothing (1.7%) and clothing ($ 12.6 billion), both of which were $ 5.1 billion (14th in the world). Overall imports of textiles It is showing.

<Table 7-6> Textile and apparel imports by major countries

(Unit: million dollars,% year-on-year)

NO.	country	2012	2013	2014	2015	2016		
								%
	World	740,533	804,055	844,198	781,839	770,110	△1.5	100
1	US	113,919	117,990	121,460	126,459	119,953	△5.1	15.6
2	Germany	47,054	49,693	52,606	47,236	47,728	1.0	6.2
3	Japan	42,985	42,378	40,037	36,759	36,080	△1.8	4.7
4	Frans	29,561	31,077	33,283	29,769	29,714	△0.2	3.9
5	England	29,642	30,389	31,972	30,166	28,991	△3.9	3.8
6	Italia	23,844	24,339	26,211	23,114	23,334	1.0	3.0
7	China	24,335	26,902	26,418	25,544	23,125	△9.5	3.0
8	Spain	18,623	19,314	21,896	20,634	22,140	7.3	2.9
9	Hongkong	26,702	26,858	25,531	23,423	20,627	△11.9	2.7
10	Netherlands	15,980	16,690	19,061	17,002	17,220	1.3	2.2
11	Canada	13,955	14,511	14,667	14,284	13,885	△2.8	1.8
12	Vietnam	9,694	11,349	12,867	13,667	13,848	1.3	1.8
13	Korea	11,149	12,753	13,838	13,684	13,752	0.5	1.8
14	Belgium	12,835	13,352	14,164	11,611	12,314	6.1	1.6
15	Poland	7,985	8,513	10,142	9,777	10,580	8.2	1.4

Note: EU includes intra-regional trade and China includes Macau.
Source: Korea Textile Industry Association. 2018 Textile Fashion Industry Statistics (2018.4; WTO statistics Database)

First, as shown in the table below, both the number of enterprises and the number of workers in the textile industry are showing a gradual decline.

<Table 7-7> Number of textile industry / Number of employees in Korea

(Unit: thousand / person,% of the previous year)

| | | 2012 | 2013 | 2014 | 2015 | 2016 | |
						Cases	%
Number of Company	manufacturing	360,394	370,616	397,171	413,849	416,493	0.6	-
	Textile Fashion	45,200	45,475	47,408	48,375	47,899	△1.0	100
	%	12.5	12.3	11.9	11.7	11.5	-	-
Number of employees (1000)	manufacturing	3,715	3,802	3,957	4,043	4,045	0.1	-
	Textile Fashion	304	301	305	306	302	△1.4	100
	%	8.2	7.9	7.7	7.6	7.5	-	-

Note: Excluding related industries such as wholesale and retail trade and service industry
Source: Korea Textile Industry Association. 2018 Textile Fashion Industry Statistics (2018.4)

Meanwhile, in recent years, Korea's textile exports have been declining, and textile imports are steadily increasing. As of 2017, Korea's textile exports decreased by 0.5% to US $ 13.74 billion, while imports increased by 4.7% to US $ 151.9 billion, and the trade balance of the textile industry recorded a deficit of US $ 1.47 billion. Of the whole industry, textile exports account for 2.4% and imports account for 4.7%.

<Table 7-8> Korea's Textile Exports and Imports in 2013

(Unit: million dollars,% year-on-year)

| Year | Export | | | Import | | | trade balance | | |
| | Total | Textile | | Total | Textile | | Total | Textile | |
			%		Rate of change	ratio		Rate of change	ratio
2010	466,384 (28.3)	13,980 (19.6)	3.0	425,212 (31.6)	9,753 (34.2)	2.3	41,172	4,227	10.3

2011	555,214 (19.0)	16,052 (14.8)	2.9	524,413 (23.3)	12,348 (26.6)	2.4	30,801	3,704	12.0
2012	547,870 (△1.3)	15,696 (△2.2)	2.9	519,584 (△0.9)	11,730 (△5.0)	2.3	28,285	3,966	14.0
2013	559,632 (2.1)	16,072 (2.4)	2.9	515,586 (△0.8)	13,281 (13.2)	2.6	44,047	2,792	6.3
2014	572,665 (2.3)	16,096 (0.1)	2.8	525,515 (1.9)	14,396 (8.4)	2.7	47,150	1,700	3.6
2015	526,757 (△8.0)	14,490 (△10.0)	2.8	436,499 (△16.9)	14,305 (△0.6)	3.3	90,258	186	0.2
2016	495,426 (△5.9)	13,807 (△4.7)	2.8	406,193 (△6.9)	14,507 (1.4)	3.6	89,233	△700	-
2017	573,694 (15.8)	13,742 (△0.5)	2.4	478,478 (17.8)	15,194 (4.7)	3.2	95,216	△1,452	-

Source: Korea Textile Industry Association. 2018 Textile Fashion Industry Statistics (2018.4)

According to the analysis of FTA preferential export ratio of 2013, exports accounted for 84.5% (US $ 13,485 million) of general (non-preferential) exports, accounting for only 15.5% (US $ 2,472 million) Respectively. And in 2016, FTA utilization rate was 45.9% in total textile trade volume (13,807 million dollars). This is because it is the lowest among the 10 categories of major industries, and it is not easy to meet the criteria for determining the origin of fiber of major exporting countries or the tax rate difference between MFN and FTA (Preferential tariff) is not large.

<Table 7-9> First Half of 2017 (January~June)

(Unit: thousand dollars,%)

Industry	Export			Import		
	Exports to FTA preferential targets	C / O Issuance Amount	Utilization ratio	Imports to FTA preferential targets	C/O	Utilization ratio
Agriculture and forestry products	1,010,134	555,585	55.0	10,780,704	9,598,698	89.0
Minerals	3,800,749	1,860,237	48.9	9,144,097	2,957,452	32.3
Chemical industry products	12,721,054	7,950,294	62.5	13,812,311	10,897,421	78.9
Plastic rubber and leather products	3,971,862	2,752,320	69.3	1,762,676	1,393,206	79.0
Fiber	4,389,378	2,111,050	48.1	4,988,759	4,038,223	80.9
Household goods	1,769,137	923,242	52.2	5,147,633	3,466,863	67.3
Steel products	7,267,244	3,971,646	54.7	4,980,960	3,815,724	76.6
machinery	30,693,720	25,098,312	81.8	16,114,048	11,476,754	71.2
Electrical and electronic products	10,566,132	4,989,293	47.2	11,011,232	6,731,694	61.1
sundries	202,360	148,524	73.4	99,387	77,981	78.5
Total	76,391,770	50,360,502	65.9	77,841,807	54,454,015	70.0

Source: Korea Customs Service. Source of International Origin (September 2017). FTA TRADE REPORT. Vol.03, pp.188~189

In the first half of 2017 (January to June), the total utilization rate of imports and exports to textiles is 48.1% and import utilization rate is 80.9%. This phenomenon occurs especially in Vietnam, ASEAN, and China, where exports to FTA preferential tariffs are high, due to the fact that non-originating materials (inverse foreign materials) are exported to these relatively low- This is due to the high proportion of re-importing finished apparel that is easy to meet the decision criteria.

In terms of export utilization rates, the EU utilization rate is 86.4%, Turkey 86.0%, USA 72.2%, EFTA 71.8% and Australia 57.8%, Followed by Vietnam (95.3%), ASEAN (93.0%), New Zealand (92.9%), India (85.8%) and EFTA (78.6%).

<Table 7-10> First Half of 2017 (January~June) Import / Export utilization

(Unit: thousand dollars)

Agreements	Export		Import	
	Exports to FTA preferential targets	utilization(%)	Imports to FTA preferential targets	utilization(%)
Chile	25,511	44.0	125	0.2
EFTA	2,791	71.8	7,647	78.6
ASEAN	874,445	32.3	850,421	93.0
India	29,627	38.9	174,250	85.8
EU	674,231	86.4	605,559	66.0
Peru	3,473	32.1	4,655	79.1
US	556,141	72.2	176,552	71.6
Turkey	172,643	86.0	47,734	33.1
Australia	24,996	57.8	2,963	67.6
Canada	12,091	55.8	7,734	58.8
China	586,996	36.2	1,640,553	69.4
New Zealand	4,914	34.5	529	92.9
Vietnam	1,409,715	30.6	1,471,,990	95.3

Source: Korea Customs Service. Source of International Origin (September 2017). FTA TRADE REPORT. Vol.03, pp.214-215

Article 7-2 Textile industry and Korea-US FTA tariff
benefits Lack of competitiveness

SEOUL, South Korea (Reuters) - South Korea's textile industry is struggling to catch up with late comers, saying it does not enjoy the benefits of the Korea-US Free Trade Agreement (FTA).

Even if the Korea-US FTA takes effect in 2012, the textile industry is expected to enjoy the greatest increase in exports to the US and the automobile industry due to the high tariff rate on the United States.

The Korea Institute for Industrial Economics and Trade (KIET) said in a report on the 5-year evaluation of the Korea-US FTA in the Textile Industry, the Korea Institute for Industrial Economics and Trade (KITA) said, "The effect of the US exports to the US on the exports of US exports to the US will be delayed until 2013," He said. According to the report, exports to the United States of tariffs are expected to increase by 15.1% and 6.2% in 2012 and -5.3% in 2014 (-0.9%) and 2016 (-3.0%), respectively. I looked. This is because the domestic textile industry is largely under pressure from US market competition despite tariff benefits.

Our textile industry is in a severe competition with other competitors such as Taiwan and Hong Kong, and it suffers from the intense pursuit of China, India and Thailand.

Looking at US market share of abolished tariffs, it increased from 0.83% in 2011 to 0.97% in 2013, but dropped to 0.88% in the previous year. This is because it has been inferior in price competitiveness with Asian competitors.

According to the report, "The domestic textile industry is inferior to the high-performance and differentiated textile market of the United States occupied by developed countries such as Japan and Germany due to the lack of technology level and development of differentiated new materials." "In order for the domestic textile industry to maximize the effect of the Korea-US FTA, it should strengthen its competitiveness through product differentiation and high value-added through technological innovation."

Source: Yonhap News, October 4, 2017

      http://www.yonhapnews.co.kr/bulletin/2017/09/29/0200000000AKR2017

      0929195900003.HTML?input=1195m

Section 3. Exports of US textile to the United States

1) Goods subject to the Korea–US FTA Textile Agreement

The scope of the products subject to the Korea-US FTA Textile Rule is based on Article 11 of the Customs Tariff Schedule, "Products of Textile Fibers and Textile Fibers" (Articles 50 to 63) 63), other textile fabrics of heading No. 4202, fiberglass of heading 7019 and articles thereof, bedding of heading No. 9409.90.

<Table 7-11> HS Classification System of Textiles[84]

(Chapter 50 to 55)	It is classified according to kinds of textile materials. The product is further subdivided in the order of fiber → yarn → fabric according to processing degree.
(Chapter 56 to 59)	These include wadding, felt, nonwovens, rugs of Chapter 57, special fabrics of Chapter 58, and coated fabrics of Chapter 59.
(Chapter 60)	Knitted and unbleached knitted fabrics are classified.
(Chapter 61 to 63)	Chapter 61 classifies knitted garments, Chapter 62 classifies non-knitted garments, and Chapter 63 classifies other textile products.

According to public organizations such as WTO, US CBP, Korea Customs Service, International Information Center of Origin, Korea

---

84) Researchers reconstruct

Federation of Textile Industries, and Association of Chemical Associations, 50 to 63, respectively.

And timing of export declaration, timing of shipment, timing of arrival, and timing of declaration of import of partner country. Export statistical standard: Korea Customs Service estimates the export declaration repair standard, USITC (US International Trade Commission) If you add 30 days for shipping, about 30 days for shipping, and 25 days for US import declaration, up to about 85 days difference can occur.

<Table 7-12> shows the classification of the 11th edition of the customs tariff on the basis of the processing process.

<Table 7-12> Items subject to the Korea-US FTA Agreement[85]

Item number		Item Name
Bags	4202.12	Trunk, suitcase, vanity case, brief case, student bag, etc. - of textile material of an outer surface
	4202.22	Handbags, whether or not suspenders, including those without handles - of textile material of an outer surface
	4202.32	Items normally carried in pockets or handbags - of textile material of an outer surface
	4202.92	Other bags - of textile material of an outer surface
Fiber yarn textile	50	silk
	51	wool; Wearing yarn and their fabrics
	52	cotton
	53	Other paper yarn and branch fabric
	54	man-made filaments, strips of man-made textile materials and the like
	55	man-made staple fibers

	56	wadding, felt, nonwovens, special yarns, twine, cordage, ropes, cables and their products
Non-woven carpet Special fabrics Coated fabric	57	Carpets and other textile floor coverings
	58	Special fabrics, tufted textile fabrics, lace, tapestries[86]), Trimming and embroidery
	59	impregnates, coated, covered or laminated Textile fabrics, industrial textiles
knitting Knitted clothing	60	knitted or crocheted fabrics
	61	Clothes and accessories thereof (knitted or crocheted)
Textile Clothing	62	Clothes and accessories thereof (except knitted or crocheted knitted goods)
Other Textile products	63	Other textile products, sets, used clothing, Used textile products and rags ex) blankets, bed linen, towels, curtains, tents, etc.
glass fibers	7019	glass fibers and their products
sundries	9404.90	articles of bedding And similar articles

2) Export status of textile in America

First, when the Korea-US FTA comes into effect (March 15, 2012), when comparing the exports of the US textile industry by the Korea Customs Service, the total export value for the two years before the entry into force was $ 247,862 million, and the total export performance for the two years after the entry into force was $ 272,118,000 % Increase. However, when exporting US $ 272,118,000 from the US export of US $ 310,147,000 for two years after the fermentation, the export of US-made fibers (HS 50-63) decreased 12.3%.

---

85) Researchers reconstruct(Customs Service, www.customs.go.kr, "Legal Information", February 17, 2015.).

86) tapestry: fabrics incorporating pictures in different color chambers

(Unit) Amount: US $ (thousands)

	'12.3.15 FTA Before					FTA after		Total
	2007	2008	2009	2010	2011	2012	2013	
HS 50	2,942	2,628	1,868	2,430	3,236	3,308	3,051	19,463
HS 51	288	294	213	137	162	122	143	1,359
HS 52	12,591	12,783	11,774	15,347	16,234	15,864	15,861	100,454
HS 53	204	242	181	329	335	310	283	1,884
HS 54	21,278	18,762	14,287	15,325	18,302	21,511	21,577	131,042
HS 55	21,774	18,166	13,210	16,726	15,927	19,700	19,521	125,024
HS 56	4,504	3,460	1,923	3,340	4,641	5,941	5,748	29,557
HS 57	1,139	818	250	437	576	574	816	4,610
HS 58	3,499	3,010	2,328	3,025	3,272	3,343	3,441	21,918
HS 59	8,553	9,630	8,061	9,564	12,041	13,497	11,304	72,650
HS 60	31,342	26,682	21,096	20,965	25,722	24,386	24,100	174,293
HS 61	42,022	37,601	24,235	24,411	23,818	21,393	23,455	196,935
HS 62	12,601	7,413	5,274	3,908	3,097	3,051	3,219	38,563
HS 63	3,398	2,523	2,230	2,277	2,278	2,934	3,665	19,305
Total	166,135	144,012	106,930	118,221	129,641	135,934	136,184	937,057

As shown in <Table 7-13>, the HS 54 artificial filament fiber, the artificial staple fiber of class 55, the nonwoven fabric of class 56, and the coated textile of grade 59 showed a moderate increase, maintaining the level during the 2007-2008 boom period Exports of HS 61 and HS 62 apparel are declining. Comparing the export performance of clothing for the two years from FY2007 to FY2008 and the FTA between Korea and the US for the two years from 2012 to 2013 after the boom of Korea's textile export boom, HS

---

87) Customs Service, www.customs.go.kr, "Statistics on imports and exports", reconstruction December 12, 2014

Type 61 knitted apparel decreased by 43.7% And 68.7%, respectively. In this way, it is difficult to meet the criterion for determining the origin of origin, which is represented by yarn forward, because it is difficult to procure natural fibers such as silk, wool, cotton and other vegetable fibers. Moreover, it seems to be due to the burden of post-verification of origin and the price competitiveness of countries such as China, Vietnam and Indonesia. Nonetheless, the chemical fiber industry in favor of exports to the US is favorable in the case of HS 54, 55 and 56, which are produced from the refinery process of Chapter 27, It is developed. Therefore, it is relatively easy to meet the criteria of origin by item and it is attributed to the recent increase in demand for industrial fibers.

Section 4 Analysis of Korea-US FTA Trade Performance

1) Korea-US FTA tariffs

Korea and the US have completely eliminated tariffs on all textiles within 10 years and have established a concession plan considering the trade structure, tariff rates, and benefits of the two countries.[88]

---

88) Export amount (average of imports from 2003 to 2005): Korea → US (US $ 2.7 billion); US → Korea (US $ 240 million); Tariff rate (2003~2005 weighted average of imports): Korea 9.3%, USA 13.1%; Decrease in customs revenue for the year of entry (based on the amount of imports in 2003-2005): US $ 240 million, US $ 0.2 billion

Although the tariff concession level of the textile due to the FTA is about 10 times of the import amount of the US, the rate of immediate elimination is 72% based on the imported amount and 97.6% based on the imported amount. 61% and 86.8%, respectively. Korea has a wider range of concessions. The United States immediately abolished tariffs on 164 items (worth US $ 1.55 billion) among 225 items including sweaters (tariff rate 32%), socks (tariff rate 13.5%) and men's shirts (tariff rate 28% . In addition, after the fifth year of fermentation, the percentage of abolition was only 14.6% in Korea, while the US side reached 38.8%, which also allows us to read the American will to protect sensitive industries in the FTA.

<Table 7-14> Between Korea and the US

(Unit: million dollars, %)

	Korea				US			
	Num.	ratio	Import	%	Num.	ratio	Import	%
immediately	1,265	97.6	170	72	1,387	86.8	1,654	61.1
3year	7	0.56	3.2	13.4	-	-	-	-
5year	24	1.9	35	14.6	149	903	504	18.6
10year	-	-	-	-	62	3.9	548	20.2
Total	1,296	100.0	236	100.0	1,598	100.0	2,707	100.0

Note: Import: 2003-2005 three-year average
Source: Korea International Trade Association (2013). US FTA Verification Response Strategy (Textile and Apparel Industry), p.29

As for the timetable for major items, synthetic sweaters, men's shirts, woolen fabrics, cotton socks and synthetic short fibers were immediately eliminated and cotton fabrics, cotton shirts, synthetic fiber blouses (tariff rate 6.0~32.0%), synthetic fibers PEF textiles (tariff rate 6.0~32.0%) are to be cut by 10~20% every year for 5 ~10 years.

<Table 7-15> Tariff elimination schedule of major export items in the US

Immediate elimination (Item, export, tariff rate)	5 years elimination (Item, export, tariff rate)	10 years elimination (Item, export, tariff rate)
· Artificial sweater: 277 (32.0%) · PE short fibers: 140 (4.3%) · Men's synthetic shirts: 134 (25.9%) · Cotton socks: 134 (13.5%) · Synthetic fiber blankets: 36 (8.5%) · Male wool suit: 25 (27.3 to 17.5%)	· Men's cotton shirt: 67 (19.7%) · PEF fabric: 61 (14.9%) · Synthetic socks: 59 (14.6%) · Cotton fabrics: 54 (6.0%) · Synthetic fiber (dyeing): 38 (10.0%) · Synthetic knitted blouse: 17 (32%)	· Synthetic fibers (including elastic fibers): 141 (12.3 to 10.0%) · PE high strength yarn: 53 (8.8%) · PEF fabric (dyeing): 24 (14.9%) · Men's cotton shirt (knitted): 25 (16.6%) · Women's cotton pants (fabric): 25 (16.6%)

Note: Exports are based on US import statistics ($ 1 million, 2003-2005 average)

Source: Korea Textile Industry Association (2012.5). Understanding and Utilization of FTA in Textile Fashion Industry. Textile Fashion Industry Presentation Session, p.4

2) Korea–US FTA Trade Performance

According to the Korea Textile Development Institute (2007), textile industry is expected to benefit the most from the expected effects of the Korea-US FTA, due to expectation of textile tariff elimination. The US tariff rate on textiles is a tilted tariff structure that maintains high tariffs as it is closer to the finished product. The simple average tariff rate is 8.9%, but as of the end of 2005, the US weighted average tariff rate for Korean textiles is 12.51%, among which the weighted average tariff rate is 9.56% and the weighted average tariff rate for apparel products is 16.4% Industry Research Institute). By item, the weighted average tariff rate of clothing was the highest at 16.4%. Based on this, it is estimated that the tariff reduction effect of textile exports to the US in the first year will be about $ 290 million (Korea Textile Development Institute, 2007).

<Table 7-16> Trends of US-Korea Trade before and after Fermentation

(Unit: billion dollars,% year-on-year)

Year	2008	2009	2010	2011	'Korea-US FTA entry into effect in March '12		
					2012	2013	'14.1
Export	463.8	376.5	498.2	562.1	585.3	620.5	48.6
(Growth rate)	(1.3)	(-18.8)	(32.3)	(12.8)	(4.1)	(6.0)	(-2.0)
IMport	383.7	290.4	404.0(39	445.7	433.4	415.1	36.2(1.3)
(Growth rate)	(3.1)	(-24.3)	.1)	(10.3)	(-2.8)	(-4.2)	
Trade	847.4	666.9	902.2	1,007.8	1,018.7	1,035.6	84.8
(Growth rate)	(2.1)	(-21.3)	(35.3)	(11.7)	(1.1)	(1.7)	(-0.6)
Balance of trade	80.1	86.1	94.1	116.4	**151.8**	**205.4**	12.4
(Growth rate)	(-5.4)	(6.0)	(8.0)	(22.3)	(35.5)	(53.6)	(-1.5)

Source: Korea International Trade Association. Trade Focus. 13 (12), p.1 (source: USITC, kita.net)

During the past two years, Korea's FTA has increased by 8.0% and non-beneficiary by 3.2%. As a result of these exports, the US market share is gradually increasing from 2.59% in 2012 to 2.75% in 2013.

<Table 7-17> Exports to the US by FTA benefits before and
after the fermentation

(Unit: billion dollars,% year-on-year)

| Year | 2011 | Korea-US FTA Effective ('13 .15) | | | | | |
| | | 2012 | | 2013 | | | 2-year average annual growth rate |
	amount	amount	Growth rate	amount	Growth rate	%	Growth rate
Benefit Item	181.7	208.5	14.8	212.1	1.7	34.1	8.0
Non Benefit Item[89]	384.9	380.3	-1.2	410.2	7.9	65.9	3.2
Total	566.6	588.8	3.9	622.3	5.7	100.0	4.8
US import share	2.57	2.59		2.75			-

Source: Korea International Trade Association. Trade Focus. 13 (12), p.5 (source: USITC, kita.net)

3) Comparison of export performance with major competitors

As a result of analyzing the FTA trade performance over the past two years after the Korea - US FTA has been in effect, it has been shown that the export of Korea 's FTAs to the US has achieved better results than its competitors. Thanks to the effect of the Korea-US FTA, the annual average increase in exports of Korea's FTAs was 8.0%, surpassing that of competitors such as Japan, 3.2%, China 5.6% and Taiwan 4.0%. However, we believe that the slump in exports in Japan is due to the March 31, 2011 earthquake in East Japan.

---

89) The HS 8704 passenger car, which accounts for 19.3% of the total exports to the US, is not classified as non-beneficiary

(Unit:% compared to the previous year)

Year	2012			2013			2-year average annual growth rate		
	Benefit	non-Benefit	Total	Benefit	non-Benefit	Total	Benefit	non-Benefit	Total
Korea	14.8	-1.2	3.9	1.7	7.9	5.7	**8.0**	**3.2**	**4.8**
Japan	15.2	12.7	13.5	-7.5	-4.2	-5.4	3.2	3.9	3.7
China	6.6	6.5	6.6	4.5	2.7	3.5	5.6	4.6	5.0
Taiwan	8.9	-13.0	-6.1	-0.6	-3.4	-2.4	4.0	-8.3	-4.3
World	1.4	4.7	3.1	-2.5	1.7	-0.4	**-0.6**	**3.2**	**1.3**

Source: Korea International Trade Association. Trade Focus Vol.13 No.12, p.6 (Source: USITC, kita.net)

The Korea-US FTA has surpassed US $ 10 billion in annual surplus in 2010~2011, and a surplus of about US $ 20 billion in 2013. However, the overall performance of the Korea-US FTA needs to be further considered because of the large number of non-trade balance variables such as the opening of the investment, service and government procurement sectors and the extension of the intellectual property right protection period (70 years).

4) Analysis of the export performance to the US by industry

(1) Analysis of total export performance

According to the data from the Ministry of Commerce, Industry and Energy (2014), exports to the US are 1.6% in the first year of enforcement (from March 15 to March 14, 2013) and the second year of enforcement (from March 13 to March 13,) Increased by 5.4%. In the first year of fermentation, Korea's total exports decreased by -2.0%, and in the second year of fermentation, it increased by only 2.6%. In the case of the FTA, the increase in the first year of the FTA was 10.9%, which led to an increase in exports. However, the rate of increase in the second year was 4.9%, which was lower than that of exports (5.7%). After the Korea-US FTA came into effect, trade with the United States expanded slightly to $ 103.56 billion last year, surpassing $ 100 billion for the first time in 2011. As such, exports to the US and the US in 2012 and 2013 will increase to US $ 15.1 billion in 2012 and US $ 20.5 billion in 2013, respectively.

In particular, exports of beneficiary products with tariff cuts or eliminations due to the two - year FTA between the two countries increased by 8.0% per year, exceeding the growth rate of 3.2~5.6% of competitors such as Japan, China and Taiwan. Based on these results, the market share of Korean products in the US import market also increased from 2.57% (2011) to 2.75% (2013) before the FTA came into effect.

By industry, transportation equipment such as auto parts was ranked as the biggest beneficiary, with annual average growth rate of 17.0% for two years. Followed by chemical products (13.1%), petroleum products (10.4%), metals (6.9%), electrical and electronic goods (5.8%) and machinery (5.2%). First, exports of automobile parts, which have benefited from tariffs, are showing rapid growth. The export performance of competitors such as Japan (2.7%) and China (10.4%) and the US import demand (8.7% . In the case of automobiles (finished cars) scheduled for the elimination of tariffs in 2016, exports to the United States have increased by more than two digits despite the fact that they are not beneficiaries of FTAs.

<Table 7-19> Growth rate of exports to the US[90]

		1 year (2012.3.15~2.13.3.14)	2 year (2013.3.15~2014.3.14)
Total export		-2.0	2.6
Export to USA	Total	1.6	5.4
	Benefit Items	10.9	4.9

(2) Analysis of textile export performance

The textile industry has remained at 1.7%, which is not much higher than the average annual export growth rate of 8.0% for two years. There is no difference between the average export growth rate of 1.5% Therefore, see Hwang Jae-han (2006: 428) for the controversial debate over the general perceived economic effect that textile is a beneficial item in the KORUS FTA.

, It is difficult to increase the export of daniel fiber except for items such as HS 54, 55 and 56, which are made of chemical fiber,

---

90) The contents of the text are composed by the researcher

which is competitive in price by Korea. <Table 7-20> shows the exports of FTAs to the US in 2014 by the Korea International Trade Association.

<Table 7-20> Industry-specific FTA preferences Export to US

(Unit: billion dollars, % year-on-year)

industry	Korea-US FTA Effective (December, March) Export to US						Beneficiaries of FTAs Export average annual growth rate (%) comparison				
	2012년			2013년			韓→美	日→美	中→美	Taiwan →美	world →美
	Total	Benefit	non-Benefit	Total	Benefit	non-Benefit					
Total amount (Growth rate)	588.8 (3.9)	208.5 (14.8)	380.3 (-1.2)	622.3 (5.7)	212.1 (1.7)	410.2 (7.9)	8.0	3.2	5.6	4.0	-0.6
Transportation machinery	152.4 (22.9)	38.7 (23.3)	113.7 (22.8)	173.5 (13.8)	43.0 (11.1)	130.5 (14.7)	17.0	2.7	10.4	5.3	8.7
Electrical and electronic	127.3 (-20.3)	24.3 (7.3)	103.0 (-24.9)	146.9 (15.4)	25.4 (4.4)	121.6 (18.0)	5.8	8.9	6.8	6.4	4.7
Non-electric appliance (machine)	111.7 (8.4)	39.7 (17.3)	72.0 (4.0)	107.9 (-3.4)	37.5 (-5.6)	70.4 (-2.2)	5.2	2.8	11.8	8.0	5.5
Metal	55.0 (21.3)	14.3 (14.1)	40.7 (24.1)	51.5 (-6.4)	14.3 (0.2)	37.2 (-8.7)	6.9	5.1	7.5	3.4	1.5
Chemicals	34.3 (5.8)	20.2 (10.2)	14.1 (0.1)	32.7 (-4.7)	23.4 (16.1)	9.2 (-34.6)	13.1	1.0	7.4	5.9	1.5
Petroleum products	29.8 (28.1)	29.8 (28.1)	0.0 (-)	28.3 (-4.9)	28.3 (-4.9)	0.0 (-)	10.4	16.1	45.8	-59.4	-8.4
Leather / Rubber / Shoes	22.3 (9.1)	18.6 (10.9)	3.7 (1.0)	19.5 (-12.6)	16.4 (-11.9)	3.1 (-16.0)	-1.2	-4.6	4.0	3.9	5.2
Other Manufacturing goods	15.2 (-0.6)	5.8 (-7.0)	9.4 (3.9)	17.0 (12.0)	6.5 (12.0)	10.5 (12.1)	2.1	2.1	5.2	0.5	4.8
Textiles & Clothing	12.7 (5.6)	11.4 (5.3)	1.3 (8.4)	12.5 (-1.9)	11.2 (-1.7)	1.2 (-3.8)	1.7	-0.9	1.6	-2.5	1.5
Furniture · wood · Paper products	7.7 (5.2)	0.4 (32.4)	7.3 (4.0)	8.7 (13.7)	0.6 (56.8)	8.1 (11.3)	44.1	3.3	12.2	23.3	12.0
Mineral and precious metals	5.1 (-38.9)	1.3 (4.9)	3.8 (-46.7)	5.5 (8.3)	1.2 (-7.0)	4.3 (13.7)	-1.2	4.0	2.7	-3.0	4.0
Agricultural and Fish Foods	5.6 (18.0)	3.6 (9.6)	2.0 (37.3)	6.4 (14.6)	4.2 (16.8)	2.2 (10.6)	13.2	-0.3	7.3	9.4	6.5

Source: Korea International Trade Association. Trade Focus Vol.13 No.12, p.9 (Source: USITC, kita.net)

Article 7-3: [Handsome Column] 5 years of fermentation Korea-US FTA, textile future announced

How did the textile trade between the two countries last five years? Just before fermentation, exports of fiber to the US in 2011 were $ 1,342,259,000 but only $ 1,322,682,000 in 2016. The five-year-old has nevertheless reduced $ 19.63 million. If it were comforting, the decline in textile imports was greater. The amount of imports of textiles, which had seen $ 412.2 million in 2011, fell to $ 379.67 million, down $ 32.53 million in 2016. The positive effect of the product across all sectors laid a contrast to the situation in which both imports and exports declined. There was no increase in pink exports of more than $ 100 million a year following the government's announcement. Could it be that only the textile industry is attracted to FTA magic?

If you look at the figures, the FTA effect is nothing short of a novelty. However, there is hope that the Korean textile industry is in the mirage. First, the entry into force of the Korea - US FTA informed the current address of the Korean textile industry. Exports to the United States declined sharply due to the abolition of the quota. China, Indonesia and other emerging economies have kept exports at $ 1.4 billion per year for five years. Over the past five years, the cumulative trade surplus of the textile trade in the United States has surpassed $ 5 billion. The tariff reduction effect kept the trade surplus of around $ 1 billion annually. It is the reason why it is evaluated that it has delayed the collapse of Han-based textile somewhat.

Filling up 5 years of fermentation, only 72 items are now subject to tariffs. In the 6th year of fermentation, tariffs on 72 items were reduced by 60% compared with those before fermentation. It is a part of hope to see the future export of fiber to the United States. However, stringent rules of origin have been a huge mountain for over five years and must be exceeded in future exports. In short, the calculation of the FTA effect on the textile sector is not straightforward. Obviously, the higher the proportion of labor costs, the more the effect of prior learning was offset by the tariff reduction effect.

The road must be found here. It is time to concentrate on indirect exports through third countries as well as product production and direct export of comparative advantage. That's why building a global supply chain is an issue.

Source: Korean Textile Review taken from March 17, 2017,
http://www.ktnews.com/sub/view.php?cd_news=102503

Section 5 Sub-Conclusion

The world welcomed the transition of the protection trade structure by the traditional multilateral textile agreement to the free trade scheme with the enlargement of the regional trade agreement between the developed, developing and developed countries. This chapter examines the changes in the international trade environment caused by the proliferation of free trade agreements and the necessity of managing the FTAs of the FTAs. It also examines the trends of major textile production in the world, the import and export ranking of the world textile countries, And the proportion of exports.

And, after FTA 2012.3.5 Korea-US FTA took effect in 2012, we analyzed the FTA trade performance and the export status of the textile industry in Korea. In the previous researches on FTA textile industry, most of the papers and research papers published since 2007 classify Korean textile products as "beneficial items" and expect the export of textiles to be effective . However, through this chapter, we have verified with the second data statistics that the Korean textile products, which are subject to the Korea - US FTA, are no longer beneficial items. Of course, since it is two years' earnings before and after the fermentation, there is room for improvement in the future, but at least it will not change much in the current situation (Lee Suk-dong, 2016).

In this chapter, we focus on the following four points about trade performance. First of all, the FTA tariff rates of Korea-US FTAs indicate that the import tariff level of the textile industry due to the FTA's entry into force is 10 times that of Korea's imports, %, 97.6% based on the number of items, the US is 61% based on imports, and 86.8% based on the number of items.

Second, in terms of Korea-US FTA trade-related performance, Korea's FTAs showed an annual average increase of 8.0% and non-beneficiary items by 3.2% among Korea's total export items over the past two years. The market share is also gradually increasing from 2.59% in 2012 to 2.75% in 2013.

Third, as a result of analyzing the export performance of the FTAs over the past two years after the Korea - US Free Trade Agreement (FTA) has been implemented, it has been found that the export of products benefiting from Korea 's FTAs has performed better than that of the competitors. Thanks to the effect of the Korea-US FTA, the annual average increase in exports of Korea's FTAs was 8.0%, surpassing that of competitors such as Japan, 3.2%, China 5.6% and Taiwan 4.0%. However, we believe that the slump in exports in Japan is due to the March 31, 2011 earthquake in East Japan. Lastly, the analysis of export of textile products shows that the average annual growth rate of exports of all textiles exported to the US in the same period was 1.5%.

Therefore, the following understanding should be prioritized as a way to increase the tariff rate of preferential tariffs for the US textile FTA. First, it is necessary to understand the provision of "Providing information on fiber production facilities" stipulated in paragraph 2 of Article 4 (Article 4.3 (Customs Cooperation on Textiles or Apparel Products)) of the Korea - US FTA Agreement.

Second, it is necessary to understand the authority of the port director, Article 10.1026 (§10.1026) of the United States Customs Service.

Thirdly, it is necessary to understand Textile Book Transmittals, a guideline for US Customs Authority to pass customs clearance policy on textile imports and detailed enforcement to each customs.

Fourth, the understanding of the provision of preferential tariff benefits through the adoption of US yarn forward rule. The US FTA customs clearance system is expected to increase the FTA preferential tariff rate. In addition, the issue of providing unilateral information on the textile producers listed in the agreement, the delays in discussing the licensing of offshore processing on the Korean peninsula (Kaesong Industrial Complex), and the problem of non-use of offshore procurement (exception quantity) Leaving.

As the limit of this chapter, it is positive to utilize objective data because it is based on the secondary data, but since it is based on the results of two years before and after the effective date, It is thought that it is necessary to make a more accurate view using more precise analysis method. Secondly, although the trade performance has mainly been achieved through the analysis of textile export performance, it is necessary to consider various aspects of trade performance by adding quantitative indicators as well as qualitative indicators. As a limitation of the last study, it is necessary to deeply study Korea 's countermeasures in analyzing the general system of the FTA origin system, the criteria for determining the place of origin, and the contents of the FTA textile and garment agreement.

Subject of discussion

1. Discuss the international trade environment.
2. Discuss the export status of the US textile industry.
3. Discuss the performance analysis of the Korea-US FTA.

references

Korea Customs Service and International Source of Information on Origin (2014). FTA TRADE REPORT. 1 April, 86-87.

International Trade Research Institute (2014). Trade Focus. 13 (12), 1, 5, 6, 9.

Kim Jin-Seop (2012). A plan to revitalize FTA consulting services by customs. Journal of Customs, 14 (2).

Ministry of Commerce, Industry and Energy (2014). Korea-US FTA Trade Performance Analysis

Lee Suk-dong (2015). A Study on the Influence of the Korea - US FTA Agreement on the Exports of American Textiles. Master Thesis. Pukyong National University Graduate School.

Lee Seok-dong and Lee Chun-su (2015). A Study on the Trade Performance of the Korea - US FTA Agreement - Focused on the export of fiber to America. Journal of Customs. 16 (1), 107-127

Lee Jung-yong and Lee Jung-hee (2009). The Problems of the Determination of Origin of Textile and Apparel Sector in the Korea - US Free Trade Zone Agreement and its Countermeasures. Journal of Customs, 10 (4), 204.

Korea International Trade Association (2013). US FTA Verification Response Strategy (Textile and Apparel Industry), 29.

Korea Textile Development Institute (2007). A Study on Appropriateness of Identification of Textile and Apparel Origin and Appraisal Management. 230-233.

Korea Federation of Textile Industries (2012.5), Understanding and Utilization of FTA in Textile Fashion Industry. Textile fashion industry briefing session, 4.

Korea Federation of Textile Industries (2014). Textile Industry Statistics.

Hwang, Jae - Han (2006). Major issues and countermeasures of the Korea - US FTA. Journal of Customs, 7 (4), 428.

Customs Service, Trade Trends with FTA Contracting Parties in 2013,

2015.25.25.

Customs Service, www.customs.go.kr, "Statistics on import and export", December 12, 2014.

Customs Service, www.customs.go.kr, "Legal Information", February 17, 2015.

Korea Chemical Society, www.kcfa.or.kr, "Statistical Data", 2015.2.17.

Korea International Trade Association, www.kita.net, "Trade Information", February 17, 2015.

Korea - US FTA Agreement.

Korea Textile Industry Association, http://www.kofoti.or.kr/

Monthly Customs, First Class Customs Service, YES FTA (Lee Myung-koo), 2014.8.

CBS, Chang Jae-joon interview, November 7, 2011.

US International Trade Commission (USITC), www.usitc.gov, "Research Tools", December 12, 2014.

WTO (2013). International trade statistics.

http://www.kofoti.or.kr/Opboard/View.asp?Code=STATISTICS&Uid=312

Appendix

섬유패션산업 관련 주요 경기지표('18년 3월)

(작성일 : '18.4.30)

구 분		'15년	'16년	'17년	'18년 1월	2월	3월	1~3월
생산	섬유패션산업 (전년동기비 %)	100.0 (△5.2)	97.5 (△2.5)	96.4 (△1.2)	96.3 (1.0)	80.5 (△12.5)	97.4 (△9.3)	91.4 (△7.0)
	섬유 제조 (전년동기비 %)	100.0 (△6.2)	98.0 (△2.0)	94.8 (△3.3)	90.3 (3.0)	77.2 (△14.1)	93.2 (△8.9)	86.9 (△6.9)
	의복 제조 (전년동기비 %)	100.0 (△3.9)	95.9 (△4.1)	96.8 (0.9)	101.5 (△1.6)	81.1 (△12.9)	100.1 (△12.0)	94.2 (△8.8)
	화학섬유 제조 (전년동기비 %)	100.0 (△4.9)	102.6 (2.6)	105.9 (3.2)	112.5 (2.5)	102.4 (0.6)	113.8 (3.7)	109.6 (2.3)
출하	섬유패션산업 (전년동기비 %)	100.0 (0.3)	98.9 (△1.1)	98.8 (△0.2)	94.1 (△0.3)	83.1 (△13.8)	101.1 (△5.8)	92.8 (△6.6)
	섬유 제조 (전년동기비 %)	100.0 (△5.9)	98.3 (△1.7)	95.7 (△2.6)	89.1 (3.7)	77.9 (△13.3)	93.8 (△7.0)	86.9 (△5.7)
	의복 제조 (전년동기비 %)	100.0 (△1.8)	98.9 (△1.1)	100.8 (1.9)	96.1 (△5.7)	85.1 (△16.2)	108.0 (△6.3)	96.4 (△9.2)
	화학섬유 제조 (전년동기비 %)	100.0 (△1.3)	102.7 (2.7)	106.9 (4.1)	114.4 (5.8)	103.8 (△5.9)	110.8 (3.4)	109.7 (1.0)
재고 (기말 기준)	섬유패션산업 (전년동기비 %)	101.6 (△0.1)	100.3 (△1.3)	103.0 (2.7)	105.5 (8.3)	103.1 (8.5)	101.6 (5.2)	101.6 (5.2)
	섬유 제조 (전년동기비 %)	98.2 (△3.1)	111.8 (5.6)	105.0 (3.6)	107.4 (8.7)	105.4 (7.1)	105.8 (6.1)	105.8 (6.1)
	의복 제조 (전년동기비 %)	104.8 (0.8)	98.3 (△6.2)	101.9 (3.7)	105.1 (11.5)	101.9 (11.5)	97.7 (5.5)	97.7 (5.5)
	화학섬유 제조 (전년동기비 %)	99.1 (8.4)	106.6 (7.6)	100.5 (△5.7)	99.8 (△8.2)	100.1 (△0.1)	105.3 (0.4)	105.3 (0.4)
가동률	섬유패션산업 (전년동기비 %)	100.0 (△2.3)	97.8 (△2.2)	96.9 (△0.9)	93.7 (3.4)	82.0 (△10.8)	99.6 (△4.3)	91.8 (△4.0)
	섬유 제조 (전년동기비 %)	100.0 (△2.0)	97.1 (△2.9)	96.0 (△1.1)	91.7 (3.6)	79.8 (△12.3)	98.1 (△5.3)	89.9 (△4.8)
	화학섬유 제조 (전년동기비 %)	100.0 (△4.4)	103.5 (3.5)	104.4 (0.9)	110.7 (2.2)	100.7 (0.3)	112.1 (3.6)	107.8 (2.1)
수출입 (백만불)	섬유류 수출액 (전년동기비 %)	14,490 (△10.0)	13,807 (△4.7)	13,742 (△0.5)	1,179 (19.9)	984 (△5.2)	1,243 (1.4)	3,405 (4.9)
	섬유류 수입액 (전년동기비 %)	14,305 (△0.6)	14,507 (1.4)	15,194 (4.7)	1,400 (13.5)	1,199 (19.0)	1,297 (4.4)	3,896 (8.3)
	무역수지	186	△700	△1,452	△221	△215	△54	△490
소매 판매 (십억원)	소매 판매액 (전년동기비 %)	408,317 (13.1)	424,346 (3.9)	440,111 (3.7)	36,570 (1.5)	35,736 (8.1)	39,467 (7.9)	111,773 (5.9)
	의복 판매액 (전년동기비 %)	57,092 (10.4)	58,878 (3.1)	58,654 (△0.4)	4,355 (△8.2)	4,192 (0.8)	5,223 (9.6)	13,769 (0.7)
환율 유가	원/달러(평균)	1,131.5	1,160.5	1130.8	1,066.7	1079.6	1071.9	1071.7
	유가(두바이, $/Bbl)	50.7	41.4	53.2	66.2	62.7	62.7	63.9

주) 동 자료는 매월말 업데이트 되며, 최근실적은 잠정치 포함으로 추후 수정될 수 있음
☞ 관련 문의 : 한국섬유산업연합회 산업조사팀(T.02-528-4024)

WTO 세계 섬유의류 무역통계

□ 섬유·의류 수출

단위 : 백만불, %

No.	국가명	2000	2010	2014	2015	2016	
						증감률	점유율
-	세계	352,457	605,760	794,737	744,122	726,302	-2.4	100.0
1	중국	52,206	206,692	298,425	283,635	262,924	-7.3	36.2
2	EU(28)	113,533	168,699	202,646	177,605	182,634	2.8	25.1
3	인도	11,558	24,063	36,082	35,543	34,177	-3.8	4.7
4	베트남	2,120	13,450	25,504	27,576	30,756	11.5	4.2
5	방글라데시	5,460	16,118	26,945	28,229	30,424	7.8	4.2
6	터키	10,205	21,724	29,184	26,073	25,960	-0.4	3.6
7	미국	19,581	16,861	20,463	20,055	18,552	-7.5	2.6
8	파키스탄	6,676	11,778	14,068	13,255	12,783	-3.6	1.8
9	한국	17,737	12,577	14,157	12,763	12,092	-5.3	1.7
10	인도네시아	8,239	10,964	12,394	11,986	11,579	-3.4	1.6
11	대만	14,906	10,698	11,170	10,525	9,734	-7.5	1.3
12	일본	7,528	7,618	7,180	6,662	7,020	5.4	1.0
13	태국	5,717	8,061	8,020	7,178	6,875	-4.2	0.9
14	캄보디아	983	3,060	5,396	6,061	6,814	12.4	0.9
15	멕시코	11,202	6,292	7,167	7,046	6,752	-4.2	0.9

□ 섬유·의류 수입

단위 : 백만불, %

No.	국가명	2000	2010	2014	2015	2016	
						증감률	점유율
-	세계	366,858	636,968	844,198	781,839	770,110	-1.5	100.0
1	EU(28)	141,131	241,922	283,208	254,600	259,894	2.1	33.7
2	미국	83,100	105,315	121,460	126,459	119,953	-5.1	15.6
3	일본	24,639	34,071	40,037	36,759	36,080	-1.8	4.7
4	중국	14,024	20,197	26,418	25,544	23,125	-9.5	3.0
5	캐나다	7,816	12,464	14,667	14,284	13,885	-2.8	1.8
6	베트남	1,829	7,493	12,867	13,667	13,848	1.3	1.8
7	한국	4,666	9,275	13,838	13,684	13,752	0.5	1.8
8	멕시코	9,423	7,444	9,994	10,314	9,959	-3.4	1.3
9	방글라데시	1,524	4,632	7,665	9,219	9,830	6.6	1.3
10	호주	3,490	7,014	9,244	9,306	9,078	-2.4	1.2
11	터키	2,388	9,375	10,346	9,248	8,935	-3.4	1.2
12	러시아	912	11,092	12,610	8,340	8,514	2.1	1.1
13	스위스	4,481	7,221	8,384	7,530	7,869	4.5	1.0
14	인도네시아	1,290	4,581	6,355	6,203	6,413	3.4	0.8
15	UAE	2,887	4,964	10,030	7,014	6,151	-12.3	0.8

자료 : WTO

Appendix 7-2

1) 협정(수출국가)별 FTA 수출활용률

◎ 자료갱신일 : 2018-03-28 / 수록기간 : 반기 2013 2/2 ~ 2017 2/2 / 자료문의처 : 042-481-3217

| 일괄설정 ✦ | 항목[1/1] | 협정(수출국가)별[14/1… | 시점[3/8] ⊙ ▩ |

(단위 : %)

협정(수출국가)별	2017 2/2	2017 1/2	2016 2/2
칠레	77.6	78.4	78.6
2) EFTA	82.2	76.9	80.4
3) 아세안	46.1	44.6	46.0
인도	67.5	66.9	65.8
4) EU	85.5	85.0	84.8
페루	78.2	77.9	83.3
미국	86.1	82.6	75.6
터키	71.9	76.3	80.4
호주	80.1	80.1	77.4
캐나다	93.4	93.8	89.1
중국	49.7	41.8	–
뉴질랜드	35.3	37.5	–
베트남	50.4	35.6	–
콜롬비아	49.8	37.2	–

제 8 장

원산지규정 분석과 수출중고품에 대한 FTA 특혜 관세 활용

Analysis of origin rules and FTA preferential tariffs on exported second hand goods*

Today, many of the objects of trade are new products. However, as the durability of recently produced products has improved, the trade volume of used goods such as used machinery and used car is increasing gradually. Therefore, it is necessary to examine the utilization of FTA preferential tariffs on used goods and legal basis. However, in the case of second - hand goods, since there are few regulations in the existing free trade agreement, there was a limitation in discussing whether the used goods were included in the object of FTA preferential tariff and how to determine the origin of used goods.

The purpose of this chapter is to identify the current situation and use problems of exported second hand FTAs and to find out how to utilize FTA preferential tariffs of second hand goods through analysis of rules of origin related to second hand goods stipulated in FTA agreement text. In particular, in order to examine the analysis of origin regulations related to used goods, it is necessary to review the relevant provisions of the FTA agreement for the possibility of applying the FTA preferential tariffs of used goods, to review whether the criteria for determining the origin are met. This paper deals with the succession of secondhand products in the status and describes the case of system construction for the utilization of preferential tariff in the export of second hand goods.

---

* Sang-Woo Lee, Chun-su Lee, Modification of FTA Preferential Tariff Utilization for Export Second Hand Goods through Analysis of Origin Regulation, Korea Academy of International Commerce, Vol. 30 No. 2, 2015, 45-66.

Section 1 Synopsis

1) Background

In general, the subject of trade transactions is mostly brand new goods that have never been used. As the durability of products has increased recently, trade transactions for used goods are increasing. However, in the case of second-hand goods, there are few regulations in the existing FTA agreement.

In addition, the previous research[92] on various approaches related to FTAs, However FTA research on used goods is very small.

---

92) Son Soo-seok, "A Study on Origin and Origin Certification System of Korea-EU FTA", "International Commerce", Vol. 26, No. 4, Korea International Trade Association, 2011, pp.263 -288; Kwon, Soon-Kook and Oh, Hyeon-seok, "A Study on the Problems and Improvement of FTA Rules of Origin Agreement in Korea", "Korea Academy of International Commerce," 27, No. 4, Korea International Trade Association, 2012, pp.191-208; Lee, Jae Hong, "A Study on the Price and Quality Satisfaction of Imported Goods after the Korea-US FTA," Korea Academy of International Commerce, Vol. 28, No. 4, Korea International Trade Association, 2013, pp.303-321

Therefore, there were limitations in discussing whether the used goods could be subject to FTA preferential tariffs, how to determine the origin of used goods. Therefore, it is necessary to closely examine the practical use of FTA preference tariffs and legal basis for used goods.

2) Main development contents

This chapter first grasps the current status and application problems of FTAs on exported second hand goods. We will also examine the feasibility of applying FTA preferential tariffs on second - hand goods through analysis of origin rules for second - hand goods. This chapter has been described in order to find out the problem and the alternative way of using FTA preferential tariff as the core issue. This chapter is based on the review of literature (research reports and articles) and analysis of rules of origin related to used goods in the FTA Agreement. The focus of the study is on the utilization of FTA preferential tariffs in the export of used goods.

In order to obtain the preferential tariff benefits of an FTA, it is necessary to present evidence of origin (product cost calculation statement, raw material specification, etc.) that can prove that the origin of the product is domestic. However, there are limitations in applying preferential tariffs because they are difficult to verify unless they are original manufacturers. Therefore, in order to utilize FTA preferential tariffs of used goods, it is necessary to cooperate with the original manufacturers and plans should be made to institutionalize these parts. In the following section, we analyze the problems of origin regulations related to hand goods used in the FTA agreement, and propose a plan to utilize FTA preferential tariffs.

Case 8-1 Korea-China FTA Breaks Non-tariff Barriers ... Private-public joint-venture council

In May last year, China implemented the 'registration system for foreign dairy producers'. So, the registration of Korean pasteurized milk (white milk) was suspended and the export was stopped. Eventually, after the registrations were completed again, we were able to resume exporting from July. Also, our company had to suffer from complicated procedures and documents when exporting used goods to China. It took about 30 days to get the Chinese government's prior approval before shipping the product. However, as the registration related to this recently was abolished, the procedure was reduced to within 10 days. Korean companies exporting to the Chinese market are facing not only tariffs but also these non-tariff barriers. The Ministry of Commerce, Industry and Energy (MOCIE) held the '8th private-public joint non-tariff barrier meeting' at the Samsungdong Trading Center, Seoul on 18th and discussed ways to deal with non-tariff barriers using the Korea-China Free Trade Agreement (FTA). The meeting shared specific examples of non-tariff barriers, including trade technical barriers (TBT), sanitation and quarantine measures (SPS), customs clearance, and talked about countermeasures.

Source: Yonhap News, abstract from December 18, 2015
http://www.yonhapnews.co.kr/bulletin/2015/12/17/0200000000AKR201512171756
00003.HTML?input=1195m

Section 2 Theoretical background and status

1) Precedent research

Lee Eun-Sook (2011) reviewed the regulatory system and used product distribution channels for the import and export of used goods, and identified international trends in activities to protect consumers from the increase of trade in used goods and resource recycling, and suggested countermeasures.[93] In order for Korean companies to enjoy preferential tariff benefits by utilizing FTAs, it is necessary to review the main contents of FTA rules of origin by agreement and to identify the similarities and differences according to the countries of the agreement(Kwon, Soon-Kook, 2011).[94] Jo mi Jin, Yeo Ji Na, and Kim Min Sung (2008) compare and analyze the characteristics of the origin rules in the FTAs signed between Korea and China so far, and the criteria for determining the origin of each major industry, suggesting implications for future FTA negotiations with China.[95]

Kim, Moo-Han (2010) analyzed the types and characteristics of internationally accepted origin criteria such as the WTO, and analyzed the characteristics and problems of the criteria of origin determination

---

93) Lee, Eun Sook, "A Study on the International Distribution of Used Products", "Proceedings of the Academic Publications", Korean Distribution Society, 2011, pp.121-133.

94) Kwon, Soon-Kook, "A Study on the Rules of FTA Origin for the Application of Import Preferential Tariff," Doctoral Thesis, KyungBuk National University, 2011, pp.1-10.

95) Cho, Mi-jin, Yeo, Ji-na and Kim, Min-sung, "Comparison of Korea-China FTA Origin Regulation: Focusing on Major Industries," Korea Institute for International Economic Policy, 2008, p1.

of Korea's FTA agreements so far. We describe how to support Korean firms to maximize the utility of FTA by using criteria of origin determination.[96] Jung Soon-Tae (2012) believes that strictness of FTA rules of origin and duplicate and different rules of origin make international trade and investment distorted, which ultimately threatens the multilateral trading system.

In order to overcome the problems of these FTA rules of origin, we propose a multilateralization policy of origin rules that coordinate and integrate different bilateral rules of origin.[97] In addition, Lee Yong Keun (2013) conducted a study on the differences in the regulations on the origin of Korean FTAs.[98] In addition, James Stromeyer (2009) conducted a study of the general background and changes in the free trade agreement, a trade analysis of the Korea-China FTA negotiations.[99]

Finally, Kim Kwi-ok and Bae Jeong-han (2009) proposed the possibility of expanding the research[100] on the used goods industry by conducting industrial approach through research on strengthening export competitiveness of parts and materials industry to Korea-Japan

---

96) Kim, Moo-Han, "A Study on the Usage Strategy according to FTA Origin Decision Criteria", Keonkuk University Ph.D. Thesis, 2010, pp.1-20.

97) Jeong, Soon-Tae, "Problems and Harmonization of FTA Preferential Origin Regulation", "Journal of Customs", Vol. 13, No. 2, Korea Customs Service Association, 2012, pp.93-110.

98) Lee, Yong - Geun, "A Study on the Difference of Korean FTA Rules", International Commerce, Vol. 28, No. 1, Korea International Trade Association, 2013, pp.181-197.

99) James Stromeyer, "Trade Analysis of Korea-China FTA Negotiations," International Commerce, Vol. 24, No. 3, Korea International Trade Association, 2009, pp.287-306.

100) Kim, Kwi-Ok, and Bae Jeong-han, "A Study on Strengthening Export Competitiveness of Parts and Materials Industry in Japan for the Korea-Japan FTA", 「International Commerce」, Vol.24, Korea International Trade Association, 2009, pp.287-314 .

FTA.

2) Status and problems of using FTA system of used products

(1) Concept of used goods and export status

The definition of used goods can be divided into the meanings of item classification and the meaning of the FTA agreement. First of all, "used goods" means goods used. It is distinguished from "WASTE and SCRAP" which can not be used for its original purpose in that the second hand goods can be used for the original purpose.

Even if the item is used for a certain period of time by the consumer and still available for this purpose, the article which is worthy of historical, artistic and scarcity should be classified as art or antique.[101] In terms of the FTA agreement, the used goods commonly referred to in the FTA agreement should be regarded as SCRAP or WASTE, rather than used goods, in that they can not be used for this purpose as used raw materials.

On the other hand, Article 2.3 of the Korea-Peru FTA stipulates the definition of secondhand goods as "secondhand goods are those that have been so marked in the HS or in the so- Repaired, reprocessed, remanufactured or any other similar product through the process of restoring the functionality it had in the past". In the

---

101) Item Classification Artwork and antiques are categorized separately in Chapter 97.

category of second hand goods mentioned below, there are goods used for this purpose and those used for the purpose of reproduction, repair, reconstruction or remanufacturing, but SCRAP and WASTE, as well as works of art and antiques that are valuable in terms of scarcity, even if they are usable for this purpose. Exports of used goods are classified according to HS 4012.20 (used tires), 6309.00 (used clothes and other used products) and used vehicles classified in Nos. 8701 to 8704, Except for the shovel loader and excavator of No. 8427 (forklift), No. 8429, newly established as the new HS Code. Therefore, it is difficult to grasp the accurate export data of the hand goods except for the hand goods mentioned above.[102]

<Table 8-1> Used car export statistics by grade in 2016/2017
(Customs clearance customs criteria)[103]

Type	Fuel	HS Code	Grade	2016		2017	
				Price	Quantity	Price	Quantity
Tractor	Diesel	8701 20 2000	Semi trailer towing	2,317	133	4,041	404
		8701 90 1020	Trailer towing	1,696	187	-	-
Passenger vehicle	Gasoline	8703 21 8000	Under 1000CC	78,048	23,313	57,954	28,077
		8703 22 8000	1000~1500CC	124,422	45,583	123,393	55,170
		8703 23 1020	1500~2000CC	303,618	65,628	307,440	88,598
		8703 23 9020	2000~3000CC	25,405	4,903	26,522	8,412
		8703 24 1020	3000~4000CC	25,584	2,301	26,333	2,569
		8703 24 9020	Over 4000CC	5,669	343	3,875	240
	Diesel	8703 31 8000	Under 1500CC	818	114	273	70
		8703 32 1020	1500~2000CC	55,841	7,963	88,884	16,044
		8703 32 9020	2000~2500CC	42,621	11,491	49,625	11,172
		8703 33 8000	Over 2500CC	8,411	2,835	7,508	2,691

---

102) In case of some used products, the name of the item on the declaration upon export customs clearance may be exported as a used item due to the import regulation problem on the used goods of the importing country. It may be difficult to do.

Van	Diesel	8702 10 1020	Less than 15 person	61,420	11,136	73,544	13,475
		8702 10 2020	16~35 person	17,118	2,281	16,999	2,407
		8702 10 3020	More than 36 person	33,557	2,889	32,713	3,444
	Other	8702 90 1020	Less than 15 person	220	66	2,683	147
		8702 90 2020	16~35 person	339	54	926	134
		8702 90 3020	More than 36 person	2,055	263	1,559	225
Cargo	Diesel	8704 21 1020	General cargo below 5 tons	134,074	44,527	141,656	50,980
		8704 22 1012	6~10 tons General cargo	5,132	449	3,670	397
		8704 22 1092	11~20tons General cargo	6,154	749	6,442	947
		8704 23 1020	Exceeding 20 tons	7,284	456	8,693	645
	Gasoline	8704 31 1020	General cargo below 5 tons	4,915	1,699	4,481	1,828
		8704 32 1020	Exceeding 5 tons	111	6	561	39
	Other	8704 90 1020	Other General Cargo	6,194	1,929	403	127
합 계				953,023	231,298	990,178	288,242

Note: Unit = $1,000/Units

<Table 8-2> Used Pneumatic Tires (HS 4012.20) Export Statistics

Name of Goods	HS Code	2015		2016		2017	
		Export weight	Export amount	Export weight	Export amount	Export weight	Export amount
For passenger cars (including those for station wagons and racing cars)	4012 20 9010	11,618.1	8,790	14,126.3	9,725	12,722.4	8,406
For buses or For vans	4012 20 9020	1,650.3	1,485	1,029.6	789	1,142.8	1,251
Other	4012 20 9090	3,778.8	1,687	2,737.9	1,549	1,459.1	713
Aircraft	4012 20 1000	2.4	9	4.3	13		

Note: Unit = $1,000/Ton

---

103) Korea Used Car Export Association.

<Table 8-3> Main Export Countries of Used Cars in 2016/2017[104]

Nations	2016		2017	
	Amount	Quantity	Amount	Quantity
Libya	129,200	51,872	151,013	89,393
Dominican Republic	93,107	22,817	94,729	24,373
Jordan	200,075	28,192	185,774	22,225
Cambodia	60,775	14,037	68,050	16,699
Ghana	26,744	10,357	31,139	15,677
Yemen	42,738	12,962	31,721	14,490
Chile	35,430	10,401	48,810	13,049
Egypt	30,625	11,563	32,607	12,287
Mongolia	27,419	8,147	26,133	10,283
Philippines	24,193	6,998	24,024	7,978
Myanmar	19,531	4,670	30,203	6,987
Syria	5,076	2,763	7,758	4,785
Sudan	11,135	2,307	16,111	4,727
Madagascar	7,861	4,612	11,835	4,211
Guatemala	11,417	2,595	13,868	4,091
Other countries	226,946	36,929	218,780	36,736
Total	**952,272**	**231,222**	**992,555**	**287,991**

Note: Unit = $1,000/Units

---

104) Korea Customs Service, Export & Import Trade Statistics.

<Table 8-4> Major export country of used pneumatic tire from 2015 to 2017 (over 200,000 dollars)[105]

Name of Goods	HS Code	Nations	Export weight	Export amount
For passenger cars (including those for station wagons and racing cars)	4012 20 9010	U.S.A	12,120.4	9,516
		Honduras	5831.4	3,333
		Guatemala	4,443.6	2,236
		Puerto Rico	3161.3	2,403
		El Salvador	2,202	1,504
		Dominican Republic	1,585.7	1,168
For buses or For vans	4012 20 9020	Malaysia	669.6	624
		Guatemala	592.5	517
		Honduras	579.3	505
		U.S.A	263.9	195
Other	4012 20 9090	Guatemala	2,015.8	832
		U.S.A	1,850.1	808

Note: Unit = $1,000/Units

<Table 8-1> <Table 8-3> shows the export statistics of the used vehicles (No. 8701 to No. 8704) and the data of major exporting countries. In the case of the passenger cars, the gasoline vehicles of 1000 to 2000cc, In case of diesel vehicles less than 15 passengers and diesel vehicles less than 5 tons in the case of trucks, we can confirm that they are mostly exported items. Major export destinations are Africa (Ghana, Egypt, Sudan), Southeast Asia (Myanmar, Philippines, Cambodia) and the Middle East (Libya, Jordan). In 2017, exports and volumes have increased compared to 2016. In the case of used pneumatic tires (HS 4012.20), mainly for passenger cars, there are a lot of exports. Major exporting countries are Latin America and the USA. <Table 8-4> shows the major export country statistics of used

---

105) Korea Customs Service, Export & Import Trade Statistics.

pneumatic tires from 2015 to 2017 over 200,000 US dollars.

(2) Current Status and Problems of FTA

<Table 8-5> and <Table 8-6>[106] show the total export statistics of used car (gasoline, gasoline) and used-air tires to the countries that concluded the FTA Agreement between 2015 and 2017, But it is not easy to see whether actual exporters are using these items to apply for FTA preferential tariffs when exporting to these countries. In addition, except for some items (used clothing, used tires, etc.), since the used goods are classified as new products in the HS item classification table, there is a limit in obtaining accurate statistical data., The Korea-US FTA, etc, the issuance of the certificate of origin is difficult for the company itself to grasp the actual utilization status.

<Table 8-5> Used car (HS 8703.22.8000) from 2015 to 2017 Signed FTA agreement Country (Total) Export statistics

Name of Goods	Nations	HS Code	Export weight	Export amount
Passenger Gasoline 1000~1500CC	ASEAN	8703228000	950.5	1,657
	Chile	8703228000	943.2	3,309
	Singapore	8703228000	0	0
	Peru	8703228000	115.6	419
	EU	8703228000	15.7	100
	U.S.A	8703228000	2.5	22
	EFTA	8703228000	3.3	18
	India	8703228000	0	0
Total			**2,030.8**	**5,525**

Note: Unit = $1,000/Ton

---

106) Korea Customs Service, FTA Statistical Information.

<Table 8-6> 2015~2017 Used Pneumatic Tire (HS 4012.20) FTA
Agreement Country (Total) Export Statistics

Name of Goods	Nations	HS Code	Export weight	Export amount
Used pneumatic tires	U.S.A	401220	14,243	10,547
	ASEAN	401220	1,874.4	1,608
	EU	401220	479.2	755
	Chile	401220	3.3	7
	China	401220	45.9	20
	India	401220	0	0
	EFTA	401220	13.5	63
Total			16,659.3	13,000

Note: Unit = $1,000/Ton

The results of the issuance of the certificates of origin issued by the government for the last three years (2015-2017) on the used tires (HS 4012.20) and the used vehicles (HS 8703.22-8000)[107] were confirmed through the KCS statistics program . This result can be attributed to the fact that there is no tax rate difference between the basic tax rate and the FTA agreement tax rate or that there is no practical benefit in terms of the practical use since it was originally designated as an excluded item as a sensitive item and there is no request from the importer even though there is a tax rate difference. However, the most important reason is that in order to obtain the benefits of the FTA preferential tariff, it is necessary to present the evidence of origin (BOM, etc.) that can prove that the origin of the article is domestic. However, It seems that the real reason is that it

---

107) HS 8703.22-8000 is a 1000-1500CC grade passenger gasoline vehicle, the most exported item of used car in 2013.

is difficult to apply preferential tariffs. Therefore, in order to utilize the FTA preferential tariffs of used goods, the cooperation of the original manufacturers is necessary, and a plan should be prepared to institutionalize these parts. Also, in case of secondhand goods, it is necessary to specify the rules of origin more easily than in the case of new products, considering the fact that it is difficult to use in practice.

Section 3 Analysis of Rules of Origin under the FTA Agreement

1) Classification of HS items used

In most cases, the item classification table does not distinguish between new and used items and assigns the same HS CODE. HS heading 40.12.20 (used tires), HS 6309.00 (used clothing and other used products) and HS 29701 to HS 8704, HS 8427 (forklifts), 8429 The shovel loader and the excavator of the present invention classify the arc of a new article and a second article by a classification into a separate arc or a small arc.[108)

---

108) In the case of used vehicles classified in HS Class 87, the need for separate management of new and used cars has been established due to the increase in international trade volume, such as an increase in used car exports, and statistical purposes. Forklifts) and Shovel loader and Excavator of No. 8429 have also established a new second hand unit in 2014 for the same purpose.

<Figure 8-1> HS No. 4012.20 Used pneumatic tire classification

HSK	품목	기본	탄력세율	요건	Description
4012	고무로 만든 공기타이어(재생품과 중고품으로 한정한다), 고무로 만든 솔리드(solid)나 쿠션 타이어, 타이어 트레드(tread), 타이어 플랩(flap)				Retreaded or used pneumatic tyres of rubber; solid or cushion tyres, tyre treads and tyre flaps, of rubber,
1	재생타이어				Retreaded tyres :
11 00 00	승용자동차용[스테이션왜건(station wagon)과 경주 자동차용을 포함한다]	8			Of a kind used on motor cars (including station wagons and racing cars)
12 00 00	버스용·화물자동차용	8			Of a kind used on buses or lorries
13 00 00	항공기용	5			Of a kind used on aircraft
19 00 00	기타	8			Other
20	중고 공기타이어				Used pneumatic tyres
10 00	항공기용	5			Of a kind used on aircraft
90	기타				Other
10	승용자동차용[스테이션 왜건(station wagon)과 경주 자동차용을 포함한다]	8			Of a kind used on motor cars (including station wagons and racing cars)
20	버스용이나 화물차용의 것	8			Of a kind used on buses or lorries
90	기타	8			Other

Source: CL Tariff Information, http://www.clhs.co.kr, 21, Feb., 2014.

<Figure 8-2> HS 8701 Classification of new and used car items of tractor

HSK	품목	기본	탄력세율	요건	Description
8701	트랙터(제8709호의 트랙터는 제외한다)				Tractors (other than tractors of heading 87.09).
10 00 00	보행운전형 트랙터	8			Pedestrian controlled tractors
20	세미트레일러(semi-trailer) 견인용 도로주행식 트랙터				Road tractors for semi-trailers
10 00	신차	8			New
20 00	중고차	8			Used
30 00 00	무한궤도식 트랙터	8	0		Track-laying tractors
90	기타				Other
10	트레일러 견인용의 도로주행식 트랙터				Road tractors for trailers
10	신차	8			New
20	중고차	8			Used
9	기타				Other
91	농업용 트랙터				Agricultural tractors
10	500마력 미만인 것	8	0		Of less than 50HP
90	기타	8	0		Other
99 00	기타	8			Other

Source: CL Tariff Information, http://www.clhs.co.kr, 21, Feb., 2014.

2) Analysis of rules of origin related to used goods

In the following, we will present the rationale for the interpretation of the criteria for the determination of origin of other used goods by examining the rules of origin of FTAs of second-hand tires (HS No. 4012.20) classified as used goods in the item classification table.

<Table 8-7> Used Tires (HS 4012.20) Criteria for Determining the Origin of FTA Agreement[109]

Nation	HS Codes	Types	Item	Preference Criterion
Singapore	401220	1	Used pneumatic tyres	A change to subheading 4012.20 through 4012.90 from any other heading except from 40.11
Peru	401220	1	Used pneumatic tyres	A change from any other heading
EU	401220	1	Used pneumatic tyres	Manufacture from materials of any heading, except that of the product
Chile	401220	1	Used pneumatic tyres	A change to heading 40.02 through 40.17 from any other heading
India	401220	1	Used pneumatic tyres	A change to subheading from any other subheading, provided that there is a regional value content of not less than 35 percent
ASEAN	401220	1	Used pneumatic tyres	Change to heading from any other Heading or A regional value content of not less than 40 percent of the FOB value of the good
EFTA	401220	1	Used pneumatic tyres	Manufacture from materials of any other heading, except from headings 4011
Turkey	401220	1	Used pneumatic tyres	Manufacture from materials of any heading, except that of the product
U.S.A	401220	1	Used pneumatic tyres	A change to heading 40.07 through 40.17 from any other heading

---

109) Korea Customs Service FTA Portal http://www.customs.go.kr, 21, Feb., 2014.

(1) Review of Korea-Singapore and Korea-ETA and FTA Agreements

In Korea, Singapore, one EU and one EFTA agreement, the criteria for determining the origin of HS 4012 (used tires) are defined as "those which have been changed from articles falling under any other heading (except heading 40.11) to heading 40.12" have. In other words, the change from No. 4011 (new tires) to No. 4012 (used tires) is not allowed.

(2) Review of Korea-EU and Korea-Turkey FTA Agreement

The Korea-EU and Korea-Turkey FTA Agreement stipulates that the criteria for determining the origin of HS No. 4012 (used tires) are those produced from materials equivalent to "all the products (excluding the products)." That is, it is not allowed to make the change in the number within the heading 40.12 based on the change in the 4th unit.

(3) Review of Korea-US, Korea-Chile FTA Agreement

The Korea-US, Korea-Chile FTA agreement states that the decision on the origin of HS 4012 (used tires) is "changed from the goods falling under other heading to the heading 4012," and the exemption regulation No. 4011 .Therefore, it can be seen that the changes from No. 4011 (new tires) to No. 4012 (used tires) at first glance meet the change criteria of three times, but it is noted that the change criteria is one of the processing principles, It can be seen that the change from the new product to the used product can not satisfy the change criterion. To be more specific, the change from the new tire 4011 to the used tire 4012 is made by the user's use or the flow of time, and is not made by any manufacturing or processing operation required by the FTA agreement. Can not be regarded as satisfying. For example, in the FTA agreement, even though the change in the unit of origin is determined only by the unit of origin, and the exclusion of heading 40.11 is not specified, the change from heading 40.11 to heading 4012 does not include manufacturing or processing, It can not be regarded as meeting the change criteria. However, if the use of the used tire is to be regenerated, repaired, rebuilt or remanufactured, or if such an operation does not fall under the unrecognized process specified in the FTA, it is necessary to examine whether the tariff is met. In addition, whether the originating status of a new article can be inherited to the origin status of the article 4012 (used tires) if the article 4011 (new tire) meets the change criteria and the country of origin is determined as a mountain in the region Review is required.

(4) Review of Korea-ASEAN FTA Agreement

In the Korea-ASEAN FTA Agreement, HS Decision 4011 (New Tire) is based on the determination criteria of origin, "a change from any other heading to an item falling within heading 40.11, provided that the regional value content falls within the range of 55 %", While HS 4012 (Secondary Tire) is based on the criteria for determining the origin of a product," a change from goods falling under other headings to goods falling under heading 4012, of the FOB price. The impressive part here is that, unlike other FTA agreements, the criteria for determining the origin of HS 4011 (new tires) and HS 4012 (used tires) are different. From another point of the view, this means that used goods are entitled to be subject to the determination of origin as such.

On the other hand, when determining the origin determination criteria of No. 4012 (Secondary Tire), it is possible to obtain a regional determination if it meets at least one of the following: a change in tariff classification of 4 units or a regional value content of 40% or more. As for the revised standards of the four-unit tariff, I would like to refer to the above-mentioned contents of the Korea-Chile, Korea-US FTA Agreement review, and consider the following matters related to the value-added criteria. In order to calculate the regional value content of used goods, it is necessary to check the value of the raw materials and the selling price (FOB) for the used goods. If the home furnishes the used goods, It is difficult to find out the purchase price and origin of each constituent raw material. Therefore, there is a practical limit to apply the added value criterion in case of the used commodity.

<Table 8-8> Unused Tire Rate of EU Used Tire Agreement

Agreement: EC-Romanian Agreement / Country of Origin: Romania / corresponding article: Used tires
A suspicious point was raised in the document review and verification process of the origin certificates submitted by the importers regarding the used tires imported from Germany and Italy. The Romanian customs has requested confirmation from the customs authorities of Germany and Italy for the verification of origin, final confirmation that the indication of origin is not appropriate and refrain from preferential tariffs under the EC-Romanian Agreement.

<Table 8-9> NAFTA Used Car Agreement Rate Inconsistent Case

Facts Conditions for Making NAFTA Claims CITT Veers Off Course NAFTA Certificate Provides No Immunity
[FTA agreements disapproval rate case] CITT (Canadian International Trade Tribunal) rejected the claim of the importer and supported the Canadian Customs position : For the second hand car (recreational vehicle) imported from the United States to Canada, the importer shall forward the certificate of origin from the exporter to the customs office upon initial import. The Canadian Customs conducted an after-audit and requested the exporter to provide additional data to substantiate the origin of the export. The exporter further provided a copy of the certificate of origin provided by the manufacturer, but the manufacturer indicated that the vehicle was produced 8-9 years ago Canadian Customs excluded the agreement tax rate because it can not prove the evidence supporting evidence of the origin certificate provided for the vehicle.

As can be seen from the NAFTA example presented in <Table 8-9>, the agreement tax rate can be excluded if it is not possible to provide evidence documents (such as raw material statements and cost related data) that can be used to verify the certificate of origin. However, as mentioned in the review of the Korea-Chile FTA

Agreement, if used tires are subjected to rebuilding, repairing, reprocessing or remanufacturing, and if such activities do not fall under the unrecognized process, A review is required. In addition, whether the originating status of a new article can be inherited to the origin status of the article 4012 (used tires) if the article 4011 (new tire) satisfies the value-added criteria and the country of origin is determined as an intra-regional article, need.

(5) Review of Korea–India CEPA Agreement

The Korea-India CEPA Agreement also stipulates in HS 4012 (Secondary Tire) the criteria for the origin determination that "the regional value content shall be more than 35% of the FOB price, and all non-originating materials used in the production shall be unified The name of the product, and the code system are changed in three units on the basis of six units." This provision can be construed in the same way as the analysis in the review of the (4) Korea-Japan FTA Agreement. However, unlike other FTAs, the CEPA agreement requires Korean Koreans to satisfy both the CTSH (6 unit change) and the value added criteria at the same time.

(6) Review of Korea–Peru FTA Agreement

In a Korea-Peru FTA, unlike the FTA that has been concluded in the FTA, the contents of the agreement are related to the second hand goods (see Table 8-10). It is stipulated in Article 2.3 (3) of the

Agreement that other used goods, except used vehicles, classified in HS No. 8703 (passenger cars designed mainly for the carriage of persons), may refuse to grant FTA preferential tariffs.[110] And Peru restricts the import of some used goods (used cars, tires, etc.) for the safety of the people, protection of the environment, etc. in accordance with Article 20 (general exception) of GATT, which is specified in Annex 2 of the Agreement.[111] Based on the above, it can be seen that the application of the tariff preferential tariff to the Korea-Peru FTA in the case of the used tires of No. 4012 is difficult.

<Table 8-10> Major regulations related to hand goods among the Korea-Peru FTA Agreement text

Item	Key regulations
Article 2.3 Abolition of tariffs	3. The Parties may deny preferential tariff treatment under this Agreement to second-hand goods. For the purpose of this paragraph, used goods are those which have been so marked in the HS or the SoH and which have been restored or restored to their original characteristics or specifications after being used, Remanufactured or any other similar product Note 1) (Note 1) This term does not apply to used vehicles classified under HS No. 8703. Provided that such used vehicle shall not fall within the scope of the measures referred to in Annex II. Accordingly, each Party shall grant preferential tariff treatment to such used car in this Agreement

---

110) In the Peru-China FTA, the FTA preferential tariff is not applied to all used goods, The Peru-US FTA applies FTA preferential tariffs on all second-hand goods.
(Source: http://www.fta.go.kr/main/situation/kfta/lov5/pe/2/, 21, Feb., 2014, Korea-Peru FTA Explanatory Materials p.3).

111) Peru's measures to import used merchandise and measures approved by the WTO Dispute Resolution Body (DSB) exclude the obligation to apply national treatment (Article 2.2) and prohibition of import and export (Article 2.8).
(Source: http://www.fta.go.kr/main/situation/kfta/lov5/pe/2/, 21, Feb., 2014, Korea-Peru FTA Explanatory Materials p.4).

	Article 2.2 (National Treatment) and Article 2.8 (Import and Export Restrictions) shall not apply to:
Annex 2 Ga(National Treatment and Import and Export Restrictions)	end. Peru's measures 4) and the continuing, immediate renewal or amendment of the measures relating to the import of second-hand goods and machinery and equipment using used clothing and shoes, used cars and used car engines, parts and replacements, used tires and radioactive sources. However, the continuation, immediate renewal or amendment of the measure shall not reduce conformity with this Agreement. And I. Measures approved by the WTO Dispute Settlement Body Note 2) (Note 2) The measures in Peru include the Law No. 28514 (Secondhand Clothing and Footwear), Law No. 843, Emergency Act No. 078-2000 and Emergency Act No. 050-2008 (used and used car engines, parts and replacements), Supreme Law No. 003-97-SA (Used Tire) and Law No. 27757 (Used goods, machinery and equipment using radioactive sources).

<Table 8-11> Summary of Analysis of Country of Origin Regulation by Used Tire FTA Agreement

Agreement	Origin criteria	Origin regulation analysis
Korea · Singapore Korea · EFTA	CTH (4-digit unit code change criteria)	Change based on 4 digit unit code change but not change from No. 4011 (new tires) to No. 4012 (used tires)
Korea · EU Korea · Turkey	CTH (4-digit unit code change criteria)	Based on 4 digit unit code change, do not accept that the code change has been made within Section 4012
Korea · USA Korea · Chile	CTH (4-digit unit code change criteria)	There is no requirement to exclude any change in code from heading 40.11 (new tires) to heading 40.12. However, when a new product is changed to a used product due to the use behavior and simple time elapsing, it is difficult to say that the code change criterion is satisfied because there is no manufacturing / processing action. However, in the case of the use of rebuilt, repaired, regenerated, or remanufactured tires on the used tires, it is necessary to examine whether these acts meet the criteria for change of tariffs if they do not fall under the FTA agreement.

Korea · ASEAN	CTH (4-digit unit code change criteria) OR Over RVC 40%	In the case of CTH (4-digit unit code change), it is interpreted the same as Korea-US and Korea-Chile FTA. In the case of value-added criteria, it is difficult to apply real-world products because it is difficult to present the materials (BOM, cost-related data, etc.) to prove that the finished product is domestic. However, in the case of the use of rebuilding, repairing, regenerating, remanufacturing, etc. in the used tires, it is necessary to review whether the value added criteria are satisfied if these actions do not fall under the unfair process in the FTA agreement.
Korea · India	CTSH (6-digit unit code change criteria) AND Over RVC 35%	It is interpreted in the same way as the code change standard and value-added criteria reviewed in the ASEAN-Korea FTA. However, unlike other FTAs, it requires the requirements for simultaneous fulfillment of code change and value added criteria.
Korea · Peru	CTH (4-digit unit code change criteria)	It is difficult to apply for other used goods except used car (HS No. 8703) due to FTA preference tariff rejection.

Table 8-11 summarizes the rules of origin of FTAs for used tires (HS No. 4012.20) analyzed above.

(7) Second Hand goods collected by raw material collection

There is a slight difference between the agreements in the FTA agreement, but used goods collected for raw material recycling are recognized as complete products whether or not they use non-originating materials. However, in the FTA agreement, the above-mentioned used goods collected as the full production standard refer to the goods which can not be used for this purpose, namely

SCRAP or WASTE, so that the used goods to be discussed in this study, It does not correspond to usable goods. For reference, the contents of the hand goods suitable for the recycling of raw materials stipulated in each FTA agreement are shown in <Table 12>.

<Table 8-12> Regulations related to hand goods collected by raw material recycling

Agreement	Clauses	Description
Korea · Chile	4. 1 (Full production standard)	Used goods collected in the territory of one or both of the Parties and suitable only for the collection of raw materials.
Korea · Singapore	4. 1 (Full production standard)	Used goods collected in the territory of one or both of the Parties. However, such goods shall be suitable only for raw material recycling.
Korea · ASEAN	3. 3 (Full production standard)	Goods which are collected in the territory of the Party and which are no longer capable of performing their original purposes and which can not be restored or repaired, and which are suitable only for the purpose of disposal, recovery or recycling of parts of raw materials.
Korea · India	3. 3 (Full production standard)	Goods which are collected in the territory of a Party and which are no longer capable of performing their original purposes and which can not be restored or repaired, and which are suitable only for the purpose of disposal, recovery or recycling of parts or raw materials.
Korea · EFTA	1. 3 (Full production standard)	A material collected in a Party that is not capable of performing its original purpose, can not be restored or repaired, and is suitable only as a scrap or as part and material recycling only.
Korea · EU	4. 1 (Full production standard)	Used goods collected solely within the Party and suitable for recycling only or for waste purposes only.
Korea · Turkey	4. 1 (Full production standard)	Used goods collected in a State Party that are suitable for recycling only or for waste purposes only.

Korea · USA	6. 22 (Full production standard)	1. Waste and debris obtained under the following conditions ① A manufacturing or processing process made in the territory of one or both of the Parties. ② Used goods collected in the territory of either or both Parties. However, the product shall be suitable only for raw material recycling. 2. A recycled product derived from a used good in the territory of one or both of the Parties and used in the production of remanufactured good in the territory of one or both of the Parties.
Korea · Peru	3. 2 (Full production standard)	Used goods collected in the territory of the Republic of Korea or Peru, but such wastes and debris should only be suitable for raw material recycling.

Article 8-2 Revision of the FTA Customs Tariff by 15 FTAs

The government will change the tariff for each of the 15 free trade agreements (FTAs) currently in force.

This is to amend and supplement the FTA-specific tariffs that were concluded with the existing item classification codes as a result of the reorganization of the HSK, the item classification system for import and export products.

The Ministry of Strategy and Finance said it will implement the "Enforcement Decree of the FTA Customs Exemption Act and some revisions to the rules" on January 1 next year, which revises the 15-nation FTA's tariff rates.

First, all of the FTA's tariff-specific tariffs for each product and year will be revised, including Korea, Chile, Singapore, the European Union, India, the United States and Australia. An official of the Ministry of Information and Communication said, "Since the amendment has no effect on the types of concessions under the FTA agreement (annual rate cut plan), it is not necessary to reach a consensus with the contracting partner."

In addition, the tariff targets of specific agricultural, forestry and animal husbandry special goods (ASG) tariffs will be revised under the Korea - Peru,

Korea - US and Korea - Colombia FTA Agreement. Restricted goods subject to the Korea-ASEAN FTA Agreement and Restricted Tariff Schedule for the Korea-Peru FTA Agreement.

In addition, if the original C / O is difficult to submit prior to the issuance of the Certificate of Origin Certificate (C / O) Exporters only provide C / O originals to the other country's importers, and only when it takes a considerable amount of time and money when they are returned and submitted.

In addition, according to the Korea-India CEPA Agreement, the government has decided to include the textile committee and aquatic export development agency to the issuer of the certificate of origin of their country, so that the government will reflect it.

Source: The JoSe Ilbo dated December 20, 2016.
http://www.joseilbo.com/news/htmls/2016/12/20161220311859.html

Section 4 Reviewing issues and utilizing FTA preferential tariffs

1) Possibility of applying FTA preferential tariff to second hand goods

(1) Review of relevant regulations in FTA agreement

Only one of the FTA agreements signed by South Korea has a provision that express treatment of preferential tariffs on used goods (except for used vehicles) may be refused, but there is no such explicit provision in other FTA agreements. Therefore, unless the rule to exclude the agreement tax rate is applied, it should be considered that the negotiated tax rate can be applied if the used goods meet the criteria for determining the origin and the direct transportation requirement.

(2) Reviewing whether or not the criteria for determining the place of origin meet

In order for the used goods to be eligible for the FTA preferential tariff, the used goods must meet the criteria for determining the origin of the items specified in the FTA Agreement. However, as discussed in the Analysis of Rules of Origin Regarding Second Hand Goods (Used Tires), the change from new product to second hand product is not applicable because the process or manufacturing act does not exist. Also, the BOM, The value-added criteria can not be applied because information on the origin and purchase price of the material can not be confirmed by the seller of the used goods. However, if the use of recycled, repaired, reconstructed or remanufactured products is applied to the used product, and if such an operation does not fall under the unrecognized process, it is necessary to review whether the criteria for determining the origin are met. In the case of second-hand goods, it is difficult to apply preferential tariffs on FTAs unless the origin status of new products is succeeded. Therefore, it is necessary to define the rule of origin separately from the new product in consideration of the reality that it is difficult to apply in case of used goods.

(3) Succession status of the new product to the origin and second hand goods

It is difficult to discuss the issue of succession of origin status between new and used goods based on certain provisions in the agreement, since other FTAs except the Korea - Peru FTA do not explicitly specify whether preferential tariff treatment of used goods should be treated. However, if the original origin is not recognized only because the new article is used in the region and because the article has been used for a certain period of time, it is difficult to understand the common sense of the general public. For example, if the original manufacturer of the new product confirms that the second-hand product is produced by the originator based on the unique item number of the article and the unique chassis number of the vehicle, If a certificate is issued to a person who receives proof of domestic production, it may be considered that the country of origin of the used article should be recognized as a mountain in the region.

2) Preferential Tariff Utilization Plan

The main reason why it is difficult to use the FTA preferential tariff when exporting used goods is that it is difficult to present the evidence of origin (BOM, cost statement, etc.) that can prove that the origin of the exported product is domestic. Therefore, in order to utilize FTA preferential tariffs on used goods, cooperation of original manufacturers is essential and the following methods are suggested as a way to solve these problems.

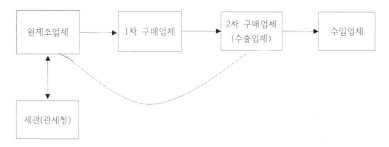

<Figure 8-3> Example of system construction

The originating manufacturer(원제조업체) first receives certification or confirmation from the regional authorities through the application of the export certification (certification by each company / item) or preliminary confirmation[112) of the origin of origin certificate to the customs office(세관), records the relevant details on the relevant item in its own country management system, Establish computerized work of proof of origin. In this case, part of the cost of constructing the origin management system can be supported in connection with the government support project. If the origin management system is constructed, it can be used as follows according to the proof of origin.

---

112) Origin Comprehensive Confirmation Priority Checking System: A system in which the customs officer can submit the relevant data beforehand to review and confirm the suitability of the origin verification letter issued by the self-issued SME.

(1) Autonomous issuing system

In the case of the self-issuance method such as the Korea-US FTA, the exporting company, the secondary purchaser in <Figure 8-3>, accesses the origin management system of the original manufacturer and inputs the unique item number or serial number of the relevant article, The certificate shall be output from the computer system, and the certificate of origin shall be issued autonomously and presented to the foreign importer. In this case, the exporters can not present the proof of origin in the after-origin verification, so that the original manufacturer will have a burden to cope with the post-verification. Considering such post management costs, it would be a good idea to charge exporters, who are beneficiaries of FTA preferential tariffs, with a certain amount of money by requesting issuance of origin (comprehensive) certificates in the country of origin management system. However, in practice, in case of an EU FTA, if an item exceeds 6,000 euros, only the certified exporter can self-issue the certificate of origin.

(2) Institutional issuance method

In case of institutional issuance system like Korea-ASEAN, Korea-India CEPA, exporting company, which is a purchasing company like the above autonomous issuance system, outputs the origin (comprehensive) confirmation certificate of the export item on the original origin management system of origin manufacturer,) The applicant must be able to apply for the issuance of the certificate of origin of FTA by using the certified exporter certification number of the original manufacturer listed on the confirmation and confirmation sheet. In the case of application of issuance of the certificate of origin, in case of application for issuance of the certificate of origin, the exporter (by each company or item) certified item or the certificate of origin confirming in advance by the head of customs In the case of the article, application for issuance of the certificate of origin of the FTA by a simple method such as omission of the document of origin It is possible.[113] In this case, the items on the origin manufacturer's origin management system correspond to the items of origin verification, the exporters certification items or the preliminary confirmation certificates of origin, so that the certificate of origin (comprehensive) certificate issued on the system, There is a need to institutionalize as much as possible. However, in the case of the autonomy and institution issuance method examples, it is considered that there will be advantages in practical use when applying the amendment standards. In addition, in the case of value-added criteria, application of the criterion of origin of the FTA agreement, which is currently stipulated, is limited due to problems in the calculation of the value-added ratio.

---

113) Guidance on the operation of the exporting authority system of origin certification (2010.10.21.) p.2.
Confirmation of the customs officer's preliminary confirmation of the comprehensive certificate of origin of the SME FTA
Implementation Guideline (Jan. 21, 2014) Article 11 (Effect of Examination Results)

Section 5 Sub-Conclusion

In recent years, trade transactions are mostly targeted to new products. However, as the durability of products has increased recently, the trade volume of used cars such as used vehicles and used ones is gradually increasing. However, in the case of secondhand goods, it is explicitly stipulated only by the Korea-Peru FTA Agreement. However, since there are few related provisions in other FTA agreements, whether the second-hand goods can be subject to FTA preferential tariffs, There was a limit in discussing the problem. However, in the FTA agreement, the use of FTA preferential tariffs can be applied to used goods that meet the criteria for determining the origin of goods required by the agreement, unless the provision of exemption from the application of the negotiated tariff rate is explicitly stated. In most cases, except for some items (used tires, etc.) in the current item classification, the same HS CODE is given without distinguishing between new and used items. Therefore, if a new product has an FTA preferential tariff, the same benefits can be applied to used goods. However, unlike new products, the use of preferential tariffs is limited because it is difficult to prove that the used goods are not original manufacturers, by presenting the evidence of origin (BOM, etc.) that can prove that the origin of the goods is domestic. Therefore, in order to utilize FTA preferential tariffs on used goods, it is necessary to cooperate with the original manufacturers and plan to institutionalize these parts. In addition, considering the fact that it is difficult to utilize practical use of second - hand goods in future FTA agreements, it is necessary to define the rules of origin separately more easily than in new products.

Since most of the used goods except for some used goods such as used pneumatic tires and used clothes are not specifically specified in the HS item classification chart, it was difficult to obtain detailed statistical data related to the application of the FTA preferential tariff of the used goods. In fact, it was difficult to describe the existing FTA preference tariff cases in relation to the relevant items. Further research is needed to further analyze the data collection and analysis of statistical data related to the relevant items, and to analyze the current status and application problems of FTAs of related companies through surveys. To summarize, it is necessary to analyze the cases of FTA utilization for export of secondhand goods and to add and complement analysis of the agreement tax rate for second hand goods by agreement.(Lee Sang Woo, 2015).

Subject of discussion

1. Discuss the current situation and problems of the FTA system of used goods.
2. Discuss the rules of origin related to used goods.
3. Discuss the use of FTA preferential tariffs on used goods.

References

Kwon, Soon-Kook, "A study on the rules of origin of FTAs for the application of import preferential tariffs", Ph.D dissertation, Kyungpook National University, 2011.

Kwon, Soon-Kook and Oh, Hyeon-Seok, "A Study on the Problems and Improvement of FTA Rules in Korea," International Commerce, Vol. 27, No. 4, Korea Academy of International Commerce, 2012.

Kim, Kwi-Ok, and Bae, Jae-han, "A Study on the Strengthening of Export Competitiveness of Parts and Materials Industry in Japan to prepare for the Korea-Japan FTA", "International Commerce", 24, No. 2, Korea Academy of International Commerce, 2009.

Kim, Moo - Han, "A Study on the Usage Strategy according to FTA Decision Criteria," Keonkuk University Ph.D Thesis, 2010.

Sohn Seok-seok, "A Study on the Origin Criteria and Origin Certification System for the Korea-EU FTA", International Commerce, Vol. 26, No. 4, Korea Academy of International Commerce, 2011.

Lee, Sang Woo, "A Study on the Utilization of FTA Preferential Tariff for Exported Secondhand Goods and Re-manufactured Goods through Analysis of Country of Origin Regulation", Pu-Kyong National University Master's Thesis, 2015.

Lee Sang Woo and Chun Soo Lee, "A Study on the Utilization of FTA Preferential Tariff for Export Second Hand Goods through Analyzing the Rules of Origin," Korea Academy of International Commerce, Vol. 30, No. 2, 2015, 45-66.

Lee, Yong - Geun, "A Study on the Difference of Korean FTA Rules", International Commerce, Vol. 28, No. 1, Korea Academy of International Commerce, 2013.

Lee, Eun Sook, "A Study on the International Distribution of Used Products", "Proceedings of the Academic Publications", Korean Distribution Society, 2011.

Jae Hong, "A Study on the Price and Quality Satisfaction of Imported Goods after the Korea-US FTA," International Commerce, Vol. 28, No. 4, Korea Academy of International Commerce, 2013.

Jeong, Soon-Tae, "Problems and Harmonization of FTA Preferential Origin Regulation", 「The Journal of Customs」, Vol. 13, No. 2, Korea Customs Service Association, 2012.

James Stromeyer, "Trade Analysis of Korea - China FTA Negotiations," International Commerce, Vol. 24, No. 3, KKorea Academy of International Commerce, 2009.

Jomi Jin, Yeo Ji Na, and Kim Min Sung, "Comparison of Korea and China FTA Origin Regulation: Focused on Major Industries," Korea Institute for International Economic Policy, 2008.

Korea-Chile, Korea-Singapore, Korea-EFTA, Korea-ASEAN, Korea- India, Korea-USA, Korea-EU, Korea-Peru, Korea-Turkey FTA agreement.

International Trade - Canada, September 14 2007.

Korea Customs Service FTA Portal http://www.customs.go.kr, 21, Feb., 2014.

Korea Customs Service Export / Import Trade Statistics / FTA Statistical Information http://www.customs.go.kr, 21, Feb., 2014.

산업통상자원부, FTA 강국, KOREA http://www.fta.go.kr, 21, Feb., 2014.

CL Customs information http://www.clhs.co.kr, 21, Feb., 2014.

Korea Used Car Association http://www.kucea.or.kr, 21, Feb., 2014.

NAFTA Origin of Used Goods: CITT Loses Its Keys to the Motor Home http://www.internationallawoffice.com/newsletters, 21, Feb., 2014.

제 9 장

유형별 FTA 원산지결정기준 위반 사례 및 대응

Violation cases and countermeasures for determining the origin of FTAs by type*

The significance of origin verification increased as the EU FTA and the Korea-US FTA were signed in earnest. However, due to reasons such as limited accessibility of domestic verification case data, detailed and comprehensive approach to verification cases of origin verification is very limited. In this chapter, we reviewed the overview of the origin verification system, the general rules of the FTA, the rules of origin, and the criteria for determining origin. In addition, we examined the direct and indirect verification methods focusing on the EU FTA, which adopts the representative direct verification method and the indirect verification method, and grasped the current status and cases of the violation of the decision criteria of the origin of origin verification. In addition, the elements of violation of the criteria for determining the origin of origin are subdivided according to the type of requirement of origin that is described in the FTA agreement, and then the cases of violation by detailed type are investigated and analyzed to analyze vulnerable factors in the verification of origin in the exporting enterprise, I explained the plan. In addition to this, we have also included a violation case for liquid pump cases and accessories and spare parts. In addition, as a specific countermeasure, it is necessary to establish a civil-government joint response organization, to establish a realistic origin management system, to establish an information sharing hub system for FTAs between related SMEs.

* In addition, we have revised and added Yun, Jun Ung, Lee, Chun Su, "A Case Study of FTA Utilization on the Violation of Determining the Country of Origin", "International Commerce and Information Review", Vol. 17, No. 2, 2015, 201-223.

Section 1 General

1) Background

As of 2014, Korea has grown to become the world 's 10th largest exporting powerhouse among the 237 countries of the world, ranking seventh in exports (Korea Trade Association 2014 statistics). This phase is considered to be the result of the active negotiation of the Free Trade Agreement (FTA) with the export - driven economic growth model to overcome the limitations of resource poor countries and the government 's trade barriers to resolve the trade barriers. Korea started FTA with Korea in 2004, including the large communities of ASEAN and the EU, and entered into an FTA with the United States in 2012, Australia in 2014 and Canada in January 2015.

As of May 2015, Korea has concluded an FTA with 50 countries in the world and concluded an FTA with three other countries. It is still ongoing. Various studies have been conducted according to this situation. Bae Myong-ryeol and Park Chun-il (2014)[115] studied ways to improve the utilization of FTAs in the Korean trade industry. Lee, Chang - Sook and Kim, Jong - Chill (2013)[116] have studied in depth the literature on the activation of electronic certificate of origin. In addition, Kim Chang-bong and Lim Duck-hwan (201 1)[117] presented the strategies of companies through analyzing the relationship between the complexity of the origin system, management level. Kim, Chang-bong and Hyun Hwa-jung (2014)[118] examined the structural relationship between the weakness of the origin system, the FTA barriers, the level of origin verification, and the country of origin. This suggests that it is an important solution for companies to improve their understanding of the rules of origin.

A study on the cases of violation of the rules of origin and the implications of them after 2010, such as Lee Young-soo, Kwon

---

115) Bae Myong-ryeol and Park Chun-il, "A Study on the Korean Company's Evaluation of decade-long Korean FTAs and how to improve its for FTAs Utilization", "International Commerce and Information Review", Vol. 16, No. 5, Korea Association for International Commerce and Information, 2014, pp.249-273

116) Lee, Chang-Sook, and Kim, Jong-Chill, "e-C/O under FTA", "International Commerce and Information Review", Vol. 15, No. 3, 2013, Korea Association for International Commerce and Information, pp.467-490

117) Kim, Chang-Bong, and Lim, Duk-Hwan, "An Empirical Study on the relation of complexity, management level, corresponding strategy and rules of origin's performance in Korea trade company", "The Journal of Korea Research Society for Customs", Vol.12 No.2, Korea Research Society for Custums

118) Kim, Chang-Bong, and Hyun, Hwa-Jung, "A Study on the relation of Vulnerability, FTA Barrier Origin Verification and Origin Performance on Rules of Origin", International Commerce and Information Review, Vol. 16, No.5, September 2014, pp.295-315

Soon-koog (2011),[119] Jo, Mi-Jin, Kim Min-sung (2011),[120] Chang Keun-ho, Chung Jae-wan (2012),[121] Kim Hee-youl, Kwank Keun-jae (2012),[122] Kim, Man-gil, Chung, Jae-wan (2013),[123] respectively. The significance of origin verification increased as the EU FTA and Korea-US FTA concluded. However, due to reasons such as limited accessibility of data on domestic verification cases, comprehensive studies on origin verification cases have not been active until now(Yun, Jun-Ung, 2015).

2) Major developments

In this chapter, firstly, we examine the direct and indirect verification methods focusing on the Korea-EU FTA, which adopts the representative verification method and the indirect verification method, and identify the main status of the two countries' origin verification. Secondly, based on the cases that can be officially used

---

119) Lee, Young Soo, and Kwon, Soon-koog, "The Case Study and Its Implication on the Breach of Rules of Origin in FTAs," "The International Commerce & Law Review", 49, The Korean research Institute of International Commerce & Law, 2011

120) Jo, Mi-jin, and Kim, Min-Sung, "Analysis and Implications of Korea-US and Korea-EU FTA Origin Verification Methods", "KIEP Today's World Economy", Vol.11, No. 20, 2011

121) Chang Keun-ho, and Chung Jae-wan, "A Study on the Determination of the Rule of Origin for Korea · EU FTA with Special Focus on the Court of Justice of European Union's Case Law", The Journal of Korea Research Society for Customs, Vol. 13, No. 3, Korea Research Society for Customs, 2012

122) Kim, Hee-youl, and Kwank, Keun-jae, "International Trade : The Case Study and Implications on the Origin Verification of USA", "International Area Review," Vol. 16, No. 4, The International Association of Area Studies, 2012

123) Kim, Man-gil, and Chung, Jae-wan, "A Comparative Study on FTA Verification System Among Korea vs USA, EU", "The International Commerce & Law Review," 58, The Korean Research Institute of International Commerce & Law, 2013, pp.266-286

by the Korea Customs Service and other domestic and overseas countries, the factors of violation of the existing main criteria of origin determination are divided into the types of requirements that satisfy the origin requirement described in the FTA agreement. Finally, based on the cases of violation of origin verification by these subtypes, we analyze vulnerability factors in the verification of origin in export companies and further explain the countermeasures of companies.

Section 2 Review of Origin Verification System and Prior Research

1) Overview of the origin verification system and the general provisions of the FTA countries

According to the research of Jo, Mi-Jin, Kim Min-sung (2011), Jon, Joon-soo, Cho, Jun-young (2012),[124] Kim, Hee-youl, Kwank, Keun-jae (2012), Chang Keun-ho, Chung Jae-wan (2012) and Chang Keun-ho (2013),[125] the origin verification is based on the origin and agreement tariff If it is deemed necessary to confirm the appropriateness of the application procedure, it is a system to check whether it is appropriate.

---

124) Jon, Joon-soo, Cho, Jun-young, "A Study on the countermeasure about origin verification of Korea EU FTA", "The Journal of Korea Research Society for Customs", Vol. 13, No. 2, p 45-68

125) Chang Keun-ho, "The FTA Preferential Origin Verification Regime: Implementational Problem and Future Reform", "Tax Studies", Vol. 13, No. 1, p 233-266, Korea Tax Research Forum, 2013

There are direct verification and indirect verification methods or mixed methods for the origin verification method. The Korea-US FTA origin verification method follows the NAFTA type model. The United States is subject to verification of origin as PTI (Priority Trade Issues), which has a large loss in tax revenue due to US customs risk management system. This includes agricultural products, textiles, steel, clothing, electronics, and automobiles. In the case of an EU, unlike the United States, a number of FTAs adopt the indirect verification method basically, but if necessary, participate in the investigation process of the importing country. EU countries are known to routinely extract about 0.5% of imported goods at random (Yun, Jun-ung, 2016).

<Table 9-1> Country-specific verification method

	Chile	Singapore	the United States	Peru	ASEA	India	EFTA	EU
verification method	direct verification		direct	direct + indirect	Mixing method		indirect	
			(fiber · indirect)					
verification	Import customs office			Import + Export	Export customs office		Export customs office	
subject				Import + Export customs office	(Exception: importing country)		Visible to importing countries	

The general rules for the verification of origin are specified[126] in

---

126) Korea-US Agreement Chapter 6 Section 1 Articles 6.1 to 6.18 and Korea-EU Agreement Statements Part 5 and Part 6

the Korea-US FTA and the Korea-EU FTA Agreement, and summarized as Table 9-2. Lee, Young Soo, Kwon, Soon-koog (2011), and Park, Hyun-hee (2012)[127] are concerned about the fact that all production in a country where the criteria for determining origin is made, or for products made in more than two countries, and the actual variation standard giving the country of origin. And it can be broadly divided into supplementary criteria to supplement the actual transformation standard.

<Table 9-2> Korea-US FTA and Korea-EU FTA Agreement text comparison

division		Korea-US FTA	Korea-EU FTA
Effective Date		Entry into force March 1, 2012	Entry into force July 1, 2012
Agreement Bureau		the United States	EU (27 countries)
Out-of-process certification		Unreliable	Unreliable
Transportation requirement		*.The goods must depart from the exporting Party and be transported to the importing Party without going through the third country. (Principle) *.It shall be proved that it was under the customs control of the transit state by way of non-Parties, and there shall be no further work other than re-shipment, work for preserving the goods.	*.Even if originating goods are to be transported directly between the two parties, negotiated tariff application *.In the case of areas other than the Parties to the Agreement, the free circulation should not be understood and only accepted if the process has been carried out to save the goods in unloaded, re-shipped or in good condition.
Determination of origin	Value-added criteria	Product price: FOB RC method: Regional value-added ratio is above a certain level Deduction method (55%), Integration method (35%), Net cost method (35%) - Automotive limited application	Product price: Factory price MC method: Off-site value-added ratio below certain level (Non-origin materials cost / factory price) * 100
	microcriterion standard	Price basis: General items 10% Principle of excluding agricultural and marine products	General items 10% agricultural and marine products 10%

127) Park, Hyun-hee, "Comparative Study Based on Determining the Origin of Korea FTA", Journal of Korea Trade, 37 (2)

		Fiber weight basis 7%	Fiber weight basis 8-30%
			(Some are based on price)
By Country of Origin	Chemicals	Recognized both the main process standard and the change three times criteria	Change three times standard (CTH)
		* Chemical reaction, purification process or blending process	
Proof of origin	Proof body	Exporter, producer, importer	Exporters (certified exporters only)
			* However, for export goods below 6,000 euros C / O issuance in addition to certified exporters
	Proof form	No designation form	Write the declaration of origin in the commercial documents such as the invoice
		Prepare a written recommendation form	
	Language	English, Korean	Agreement Each Party Language
	Validity	4 years	1 year
	Using split	Comprehensive certification is possible within 12 months	One-time use principle
Origin verification	Verification method	Direct verification (Indirect verification of textile and apparel)	Indirect verification
	Verification subject	Importing countries (textile and apparel exporting countries)	Exporting countries(importer visit)
	Reply date	(Textile, clothing) Within 12 months from request date	10 months from the date of request
		(Other than textiles, clothing) Within 30 days from the date of notification (up to 60 days for deferment)	

As shown in <Table 9-2>, the differences of major verification factors were examined through the agreement of representative countries in relation to direct and indirect verification. In the case of the United States, which adopts direct verification, rather than exporting by an exporting entity of an EU country, it adopts an autonomous issuance system of proof of origin. Therefore, there is a great risk of exposure to violation of the trading partner among the major verification types in terms of the exporting company. In addition, due to the submission period of the short written statement compared with the indirect verification, the direct verification against the indirect verification by the export enterprise such as an increase in the risk of breach of the proof of origin due to the inactivation of the certificate of origin, Vulnerability is high in violation of requirements.

2) Violation status of origin determination criteria

FTAs originating in Korea-ETA (effective September 2006), Korea-ASEAN (effective July 2007), Korea-EU (July 2011) and Korea-US (March 2012) Looking at the status of verification requests, it has tripled from 84 in 2011 to 229 in 2012. In addition, according to the inspection report submitted to the National Assembly by the customs office of the Pusan headquarters, the total number of cases related to verification of origin verification, which amounted to 212,876 million won in 2011, is 459 cases, 10,412 million won in 2013, 4,997 cases. There is a steady increase in the number of people. Especially in recent years, the proportion of verification of origin in the EU and the United States has increased significantly.[128]

---

128) Korea trade news, 2013, 10.4; Newsis, 2014.10.21

<Table 9-3> Verification Results of Busan Customs Origin (Case, Million Won)

Agreements	2011		2012		2013		2014. 8.	
	Number	Price	Number	Price	Number	Price	Number	Price
Korea · Chile	-	-	19	164	-	-	-	-
Korea · EFTA	23	29	999	51	14	17	-	-
Korea · ASEAN	137	768	6	25	-	-	-	-
Korea · India	-	-	27	173	-	-	-	-
Korea · EU	-	-	618	1810	365	9,765	240	3,703
Korea · US	-	-	2	7	80	630	131	13,630
APTA	52	79	-	-	-	-	128	236
Total	212	876	1,671	2,230	459	10,412	499	17,569

<Table 9-4> Current Status of Violation Type (cases, million won)

Agreements	2011		2012		2013		2014. 8.	
	Number	Price	Number	Price	Number	Price	Number	Price
Error applying item tax rate	137	768	551	175	63	4,084	162	548
Violation of certification document requirement	52	79	73	1,659	270	4,660	225	565
Violation of direct shipping requirements	11	22	-	-	-	-	-	-
Violation of origin determination criteria	12	7	1,045	389	123	1,604	107	16,326
Etc	-	-	2	7	3	64	5	130
Total	212	876	1,671	2,230	459	10,412	499	17,569

Source: Newsis, "Busan customs, FTA violation of notation of origin marking increase", 2014.10.21.

3) Prior research

In the previous research, many discussions and researches have been made on FTA rules of origin, decision criteria, and efficient management of origin management. The previous studies on the rules of origin are as follows. First, Kwon, Soon-Koog (2011)[129] pointed out the problems about the rules of origin and studied the countermeasures. The major problem with the rules of origin is that the method of issuing certificates of origin according to FTA agreements is different and the lack of awareness about the verification of origin of companies is a major problem. As a countermeasure to this problem, He argued that it is necessary to prepare for this by using simplification of the proof of origin and preliminary verification system of origin. In a study by Changa and Xiao (2015),[130] the FTA and tariff alliance examined whether there is a difference in wealth between countries with different market sizes. If the rules of origin are less stringent and the asymmetry of the market size has a moderating effect, the global wealth is greater under the FTA than the tariff alliance. Paul Brenton, Manchin (2002)[131] noted that the strictness of the rules of origin of the EU countries makes it difficult for market access to companies in developing countries. They emphasized the need to mitigate the strictness of the rules of origin.

Kim, Tae-in, Kim, Sok-tae (2012)[132] said that they should

---

129) Kwon, Soon-Koog, "A Study on the Rules of Origin FTA for Import Preferential Tariff Application", Doctoral Thesis, Kyungpook National University, 2011

130) Yang-Ming Changa, Renfeng Xiao, "Preferential Trade Agreements between Asymmetric Countries: Free Trade Areas (with rules of origin) vs. Customs Unions", *Japan and the World Economy*, Volume 33, February 2015

131) Brenton, Paul, Miriam Manchin, "Making EU Trade Agreements Work : The Role of Rules of Origin, CEPS Working Document No.183, March 2002

132) Kim, Tae-in, Kim, Sok-tae, "A Case Study of Origin Approved Exporter based on Value Added Criteria of the Korea-EU FTA", "The Journal of International Trade and Commerce",

prepare for the case of postmarketing verification process based on export certification cases of actual companies. Also, it should be supplemented with the post - management regulation that enables to grasp the actual condition of the management of origin periodically. Also, it is argued that post - management procedure is necessary to prevent damage caused by verification of origin. Park, Hyun-hee (2012) argues that Korea's FTA negotiations, which have already been concluded by the FTA Agreement, will be compared with each other in the FTA Agreement.

As a preliminary study on the rules of origin and utilization, Cho, Mee-jin, Ahn, Kyung-ae (2011)[133] surveyed Korean companies on the rules of origin and utilization. Companies' understanding and interest in FTA rules of origin has been very low. This was pointed out as an impediment to the maximization of economic gains through the conclusion of an FTA. In addition, it emphasized the necessity of establishing the direction of Korean - style rules of origin as a solution. Kim, Moo-han (2010)[134] pointed high tend to not take advantage of the origin criteria to lack of understanding about the origin criteria of SMEs in the study on the Strategy of the FTA origin criteria. Kawai and Wignaraja (2009)[135] argue that free trade

Vol.8, No.1, 2012

133) Cho, Mee-jin, Ahn, Kyung-ae, "The Rules of Origin in Korean FTAs and the Analysis on the Domestic Firms' Use of FTAs," "Korea Trade Review," Vol. 36, No. 3, 2011

134) Kim, Moo-han, "A Study on the Application Strategies according to the FTA Rules of Origin" Konkuk University Ph.D. Thesis, 2010

135) Kawai, Masahiro and Ganeshan Wignaraja, "The Asian Noodle Bowl: Is it Serious for Business?", ADBI Working Paper Series. 2009

agreements for companies in major Asian countries, including Korea, are less utilized because of the lack of information, low preferential tariff levels, additional costs,, Rigid rules of origin, non-tariff barriers, and concerns about corporate information leakage. In order to increase the utilization rate of the FTA, we have argued for further study on the strict criteria of origin.

Section 3 Violation of the criteria for determining origin by type

The cases of violation of decision of origin were classified into four types according to the decision criteria of origin: supplementary standard (exception standard) violation type, general standard violation type, essential principle violation type, transaction party and proof of origin. And then subdivided by each item. This is due to the fact that in the study on access violation of some violation type items of previous research. In order to supplement the limitations of the current case collection, major case analysis countries have included NAFTA cases together with the United States, which has adopted representative direct verification. In countries with indirect verification, the EU and EFTA cases were discussed together. The classification of these types of violations is set up for convenience, not as absolute standards.

1) Type of violation of essential principle

(1) Violation of the principle of direct transport: Spanish wine[136)]

The billing corporation brought 7 cases from Spain from July 31, 2007 to September 27, 2008 (based on the port of entry) to Korea, and some of the goods were export declaration number ***** - 08 ****** U (2008.2.22) and so on. The issue is whether Article 13 of the Korea-EU FTA's Chairman of Origin meets direct transport. Judging by the facts and related regulations, the issue goods are transported directly from the European Union (EU) exporter to the claiming entity, then returned to Hong Kong, re-imported from Hong Kong exporters and then declared for import, The separate transport documents and invoices that differ in their exporters are issued and do not meet the definition of a single consignment. Therefore, returning to Hong Kong and domestic re-shipping can not be said to have met the direct carriage principles of the Korea-EU FTA. In comparison with the Korea-US agreement, one EU stated that the direct carriage principle[137)] is specified and only

---

136) Korea Customs Service 2012-33

137) Korea-EU Agreement Article 13 Direct Carriage, preferential treatment provided for in this Agreement shall apply only to products that are transported directly between the parties, while meeting the requirements of this Protocol. However, products that make up a single consignment can be transshipped or transiently warehoused in other areas and then transported through other areas when the situation arises. Provided that the product is not exported for free circulation in the country in which the product is transit or warehoused and shall not go through any process other than the process designed to reload shipments or to preserve the product in good condition.

the single consignment shipment is possible at the time of restricting conditions other than the permission of the third country. However the US-ROK agreement does not set any restrictions other than those permitted by third countries.[138]

(2) Principles of processing in the region: Shoe case[139]

Korea's S company imported shoes (HS CODE: 6404.19) from N company in the US and applied customs tariff on Korea-US FTA to import customs at the MFN tariff rate of 13% and FTA 0% customs duty. Korea Customs has launched a verification process to confirm whether the US footwear manufacturer meets the country of origin of imported footwear, keeping in mind that the US owns a production facility in Vietnam, other than the United States.

The main verification items were whether the exporter who issued the certificate of origin issued the certificate of origin of the distributor in the US, not the producer, and whether it had evidence of the origin of the certificate. As a result of the verification, the importer and the exporter were not able to submit data to prove the origin of the subject merchandise, and the application of the negotiable tariff was excluded. This case is a case in which the main

---

138) Korea-US FTA Agreement Article 6.13 Transit and Transshipment Each Party shall provide that a product shall not be regarded as originating if: In the event that the goods pass through production or any other process beyond the territory of the Parties, subsequent to unloading, re-shipment, or any other process necessary to keep the good in good condition or to transport it to the territory of a Party, If the goods are not under the control of customs authorities in the territory of non-Parties.

139) Korea Customs Service Portal Site, Korea-US FTA Verification Case 3

verification is whether the exporting shoe is in violation of the principle of applying the agreement which is recognized as domestic product only if it is processed and exported in the region of the exporting region. In this case, the exporter does not apply the negotiated tariff due to the submission of the verification data, but the textile, shoes, etc. are verified whether or not they meet the origin by focusing on whether they are in violation of the regional processing principle.

The Korea-EU,[140] Korea-US[141] FTA Agreement states the principles of production in the region. Korea-EU and EFTA are recognized for offshore processing, but the Korean-EU FTA does not allow for offshore processing. In the expanded concept, Singapore, ASEAN, India, Peru, and EFTA (no allowable area restrictions). Products produced by the Gaesong Industrial Complex in North Korea are recognized as South Korean if they meet below 40% of the processing cost. In the EU and the US, It will be decided later by a separate committee. It is expected that exporting to the US and EU countries, which are major exporting countries, will be significantly

---

140) The principle of production in the Korea-EU Agreement Article 2 (origin-product), a. In the meaning of Article 4, the products, b. A product obtained in the Party by combining materials not fully obtained within the Parties, provided that such material has undergone sufficient working or processing within the Party in the meaning of Article 5., c. The products which are obtained only with materials which have been qualified as originating products within the Parties in accordance with this Protocol are specified in the Article 12 Area Principle.

141) The principle of production within the Korea-US Agreement is that Article 6.1. is wholly obtained or produced in the territory of one or both of the Parties; 1) Each non-originating material used in the production of a good meets or exceeds the applicable regional value content or other requirements specified in Annex IV and Annex VI. And meets all other applicable requirements of this Chapter. Originating materials are produced exclusively in the territory of one or both of the Parties.

beneficial if the outward processing of the Gaesong Industrial Complex is permitted.

(3) Processing principle in the region: Pipe fittings[142]

In the process of importing pipe fittings from F Company in Korea, Korean P company has been supplying customs clearance data such as production process, purchase details of raw materials, As a result of verifying the details of the processing contract, it is found that the US exporter F is not a raw material producer and the name of the supplier is listed on the invoice. In the case of invoiced goods, even though the country of origin is several countries, all of them are originating in the United States of origin and 0% preferential tariffs are excluded. This is a case that violates the provisions of the principle of processing in a country.

2) Typical breach type

(1) Full production standard: Norwegian fresh salmon[143]

Full production standard / principle of transaction party / false origin declaration Claim corporation imports fresh salmon from Norway from September 4, 2006 to May 10, 2007, applying 2 EFTA 0% -4 **** 32 and other 48 times of import declaration, and

---

142) FTA portal, Korea-US FTA verification case 5

143) Korean Customs Service 2007-129

the notice of customs receipt received it. - Omitted - This case is an example of the third country 's circumvention import agreement, which is a case in which a US Alaska exporter who does not have the authority of the Norwegian Customs Verification issues a certificate of origin of Korea - ETA and collected customs duties from customs. This is due to the fact that the validity of the origin declaration issued by the third country's export and seller, whether it is possible to heal the previous defect by submitting the effective declaration of origin, and the false creation of the declaration of origin This is an example of judgment. The full production standard is specified as a product that is wholly obtained or produced in the territory of the Party or both countries specified in Article 4[144] of the Korea-EU Agreement and Article 6.1[145] of the Korea-US Agreement. The total production standard is mostly agricultural and

---

144) Article 4 of the Korea-EU Agreement states that the product provisions are fully obtained. 1. For the purposes of Article 2 (a), it shall be deemed to have been fully obtained within the following Parties: (b). Mineral products extracted from soil or seabed in the territory of the Parties; Vegetable products grown and harvested within the Party; A living animal born and raised within the Party; Products from living animals raised within the Party, hereinafter referred to as "e-k", 2. In paragraph 1 (f), "the fishing vessels and other products caught by the ship of the Party in the sea outside the territorial sea of the Parties", and the products made on the processing vessels of the Parties only by the products mentioned in subparagraph "The working vessel term of the Parties applies only to the following vessels and craft: end. Registered in the Republic of Korea or one of the Member States of the European Union; (B) flying the flag of one of the Republic of Korea or the Member States of the European Union; (1) is at least 50 percent owned by the Republic of Korea or one of the Members of the European Union; or (2) is owned by a) the head office and its main office are in the Republic of Korea Or a company in one of the Member States of the European Union, (b) a company which is at least 50 percent owned by the Republic of Korea or one of the Members of the European Union, a public institution of the Republic of Korea or one of the Members of the European Union, .

145) Korea-US Agreement. Article 6.1 In the case of goods wholly obtained or produced in the territory of one or both of the Parties in the terms of the originating goods, wholly or partly produced in the territory of either or both Parties, In the territory of the Parties.

marine products, and Korea is a sensitive item even though the proportion of export of agricultural and marine products is not large.

(2) substantial transformation criteria (based on change in tariff classification): Swiss gold case[146)

According to the Korea Customs Service 01.09.2006 -EFTA Free Trade Agreement enters into force after the Swiss mountains gold imports fine analysis, etc. Production and international trade of gold to Switzerland noted that in Seoul, Daegu Customs and customs surge and investigate a domestic importer imports many The Customs Service has requested the Swiss customs authorities to investigate the origin of the gold producers and as a result, it is reported that the gold producers in Switzerland produce the gold using the same material number as the export gold and violated the criteria for determining the origin according to the FTA agreement. Korea-ETA FTA Agreement The gold standard for the determination of origin of gold is the product corresponding to a different item number from the gold bullion (HS Code 7108.12). When producing gold bullion and gold (HS Code 7168.90) When producing high purity gold with low purity metal, the HS Code is 7108.12 in both material and product, so it will not meet the criterion of origin. In order to receive a 0% preferential tariff from the basic tariff rate of 3% in accordance with the original Korea-EFTTA FTA, it is

---

146) Korea Customs Service press release, "Detention of gold from Swiss origin violating 180 billion won", April 14, 2008.

necessary to produce bullion (HS 7108.12) using non- (HS 7108), imported scrap metal (HS 7112), refined and finished high purity metal (7108), and exported it to Korea. However, as a result of the verification, some of the imported raw materials have not been changed to the 6 - unit classification, and the country of origin has not been recognized as the Swiss origin. Therefore, Korean customs have collected 17.5 billion won for 14 importers who do not meet the origin standards.

(3) Value inclusion criteria (added value):[147] looseleaf binder examples[148]

Z company in Canada sells the looseleaf binder to US customers, and Z has submitted to the US Customs for the unit price of the sub-materials used in the A-E model (optional model name), but did not provide evidence to prove this. Based on the information of Z company, the non-origin ratios of the materials used for the looseleaf binder used in the A to E models are approximately 16.1% for A type, 26.6% for B type, 24.1% for C type, 23.9% for D type, and

---

147) In relation to the value added method, the MC method is a method of calculating the ratio of the value of the non-originating materials in the factory price. It is used only in Korea / EFTA / Korea / EU / Korea / Turkey FTA. Value added ratio (RVC) = (raw material cost / commodity price) * 100, direct method (BD) is value added ratio (RVC) = 100 {(Commodity price - non-originating material cost) / commodity price} * 100, Korea-US FTA can be selected with automobile products in addition to direct or deductible method, generally using the net cost method. The net cost formula is expressed as the value added in the region = {net cost (NC) - non-originating material value (VNM) / net cost (NC)} X100. Net cost is the total cost (material cost, direct labor cost, All costs) - deductible costs (promotions, marketing, after-sales services, royalties, transportation, packaging and interest costs outside the permitted range).

148) US Customs, HQ 545693

E type was 31.6%. - Omitted - The issue in this case is whether it meets the net cost method for applying NAFTA preferential tariffs. Based on the unproven Z company data, the five models were found to meet NAFTA in excess of the regional value of 50%. This decision may be amended or canceled if the data provided by Z is not satisfied by 19 C.F.R. The value added method shall submit to the relevant customs the documents prepared in accordance with the accounting standards, unlike the above-mentioned direct carriage principle, regional processing, full processing, full production standard, and tariff change standard. In calculating the manufacturing cost statement of the product BOM list, the unit price change of the goods having a large influence on the stock price of the goods must be managed consistently according to the method selected by the first-in first-out, last-in, first-out method and the like.

(4) Criteria for processing: Men's clothing[149]

C company in Korea exported men's clothing (HS CODE: 6201.93) to importer S in Switzerland. The Swiss Customs confirmed the fulfillment of the direct carriage principle by suspicion of a direct shipping violation by listing the shipment in Dalian China in the declaration of origin stated in Korean. - Omitted - This case is an example of a violation in which the Korean headquarters receives the order from the Chinese factory and then directly

---

149) FTA portal, Korea-EU FTA verification case export 2

exported the product from the Chinese factory to the EU after the product was actually manufactured at the factory in China. Article 13 of the Korea-EU FTA Agreement The products constituting a single consignment in the direct carriage principle can be transshipped or temporarily stored in other areas and can be transported through other areas when the situation arises. However, it states that the product must not be taken out for free circulation in the country in which it is passed or warehoused and must not go through any process other than the process designed to reload shipments or to preserve the product in good condition.

The processing standard is a type of item-specific criteria and can be recognized as an origin goods only after the production process specified by the agreement. The processing standard is widely adopted in textile products as a basis for recognizing the country where the main process of the product has been performed. In Korea - US FTAs, petroleum or chemical products are recognized as originating products even if there are not three changes in specific processes when they are carried out. Machining process standards have a wide variety of forms, including independently defined requirements and the simultaneous fulfillment of the tariff change or value added criteria.[150] Lee, Suk-dong, Lee, Chun-su (2015)[151] reported that the benefits of the textile industry by the Korea-US

---

150) FTA portal processing standard

151) Lee, Suk-dong, Lee, Chun-su, "A Study on Trade Performance of KOREA-USA FTA - Focused on the Export of Textiles & Apparel to USA" The Journal of Korea Research Society for Customs, Vol. 16, No. 1, Korea Research Society for Customs, 2015

FTA are minimal, contrary to the prospect of the biggest beneficiary of the textile industry when Korea-US FTA is concluded. The fiber is processed through a process of fiber / spinning -> the yarn / weaving process is replaced by fabric / cut sewing process and apparel. It is impossible to carry out all the processes like the above rules in the production process of all the garments in Korea, and most of the yarn is imported from China or other countries. It is necessary to find various ways to be recognized as a country through circumvention through convention agreement between countries and other criteria of country of origin determination.

3) Type of supplementary violation

Supplemental standards violation types include microcriterion, accessories, spare parts, cumulative standards, intermediate materials, spare parts, substitutable goods, indirect materials, container and packaging. A supplementary standard violation type case examines the micro criterion, accessories and spare parts due to limitations of the collection.

(1) Micro standard: Korea−EU FTA liquid pump violation case[152]

The A company manufactures various pumps and exports them to the EU and the United States. For example, the liquid pump is

---

152) Customs FTA Consulting Case (2016, ○○ company in Yangsan, Kyungnam)

exported to the Czech Republic. The criteria for determining the origin of the Korea-EU FTA and the bill of materials (BOM) are <table 9-5>, <table 9-6>.

<Table 9-5> Liquid Pump (HS 8413.30) Determination of Origin

Product Name	HS	Determination of origin	micro criterion
Liquid pump	8413.30	1. HS No. 8413 is produced from non-originating goods other than HS 8413, 2. The price of non-originating goods calculated in accordance with the MC method shall not exceed 50% of the price of the finished product.	The total value of non-originating materials shall not exceed 10/100 of the factory price of the product.

<Table 9-6> Liquid Pump Material Specification (BOM)

Ingredients	Report HS Code	Confirmed HS Code	Country of origin	Factory price($)
Bracket	8302.50	8413.91	CN	50
Reservoir	8413.91	3923.29	CN	55
Ball Bearing	8482.10	8482.10	CN	50
Check Valve	8481.30	8481.30	CN	80
Gear	8483.40	8483.40	CN	55
:	:	:	Domestic	:
sum(EXW)				560

In this case, A is the main raw material mainly produced in China, imported from Korea, and exported to the Czech Republic. It is a case of applying the supplementary standard, micro standard, but verifying it exceeds the allowable rate in the examination of origin of customs.

Company A was unable to make three changes to the criteria for determining origin due to reservoirs in which the HS Code was not changed among the major imported raw materials. In addition, the value-added criteria by the MC method exceeded the standard (\$ 290 / \$ 560 = 51.78%), failing to meet the criteria for determining the origin of the Korea-EU FTA. Therefore, we applied the micro standard to the reservoir which was not changed three times and adjusted it to within the allowable standard (\$ 55 / \$ 560 = 9.82%).

However, as a result of examining the contents of decision criteria of origin of major raw materials of F company, there were two errors in item classification. One of the raw materials, Bracket, was classified as universal part[153] HS 8302 according to Note[154] 15 of the Customs Tariff.[155] However, the part bracket constitutes a main part that performs the function of supporting and fixing various parts of the liquid pump. A piece of goods which plays an indispensable role. "Parts" specified in Chapter 16 of the Customs Tariff Schedule[156] for specific machines or for machines of various kinds classified in the same head are classified in the heading to which they belong. 8413

---

153) In the tariff lines HS 7307, 7312, 7315, 7317, 7318, 8302, 8306, 8308 and 8310, in general, general parts are excluded in Parts 16 to 20 where general parts are mainly used. And other parts other than general-purpose parts shall be classified as general parts.

154) In general, guidelines on the classification of items such as the classification range and limit of each division, division, division, classification, relation to other division or division, and definition of terms are specified.

155) The objective of the HS product is used in Korea as the customs tariff, which is a separate table.

156) As a formal commentary on the classification of HS items approved by the WCO, it is accepted as a guide in Korea to ensure the uniformity of classification of items, and is accepted by the Korean Customs Service as a notification.

shall be classified. And reservoir of the goods is a plastic reservoir which is installed outside the pump which functions to store the excess pressure (gas or liquid corresponding to it) when the pressure is exceeded on the pump. Customs Tariff Section 16 Depreciation and HS Customs Tariff Commentary WCO As the official guide to the HS classification of HS which is approved by the Korea Customs Service as a guide necessary for securing the uniformity of the classification of items. Even if parts are used exclusively or principally in machines of the kind, they are not to be made of plastic, so the reservoir should be classified in HS 3923.

Therefore, the price of the bracket ($ 50) / factory price ($ 560) = 8.93%, which is the same as the one-EU subcritical allowance ratio 10 %, So the decision criteria of origin as set out in the agreement were met and applied as a micro standard. In this case, since the criterion for determining the origin of the micro-standard is the change criterion of the third item, the classification[157) of the product and the material of the member must be prioritized first. Therefore, it is necessary to check the composition (BOM) It should be applied well.

---

157) The objective classification of HS products is classified according to the contents of the sub-categories, sub-sub-sub-sub-sub-sub categories and sub-sub sub categories. Therefore, it may be difficult to classify sub-sub-categories according to the item classification. As a general classification principle established so that it can be said to be a general rule about the interpretation of HS

(2) Accessories and spare parts

In the case of accessories and spare parts, in the provisions of Articles 6 and 8 of the Korea-US FTA Agreement, each Party shall, in the case of accessories and spare parts and tools clauses, indicate that standard accessories, spare parts or tools of the goods delivered with the goods, It is regarded as originating goods. All non-originating materials used in the production of the good shall not be taken into account in the determination of whether an applicable tariff change is made.

Provided that the accessories, spare parts or tools are classified as such and the invoices shall not be issued separately from the goods, and the quantity and value of the spare parts or tools of the accessories shall be at the normal level for the goods. The value of the accessory spare parts or tools described in section 1 shall be considered as origin or non-originating materials in each case in determining the regional value content of the goods. This is a case in point of exporting automobiles to the US or Europe, such as essential vehicle tools and spare tires. However, due to the collection limitations of major violations, we will replace them with explanations of regulations.

4) Type of breach of the transaction party and origin verification: Error of declaration of origin

(1) consumer electronics[158]

Trader Violation (EU import) Company B imports household electrical appliance (HS CODE: 8510.90) from German Q company and import customs clearance from the existing 8% to 0% tariff rate under the EU-Korea tax rate. The Korean Customs has asked the German customs for verification that the exported country is different from the country of origin and that the third party issues the invoice. Verification is the authenticity of the declaration of origin, whether it is transported directly, and whether it is actually produced in the EU. As a result of the verification, the originating station was issued to the Singapore branch in Switzerland and the third party was issued to the Korean importer in the Singapore branch. The goods were transported from the German factory to Korea. As a result of the verification, the export declaration of origin was issued by a non-Party exporter in Switzerland and excluded the preferential tariff after investigating the importer without having to ask for indirect verification to Germany. In the case of automobile parts, automobile parts such as AXLE of ZF in Germany and Hella lamp in Germany have production facilities in Europe. However, we have a logistics center in each of our base locations for rapid logistics

---

158) FTA portal, Korea-EU FTA verification case import 1

transportation to our customers, and Singapore is one of the major Asian hub logistics centers. In order to apply FTA preferential tariffs according to the principle of direct delivery in the import and export of raw materials, particular attention should be paid to whether companies should confirm the correspondence between product producing countries and product delivery areas.

(2) PET RESIN[159)]

Korea 's K company exported PET RESIN (HS CODE: 3907.60) to Romania' s S & T company with 3.2% export tax rate based on the EU - Korea preferential tariff. The Romanian customs requested the Korean customs to verify the authenticity and accuracy of the origin declaration written on the B / L by the random selection method. In the transaction between K and Romania S, the Romanian Customs Authority requested verification of the trilateral invoice issued by broker C and the declaration of origin made at B / L. The exporter has written the declaration of origin in all commercial documents (B / L, packing list, invoice) according to the request of the transporter C. The origin declaration written in B / L was confirmed by the shipper, not the exporter. This was notified to the Romanian Customs Authority as an ineffective declaration of origin.

---

159) FTA portal, Korea-EU FTA verification case export 3

(3) Example of P automobile parts[160)

Korea 's T company imports automobile parts (HS CODE: 7009.10) from W company in the US and imports it at the tax rate of 0% at the existing 8% tax rate by applying the Korea - US FTA rate. The customs authorities of the Republic of Korea shall obtain the condition that the importer has arbitrarily changed the C / O made by the exporter and start the verification. Whether the exporter has actually produced the certificate of origin submitted by the importer to the customs office and whether the exporter complied with the contents Respectively. The contents of the C / O issued by the exporter were blurred and the contents could not be confirmed. As a result, the importer was arbitrarily rewritten the C / O, and the application of the negotiable tariff was excluded and a fine was imposed on the creation of the false C / O. This is the case where importers have applied the negotiated tariff by creating a certificate of origin in a fraudulent manner.

(4) Certificate Exporter Number Error Case[161)

In the Korea-EU FTA agreement, if the merchandise to be traded exceeds 6,000 euros, only the exporter designated as Korea-EU FTA certified exporter can issue the declaration of origin. The EORI number (similar to the customs clearance number of Korea), which

---

160) FTA portal, Korea-US FTA verification case 1

161) FTA portal, Korea-EU FTA verification case 2

was previously used between EU countries, should be renewed as the certified exporter qualification according to the EU entry point. There is a case where the exporter of the EU country completes the declaration of origin by filling in the VAT number and EORI number, not the certified export number, in the origin declaration form and the example number in the notified certification number system. In this case, it is not possible to confirm whether the number provided by the EU exporter corresponds to the certified exporter number as a result of the country of origin verification.

(5) Photo initiators[162]

On September 7, 2006, the applicant filed an application for the Korea-EFTA agreement tax rate through importation of the photo-initiative system (standard IRGACURE) through three cases including the import declaration number *** - ** - *** GH, It was repaired as it is. - Omitted - In this case, the EFTA agreement tax rate based on the Certificate of Origin, which is not valid at the time of import declaration, is applied, and after the customs clearance, the certificate of origin is submitted and the defect is pointed out. According to Article 10 of the FTA Special Act (the Act on the Exemption of the Customs Act for the Implementation of the FTA), a person who intends to apply the negotiated tariff must have a certificate of origin valid before the import declaration is completed.

---

162) (KCS, 2008-005) Photo initiator is a material used as a hardener in UV coating and various electronic materials industries.

Article 16 (1) of the Act stipulates that the customs duties shall not be applied when the data requested by the customs manager is false or untrue, and Article 28 (exemption of preferential tariff treatment) Of the Act, the non-payment of duties in accordance with domestic laws and regulations shall be levied.

Section 4 Case Analysis and Implications

In Chapter 3, we examined the cases of violation by type of origin decision criterion in comparison with the criteria of origin of FTA Agreement.

<Table 9-7> Problems by Types of Violation Factors of Decision on Place of Origin

Item			Case	Problem
Essential Principles	Direct Shipping		Spanish Wine	Re-import after exporting to some third countries
	Inland Processing		USA Footwear	If the exporter is not a producer but a distributor
	Inland Processing		USA PIPE FITTING	Out-of-country production
General standard	Full production standard		Norwegian fresh salmon	Issuance of origin confirmation by third party without authorization
	Substantial variation standard	Three change criteria	Swiss gold	Inadequacy of origin determination criteria and in-validity period
		Value inclusion criteria	lOOSELEAF BINDER	No official accounting information

		(Based on added value)		
		Process standard	Men's Clothing	In the case of fiber, it is necessary to secure a proof of origin
Supplementary violation			Liquid pump	Exceeding micro criterion ratio
			Accessories and spare parts	Exceeding normal levels
Trading partner violation			German Electronics	Non-Party Issued
			Korean PETRESIN	Ineffective origin declaration form / Prepare shipping company CO
			US Auto Parts	Importer Random C / O creation
Proof of origin violation			Certification exporter error	Error writing exporter's document
			EFTA photoinitiator	Submit invalid certificate of origin
			shoes	No verification request data

The reasons for violation of origin determination criteria are classified into five categories: violation of essential type principle, violation of general standard, violation of supplementary standard, violation of transaction party, and violation of proof of origin. Respectively. Herein, supplementary standard violation type is introduced as an example of FTA application and micro - standard violation is introduced.

The violation of the essential principle is mainly analyzed as the main cause of the failure due to lack of understanding of the agreement of the FTA countries. In the general standard, the actual variation standard was identified as the main cause of the violation caused by the lack of expertise and the lack of dedicated manpower for the FTA preferential tariffs and the inability to cope with it promptly. According to the statistics of the International Monetary Fund (IMF), Korea's top five export items are: 1. Chemical (HS.CODE: 2710); 2. Semiconductor (8542); 3. Automobile (8703)), And a 5.LCD liquid crystal element 9013, respectively. Regarding the criterion of origin, the main points of the Korea-US FTA and the EU FTA Agreement are as follows: In the case of the United States, the self-certification method of the direct verification method is adopted. In the case of the EU, the principle of applying the FTA preferential tariff by the certified exporter system. This makes it easier to apply FTA preferential tariffs to exporting companies to the US than to EU countries, and it is possible to apply the tariff rates to the buyer of the importing countries quickly.

However, the preferential tariff application is a weak factor in the verification of the origin of the importing country 's customs office in exporting enterprises.

In case of automobile, which is one of Korea's five export items, it is easier to apply FTA preferential tariff when selecting the net cost method. However, production information should be maintained according to generally accepted accounting practices and most. There is a need to be cautious.

Also, in the case of the United States, which has adopted direct verification, the US Customs Office requires the companies to promptly submit proofs of documents to the companies without going through customs. In case of violation of transaction party or violation of proof of origin, comparative analysis of the violation by type of violation shows that violation of document requirement requirement of origin by August 2014 was the most violation factor of 225 cases. This is due to the high degree of vulnerability to the violation of certification requirements of origin documents when exporting to the US, which is a direct verification country that adopts an autonomous issuance system for exports to EU countries, Special attention is required.

Next, through the case analysis mentioned above, we sought the countermeasures against the internal countermeasures of the company and the internal environment factors of the government excluding the influence of the government on the international environment. Many prior studies have already described many alternatives that are influenced by the government 's international environment in relation to countermeasures for verification of origin. It is difficult to cope with unification of rules of origin to prevent spaghetti ball effect, simplification of proof of origin, and establishment of rules for Korean origin. Therefore, we want to limit the government 's countermeasures to internal environmental factors. The value added criteria which belong to the essential principle, the general standard, the supplementary standard, the breach of the transaction party, and the violation of the origin standard in the details of the general standard are not systematically managed in the future It is a part of the city that is unable to respond in a short period of time.

Especially, in the case of the US Customs that conducts direct verification, it is required to reply within a maximum of 75 days compared to the indirect verification.

First, as a countermeasure for the government, the government is looking for ways to build a civil-private joint-response organization. It is expected that it will be possible to respond quickly to each industrial group by establishing a private joint post-verification verification center for major regional industrial groups in addition to the KCS, the Korea Trade-Investment Promotion Agency (KITA) and the Korea Trade-Investment Promotion Agency (KITA). In the United States, the Post-Verification Response Center of the Health and Chemicals related product group was established in New York (October 10, 2011) and the Post-Verification Response Center of the electronics related product line was launched in Los Angeles / long beach (2011.10) There is an example of establishing a verification response center in Detroit (2012.9).

Second, it is a plan to develop a joint public-private program to provide an open-source type that can be utilized continuously by the government / government-affiliated enterprises. In order for companies to respond more quickly to post-verification, it is essential to computerize the related origin-related materials. Through such computerization, the phenomenon of preferential tariff exclusion due to the lack of supporting documents will be significantly reduced.

The origin management system for SMEs or small enterprises can be utilized through FTA-PASS of the government's KCS and the origin management system of KITA. However, in the case of a single product or a small product, it is possible to utilize an origin management system developed by a government agency. On the other hand, when the product group becomes diverse and complicated, the current system system can not increase the utilization of the enterprise. However, due to the high burden of companies in the development of SMEs' own origin management program, the government upgraded the government-developed country's origin management system comprehensively and opened the country's origin management system It is necessary to disclose the program only to companies of Korean nationality that are registered with KCS as a source.

Third, it is a utilization plan of electronic tax invoice and transaction statement. Most companies issue electronic tax invoices and exchange intercompany transaction statements. The product name and the standard information of the product to be sold are shown on the electronic tax invoice and the transaction details, and many trial and error are required in the future. However, if the information about the domestic product and the criteria for determining the origin of the product are listed together, It will be easily accessible to proof of nationality.

Violation of essential principle, supplementary standard, breach of transaction party, and proof of origin of the product is often a problem in the rapid post-verification response due to the absence of a dedicated manpower of origin. Especially, in the case of the United

States, which implements the autonomous issuance system for the proof of origin, violation of the transaction party and violation of the proof of origin appears to be more prudent in terms of exporting companies than EU countries. First, the government 's countermeasure is to expand the employment incentive system implemented by the Ministry of Employment and Labor. In SMEs, in order to encourage the employment of enterprises, the state subsidizes part of the wages for the workforce. As a national policy, SMEs will expand the incentive for employment promotion when they hire full-time HR specialists, which will help the existing enterprise's employment promotion policy by encouraging enterprise employment in the government side.

Second, it is a plan to expand the operation of the expert group of origin to visit. Most of the education related to origin is in the form of collective education at a specific institution. However, SMEs lacking manpower will need education policy of origin that conforms to the situation where it is hard to afford such education and training.

There is a countermeasure against violation of the transaction party violation and the proof of origin which the company can realistically respond to in the post-verification part when exporting to the United States, which has adopted direct verification from the enterprise side. First, it is the activation of the organization that responds to the management of the origin in the enterprise, the enterprise - wide interest among the related departments, and the education activation plan. In order to facilitate the verification of the origin, it is necessary to verify the origin of the products and to provide the basic education for the management of the origin is needed.

Second, it is a plan to establish an information sharing hub system for FTAs originating from related SMEs. Through this, it is possible to improve the competitiveness of import price through the joint purchase of imported raw materials of SMEs, and to share information and to share information on the verification parts of origin by performing the management of origin information through the integrated purchase of the same raw materials, Which can help improve the accuracy of. In order to minimize the subsystem development cost and to manage it efficiently, it is necessary to support SMEs such as utilizing the service of SMBA.

As a countermeasure against the general criterion among the factor of violation of origin decision on the enterprise side, there is a plan to recognize the development of export strategic product considering the confirmation of origin in product development for export item.

In other words, it means the introduction of business management technique that manages product development from one stop origin certification planning package. As a rule, SMEs will consider countermeasures against the proof of origin after product development and prototype release. However, in the case of the US, which adopted the self-certification system in the case of the order reception by the buyer at the time, the production of the product, the delivery within the delivery time, and the continuous pattern of these patterns, the countermeasures against the factor of violation of the origin verification, need.

Section 5 Sub-Conclusion

The Korea-EU FTA took effect in 2011, and the Korea-US FTA came into effect the following year. In the beginning, the effect of FTA in export companies was recognized as the aspect of FTA utilization. In addition, much research has been done on how to use FTAs. However, it is now time for Korea to adopt a successful FTA with Korea and to recognize the need for a new strategy to respond to the violation of the criteria of origin determination.

In the EU, which has adopted indirect verification, the number of violations since 2012 is decreasing year by year. On the other hand, in the case of the US adopting direct verification, the number of violations has increased from 80 cases in 2013 to 131 cases in 2014, and it is expected to continue to increase in the future. In particular, US Customs has adopted direct verification, excluding textiles, and is in the blind spot of the FTA preferential tariff benefits due to the direct request of Korea as an export company and the lack of response by export companies. Also, in the case of direct verification, it is difficult to grasp the violation cases without sharing information between Korean customs officers and official customs officers.

Therefore, in order to cope effectively, close coordination between the enterprise and the government is essential.

In this chapter, we attempted to create a road map for the factors of origin violation through detailed case analysis on the factors of violation of origin determination criteria. Based on this, direct and indirect verification was searched for the ways of responding to export companies in terms of government and enterprise by comparing with major differences. On the government side, we focused on the internal environmental factor that excluded the external environmental factors and searched for countermeasures. On the corporate side, we focused on finding a practical countermeasure considering the corporate environment.

Finally, the limitations of this chapter are that it is not easy to access the case information even in case of origin verification, so that it can not deal with various cases which are the main issues in recent years. In particular, in the case of US origin verification, it was not possible to obtain statistical data on the verification of the exact origin verification process and the number of recent verification violations due to the direct verification method. In addition, the fact that the actual questionnaire on the analysis of the cause of the verification of origin of the export enterprise is not made is a part to be secured in the future.

1. Discuss the origin verification system.
2. Discuss violations of the criteria for determining origin by type.
3. In addition, discuss violation cases of origin determination by type and discuss them.

References

Bae Myong-ryeol and Park Chun-il, "A Study on the Korean Company's Evaluation of decade-long Korean FTAs and how to improve its for FTAs Utilization", 「International Commerce and Information Review」, Vol. 16, No. 5, Korea Association for International Commerce and Information, 2014, pp.249-273.

Brenton, Paul, Miriam Manchin, "Making EU Trade Agreements Work : The Role of Rules of Origin, CEPS Working Document No.183, March 2002.

Chang Keun-ho, "The FTA Preferential Origin Verification Regime: Implementational Problem and Future Reform", 「Tax Studies」, Vol. 13, No. 1, Korea Tax Research Forum, 2013

Chang Keun-ho, Chung Jae-wan, "A Study on the Determination of the Rule of Origin for Korea · EU FTA with Special Focus on the Court of Justice of European Union's Case Law", 「The Journal of Korea Research Society for Customs」, Vol. 13, No. 3, Korea Research Society for Custums, 2012.

Cheong, Sun-tae, "The Problems on FTA Preferential Rules of Orgin and Multilateralization of Rules of Orgin", 「The Journal of Korea Research Society for Customs」, Volume 13, Number 2, Korea Research Society for Customs, 2012.

Cho, Mee-jin, Ahn, Kyung-ae, "The Rules of Origin in Korean FTAs and the Analysis on the Domestic Firms' Use of FTAs," 「Korea Trade Review」, Vol. 36, No. 3, Korea Trade Research Association, 2011.

Free Trade Agreement between the Republic of Korea and the United States of America, Free Trade Agreement Between the Republic of Korea, of the one Part, and the European Union and its member States, of the other Part.

FTA Trade Support Center, http://okfta.kita.net/main.do?method=index, 21 Feb., 2015.

Han Duk-soo, "2014 Main Trade Indicators", Korea International Trade Association, Institute for International Trade, 2014.

Jo, Mi-jin, and Kim, Min-Sung, "Analysis and Implications of Korea-US and Korea-EU FTA Origin Verification Methods", 「KIEP Today's World Economy」, Vol.11, No. 20, 2011.

Jon, Joon-soo, and Cho, Jun-young, "A Study on the countermeasure about origin verification of Korea EU FTA", 「The Journal of Korea Research Society for Customs」, Vol. 13, No. 2, p 45-68, Korea Research Society for Custums, 2012

Kawai, Masahiro and Ganeshan Wignaraja, "The Asian Noodle Bowl: Is it Serious for Business?", ADBI Working Paper Series. 2009.

Kim, Chang-Bong, and Hyun, Hwa-Jung, "A Study on the relation of Vulnerability, FTA Barrier Origin Verification and Origin Performance on Rules of Origin", International Commerce and Information Review, Vol. 16, No.5, September 2014, pp.295-315.

Kim, Chang-Bong, and Lim, Duk-Hwan, "An Empirical Study on the relation of complexity, management level, corresponding strategy and rules of origin's performance in Korea trade company", 「The Journal of Korea Research Society for Customs」, Vol.12 No.2, Korea Research Society for Custums, 2011.

Kim, Hee-youl, and Kwank, Keun-jae, "International Trade : The Case Study and Implications on the Origin Verification of USA", 「International Area Review」, Vol. 16, No. 4, The International Association of Area Studies, 2012.

Kim, Man-gil, and Chung, Jae-wan, "A Comparative Study on FTA Verification System Among Korea vs USA, EU", 「The International Commerce & Law Review」, 58, The Korean Research Institute of International Commerce & Law, 2013, pp.266-286

Kim, Moo-han, "A Study on the Application Strategies according to the FTA Rules of Origin" Konkuk University Ph.D. Thesis, 2010.

Kim, Tae-in, Kim, Sok-tae, "A Case Study of Origin Approved Exporter based on Value Added Criteria of the Korea-EU FTA", 「The Journal of International Trade and Commerce」, Vol.8, No.1, 2012.

Korea Customs Service 2012-33, Korea Customs Service 2007-129, Korea Customs Service 2008-005

Korea Customs Service FTA Portal, http://fta.customs.go.kr/kor_portal.html, 21 Feb., 2015.

Korea Customs Service, 「Busan Headquarters Customs, Proof of Origin and Post-Verification Response Plan」, 2014.

Korea Institute of Origin Information, http://www.origin.or.kr/loginSrvc.do, 21 Feb., 2015.

Kwon, Soon-koog, "A Study on the Rules of Origin of FTAs for Import Preferential Tariff Application", Doctoral Thesis, Kyungpook National University, 2011.

Lee, Chang-Sook, Kim, Jong-Chill, "e-C/O under FTA", 「International Commerce and Information Review」, Vol. 15, No. 3, 2013, Korea Association for International Commerce and Information, pp.467-490.

Lee, Suk-dong, and Lee, Chun-su, "A Study on Trade Performance of KOREA-USA FTA - Focused on the Export of Textiles & Apparel to USA" 「The Journal of Korea Research Society for Customs」, Vol. 16, No. 1, Korea Research Society for Customs, 2015

Lee, Young Soo, and Kwon, Soon-koog, "The Case Study and Its Implication on the Breach of Rules of Origin in FTAs," "The International Commerce & Law Review", 49, The Korean research Institute of International Commerce & Law, 2011.

Newsis, "Busan customs, FTA violation of the indication of origin of goods sharply increased", 2014.10.21.

Park, Hyun-hee, "Comparative Study Based on Determining the Origin of Korea FTA", 「Journal of Korea Trade」, 37 (2), Korea Trade Research Association, 2012.

US Customs, http://rulings.cbp.gov/HQ 545693, 21 Feb., 2015.

Weekly Trade, "FTA post verification of origin-to export companies, 'I have a fire in my own backyard', 2013.10.4.

Yang-Ming Changa, Renfeng Xiao, "Preferential Trade Agreements between Asymmetric Countries: Free Trade Areas (with rules of origin) vs. Customs Unions", *Japan and the World Economy*, Volume 33,

February 2015.

Yun, Jun-ung, "A Study on the Response Strategy of Export Firms by FTA Origin Verification", Pukyong National University Graduate School Master Thesis, 2013.

Yun, Jun-ung, and Lee, Chun-su, "A Case Study of FTA Utilization on the Violation of Determining the Country of Origin", 「International Commerce and Information Review」, Volume 17, Number 2, 2015, 201-223.

예동근

부경대학교 중국학전공 교수
고려대학교 대학원 사회학박사
한국사회학회 국제이사
제18기 민족평통 자문위원

이춘수

부경대학교 국제통상학부 교수
고려대학교 일반대학원 경영학박사
부경대학교 경영대학 부학장, 학부장, 평의원
저서, 국제마케팅(무역경영사, 2018), 무역개론 등

글로벌 FTA비즈니스 쟁점과 활용

초판인쇄 2019년 1월 15일
초판발행 2019년 1월 15일

지은이 예동근·이춘수
펴낸이 채종준
펴낸곳 한국학술정보㈜
주소 경기도 파주시 회동길 230(문발동)
전화 031) 908-3181(대표)
팩스 031) 908-3189
홈페이지 http://ebook.kstudy.com
전자우편 출판사업부 publish@kstudy.com
등록 제일산-115호(2000. 6. 19)

ISBN 978-89-268-8698-4 93320